叢書 現代社会のフロンティア｜28

「抜け殻家族」が生む児童虐待

少子社会の病理と対策

金子　勇　著

ミネルヴァ書房

はじめに

日本の産業化と都市化の時代に私は社会学を学び始め、高齢化、少子化、国際化、情報化など時代を鮮明に塗り上げた社会変動を意識しながら、三つの大学で研究教育を続けてきた。年号が変わり令和時代の開始と重なるように、到達した高度産業社会の頂点に顕在化したいくつもの「自壊要因」が見える。本来はそれらを抑えるはずの家族、地域社会、子育て制度、高齢者支援活動、社会規範、都市的生活様式などが変容し始めて久しい。

本書ではそれらが複合して喫緊のテーマとなった都市の児童虐待研究を試みる。ただ、先行研究が少ないために、独自の研究原則を作り、複数の児童虐待事例を比較しながら、経験的な一般化を目指した。ミクロ的な「木を見て森を見ず」にならないように、単に個別的虐待事例を紹介するのではなく、可能な限り「時代」と「人類」が織りなすマクロ社会の観点を堅持するように努力した。

(1) 事例紹介から得た課題を指摘するだけではなく、将来の社会設計に役に立つように、現在のデータから導かれる解答もまた提示する。

(2) 問いかけの質を向上させ、問題解決と予防にも使える普遍的成果をめざす。

(3) 通説を踏まえ、それを乗り越えるための方法とデータの収集に努めて、説明力を高める。
(4) 社会学的研究で既知とされている知見を、共通性、関係性、集合性、普遍性などに留意して組み合わせる。
(5) 比較研究を行い、これまでに得られた成果の相対的位置づけをめざす。
(6) 本書の随所で用いた「ケア」は、「抜け殻家族」への支援、保護、世話を含む概念とした。

いずれも「言うは易く、行うは難し」の原則であることは承知の上での取り組みである。日本社会の大きな「自壊要因」である「児童虐待問題」を取り上げた本書に対して、社会学の内外からの批判を受け、その地平から少しでも児童虐待の減少と予防に有効な社会学理論を模索していきたい。

このような私の試みを、『都市高齢社会と地域福祉』（一九九三年）以来、三〇年近く温かく見守っていただいたミネルヴァ書房杉田啓三社長のご配慮に、あらためて感謝するものである。また編集実務全般にわたっては、編集部の田引勝二氏と川島遼子氏の全面的なご支援を得ている。あわせて心からお礼を申し上げたい。

二〇二〇年七月二八日

金子　勇

「抜け殻家族」が生む児童虐待——少子社会の病理と対策　目次

目　次

第1章　児童虐待をどうとらえるか

1　社会学の力量が試される

哀感が漂う時代

温故知新の原点は古典的名著にあり、いつの時代でも古典は期待を裏切らない。折に触れて繰り返し読み続けてきた『大衆の反逆』でオルテガは、「すばらしき頂点というものは、実は終末に他ならない。（中略）いわゆる頂点といわれている時代が、つねにその根底に一種独特な哀感をたたえている」（一九三〇＝一九六七：三一）と述べている。この九〇年前の「哀感」は、二〇二〇年の今日では、その親から虐待死させられた児童の儚い命にも強く感じる。

一一五年前の『プロテスタンティズムの倫理と資本主義の精神』の結論部でウェーバーは、「精神のない専門人、心情のない享楽人。この無のものは、人間性のかつて達したことのない段階にまですでに登りつめた、と自惚れるだろう」（一九〇五＝一九八九：三六六）とした。「専門人」と「享楽人」を対比させて、前者を「精神のなさ」で、後者を「心情のなさ」で修飾させ、ともに「資本主義」を壊す原動力となると見たウェーバーの透視力にはいつもながら脱帽する。これは大塚久雄訳であるが、日本ではあまり触れられることのない阿部行蔵訳も捨て難い。「精神のない専門人、愛情のない享楽人。これら無益なるものは、人類のかつて到達しなかった段階に登りえたことを自負する」（一九〇五＝一九六二：三四〇）。

翻訳の難しさはここにもうかがえるが、「心情」は心の中の思いなので、専門人や享楽人を問わず誰にもある。しかし、「愛情」は「心情」の一部であり、特定の相手や対象に向けられると解釈できるから、相手の存在を前提にして「享楽」を考えれば、阿部訳が日本語としてはむしろ自然である。

もう一つは、大塚訳では「人間性の段階」だが、阿部訳では「人類の段階」となっている点である。その理由は、「プロテスタンティズムの倫理と資本主義の精神」を論じた書の結論部分であるから、個人レベルで使う「人間性」ではなく「時代」という表現に整合しやすい「人類」が文脈に合うと考えられるからである。なお本邦初訳（梶山力訳、一九三八：二四五）でも「人類」となっている。

翻って本書の課題である児童虐待を捉える視点からすると、わが子を殺害した親に「心情」はあろうが、「愛情」があるはずはない。そしてその虐待する行為は、加害者のそれぞれの「人間性」を超えて、平成時代からの「人類」そのものの中に鮮明な像を作り上げてきたように思われる。各種の児童虐待裁判で明らかにされたように、その「毒親」たち（toxic parents）はわが子に対する虐待行為を「享楽」していたようであるが、ここにも加害者が抱える裏返しの「哀感」を感じ取る。(1)

オルテガもウェーバーも、自らが生きた時代の頂点にそれを破壊する要因が登場したことを知っていた。一九七〇年代から八〇年代の私はこの問題にそれほど敏感だったのではないが、二一世紀になって自らが終盤期に差しかかってみると、「破壊要因の内在化」に実感が伴うようになった。

次世代の育成が困難な時代

一番大きな理由は、昭和の終わりから平成を経て令和に至るまで生業としてきた社会学の教育・研究の過程で、次世代の育成がますます困難になってきたと感じるからである。とりわけ社会全体で子どもが占める比率が持続的に減少する少子化により、明治期の一八九〇年の出生数一一四万五三七四人以来連綿と続いてきた単年度出生数一〇〇万人台の趨勢が壊れて、二〇一六年の九七万六九七八人以来二〇一八年の九一万八三九七人までの三年連続で、一〇〇万人割れが続いた。

そして二〇一九年単年度出生数がついに八六万人になったことは、それだけ次世代が減少しただけにとどまらず、かなりの領域で健全な競争が働かなくなり、イノベーションの機会も失われ始めたことも意味する(2)。

この状況下で、政府による虐待統計が開始された二〇〇四年から二〇一八年まで、親により虐待死させられた児童数が毎年一〇〇人前後で推移してきた。昭和から平成を経由して令和になっても続く少子化と、令和になっても防げない児童虐待死の二点こそが、人口動態が社会変動を引きおこすという高田保馬の人口史観に依拠すると、「頂点」に至った日本社会が内包する自壊要因となる。

年少人口数も年少人口率も連続して下がる少子社会で、合計特殊出生率は一・四〇前後で推移しており、政府による「希望出生率」一・八〇に向けて反転する兆しは全くない。そのなかで次世代を担う子どもたちがその親から虐待され、殺害される。これを日本の高度産業社会の頂点に顕在化した自壊要因と見ると、家族、地域社会、社会規範、都市的生活様式などを研究してきた社会学者の出番は多いだろうが、実際の研究成果は驚くほど少ない。

概念は出そろっている

神戸市の中心部にある元町アーケード商店街には、横浜元町商店街と比較される神戸屈指の商店が立ち並んでいる。その五丁目の天井に「共に生きる　心を育もう　みんなで育てよう　地域の子ども」(兵庫県・こころ豊かな兵庫づくり推進協議会)という看板が掛かっている。

ここで用いられている「共に生きる」「心を育む」「みんなで育てる」「地域の子ども」は、すべてが日本現代社会学の歴史において重要なキーワードになってきた。ただしそれらのキーワードが、日本現代社会の学術的な分析や政策形成に向けた社会的提言にどこまで有効だったかと自問すると、社会学者の一人として内心忸怩たるものがある。

「共生」といいながら、「人に優しい」を使い、「社会全体での子育て」を標榜して、「地域で子どもを世話する」を高唱してきた昭和の終わりからの四〇年間の歴史はあるが、現実には沖縄県や鹿児島県の奄美諸島以外の日本社会ではそれらは消えてしまい、全国的に少子化が着実に進んできた。このようなキーワードによって、社会的事実としての実際的な社会問題がどこまで解明され、処方箋が描かれたかといえば、限りなくゼロに近い(3)。

社会全体とは何か

なぜなら男女間の「共生」を強調すれば、世代間の「共生」が後回しになり、年金に見るような若者と高齢者間の「共生」も難しくなるからである。「地球に優しい」ためには、おそらく「人に厳しい」規則の順守を国内外に向けて要求しなければならないであろう。「社会全体」での「子育て」はいいが、実際に「社会全体」が政府によって定義されたこともなく、国家、自治体、産んだ親の家庭、その親が働く企業、親が暮らす地域社会、子どもが通う保育園・幼稚園や小中学校が漠然と想定されてきただけであった。この範疇から洩れるほとんどの人々は、子育て中の隣人が子どもにかける高額な費用には鈍感なふりをしてきた[4]。

このような動向の中で私は、「短期的な利益としての『子育てフリーライダー』を避けて、長期的な視点から公共財である『子ども』を育てる世代内・世代間負担の公平な方法を探求する」とした（金子、二〇〇三：七）。

次世代を社会化（socialization）するための直接的な負担は、産んだ親や政府や自治体などの限定的な「社会全体」の責任とされて、子育てに無縁な人々は「子育て共同参画」とは距離を置いてきたので、その具体的対応について二一世紀初頭には日独双方でも出されていた。しかし、それから二〇年間近くは政界や学界でもそしてマスコミでも黙殺され続けてきた。

社会的事実としての社会規範

社会学の創成期の巨匠デュルケムがいうように、社会的事実は個人にとって外在的な存在であり、それは個人意識、したがって個人の行動をも拘束する（デュルケム、一八九五＝一九七八：六四）。たとえば道徳や法律などの社会規範はその代表的な事例であり、子どもが産まれれば、その親が一八歳までの子どもを養育するのが社会的義務とされ、これを社会規範として国民が等しく共有する。義務を放棄すれば「保護責任者遺棄」とされ、子どもがそれにより亡くなれば「保護責任者遺棄致死」として逮捕される。個人には外在してしかも個人を拘束するのが社会的事実であるが、実際には子どもを育てなければ、社会的事実としての子育て規範がもつ外在性と拘束性には無関心でいられる。

一方で、社会全体で要介護老人を支える手段としての介護保険制度には国民の大半が賛成して、実際に四〇歳以上のすべてが「社会全体」として毎月の介護保険料を支払ってきた。これはほとんどの国民がその親世代の存在を意識して、その介護の大変さを理解して、二〇〇〇年四月から始まった介護保険制度を支持してきたからである。個人に外在する規範は介護保険という形で制度化され、「社会全体」で使いやすいような施設や機関が各方面に創られ、全国民に開放されてきた。

平成時代の少子化対策

平成時代の三〇年間、限定的な「社会全体」の筆頭である国家が全力で取り組んだ少子化対策は、「待機児童ゼロ」と「ワーク・ライフ・バランス」を目指すことであった[5]。「待機児童ゼロ」は「子育て支援」の範疇にあり、保育所の増設、育児休業・休暇の拡充、保育の無償化などに予算が付けられて政策化されてきた。この数年の「少子化対策予算」は毎年四兆五〇〇〇億円を超えていて、『令和元年版　少子化社会対策白書』によれば、令和元年度のそれは五兆一一九六億円に達している（内閣府、二〇一九：一八三）。

一方の「ワーク・ライフ・バランス」の軸は「働き方改革」の実行であり、長時間労働を是正すれば、働く男性も早めに帰宅して、育児や家事の分担をするだろうという希望的観測のなかで、残業時間の上限規制やテレワークなどの推進がなされている。関連して、結婚や出産を希望する若者支援として、政府や自治体が主催する婚活イベントの開催などもある。

少子化の動向

しかし、少子化とは何か、少子化対策とは何をいつまでに行うことかの合意もなく、ひたすら包括的な子ども関連の事業や働き方関連の事業を増やしてきた結果、平成の三〇年間では少子化予算は拡大の一途を辿りつつも、少子化は一貫して進んだ。その代表的な指標である年少人口数とその比率は、二〇二〇年五月五日現在では次のようである。すなわち、年少人口数は三九年間連続して減少し、一五一二万人まで落ち込んだ。その比率に至っては四六年連続して低下して、

表1-1　児童虐待の定義

身体的虐待：殴る，蹴る，投げ落とす，激しく揺さぶる，やけどを負わせる，溺れさせる，首を絞める，縄などにより一室に拘束する　など
性的虐待：子どもへの性的行為，性的行為を見せる，性器を触る又は触らせる，ポルノグラフィの被写体にする　など
ネグレクト：家に閉じ込める，食事を与えない，ひどく不潔にする，自動車の中に放置する，重い病気になっても病院に連れて行かない　など
心理的虐待：言葉による脅し，無視，きょうだい間での差別的扱い，子どもの目の前で家族に対して暴力をふるう（ドメスティック・バイオレンス）など

（出典）厚生労働省ホームページ。

総人口に占める割合は一二・〇％まで下がった。第三の指標である合計特殊出生率は、二〇一九年が一・三六であり、この一〇年間は横ばいが続いている。

一方で児童虐待死もまた、年間平均で見ると八〇人から一〇〇人までくらいで推移する時代が続いている。児童虐待相談件数に至っては、二〇一八年度では年間で約一六万件となった。ただしこの急増した数字がもつ問題点は本書の分析課題にもなっているので、以下の各章で詳論する。

児童虐待の定義

その児童虐待の定義は表1－1のようである。どの国でもこの四種類に大別されている。日本では二〇一三年度までは身体的虐待、ネグレクト、心理的虐待がそれぞれ三割程度で拮抗していたが、二〇一三年度の警察庁通達により、子どもがいる家庭の家庭内暴力（以下、DV）発生を子どもの数に合わせて「心理的虐待」件数に算入することが義務づけられた。そのため、二〇一四年度からはこれが急増して、一八年度では「心理的虐待」が全体の六割を超えている。この通達が及ぼした結果も重要なので、そのコメントについては適宜紹介する。

児童虐待という主題は、私の研究史ではコミュニティ論を基盤にした少子社会分析におけるミクロなテーマの一部として位置づけられる。ただ実際には、社会規範の崩壊と子どもの社会化（socialization）の失敗というマクロな論点にも配慮せざるを得ない。さらにデュルケムがいうように、「現実についてわれわれの獲得する知識が、生活のなかで役立つことができなければ、現実を知ろうとつとめることにどれほどの意味があろうか」（デュルケム、前掲書：一二二）という観点からすると、現実を知るために獲得する知識は生活のなかでも役立てたいという立場を本書でも踏襲したいと考える。

ミクロがマクロに直結する

さて、五〇年も前に鈴木広は、「体制崩壊の可能性」という論文の中で次の指摘を行ったことがある（鈴木、一九七〇＝一九八六）。いくつか重要なところを引用すると、たとえば、「『体制』を無数の人間行動の統合と持続の様式と考えれば、その本質は規範体系（法や道徳）が行動を有効に統制でき、体制の素材たる人間形成に破綻がない限り、体制は存続する。逆にそれらの破綻は、体制の崩壊に結びつく可能性がある」（同右：四五）。

児童虐待死事案の多くを点検すると、実母実父だけではなく、義父や交際相手の男性でも「しつけ」と称して無力な幼児・児童に暴力をふるい、養育を放棄するという家族規範およびその上位概念である社会規範の喪失が顕著に認められる。そこには社会化の本来の姿が忘れられていて、鈴木がいう「人間形成に破綻」が生じている事実が確認できる。同時にその結果として、次世代の主役になるはずの幼児・児童が「豊かなこころ」や「人間形成」どころか殺害されるのだから、体制を支える素材そのものが消えてしまう。これらをテーマにすれば、家族社会学者や教育社会学者の出番がたくさんあるであろう。

この二年間で全国的に涙を誘った二〇一八年六月（虐待死発生は三月）の「目黒区の結愛ちゃん事件」でも、一九年一月の「野田市の心愛ちゃん事件」でも、そして二〇一九年六月の「札幌市での詩梨《ことり》ちゃん事件」や八月の「出水市の璃愛來《りあら》ちゃん事件」でも、事件の半年や一年前に殺害場所への移住が行われていた。この引っ越しは前住地からの逃避行動として理解できるが、鈴木の表現によれば、「流動する孤立者に、その生活目標・生活規範の内容について、安定した統合・関与は期待できない」（同右：四六）となる。

前住地でも虐待家族はその親族や地域や近隣とも没交渉であり孤立していたが、引っ越しはさらにその状態を強めるように作用する。これは地域移動研究が教えた知見（三浦、一九九一：八三）であり、児童虐待死事案ではかなり普遍的に認められる行動である。(6)

2　先行的児童虐待研究の成果

アメリカの研究蓄積

児童虐待は日本というよりもアメリカに膨大な研究蓄積がある。そのうちで管見によれば、「子どもの虐待とネグレクトとは社会的産物」（マーンフィー、一九九七＝二〇〇三：九六三）と考えて、功罪ともに豊かで新しい視点を提供した論文がある。虐待それ自体を親個人にのみ還元せずに「社会問題」と見なせば、その解決には「新たな社会を建設する運動」を強調せざるを得なくなる。

この流れでは、従来のやり方、すなわち「法的に義務化された通告制度、支配、判決、懲罰などを基礎にした伝統的なアプローチ」(同右：九六七)の代わりに「子どもを育てる過程で失敗を経験した人々に対する、同情と信頼と励ましに基づいた援助モデル」(同右：九六七)が強調されることになる。したがって、虐待する親を「支配」したり、「抑圧」したり、「懲罰的態度」を取ることを避けることが重要と結論される。

しかし「親子分離」ではなく「親を介して子どもを援助せよ」(同右：九五〇)や、「通告」ではなく「連帯」(同右：九四六)だといわれても、市民からの通告電話の一九％程度しか児童相談所とつながらない日本の現状では、それらの指摘はなかなか受け入れられないであろう。

世代を越えて繰り返される虐待

またアメリカの研究では、「世代を越えて繰り返される虐待」についての卓見もある。スティールは、「養育者が提供する運命をそのまま選択もできないままに受け入れた子どもが「内的作業モデル」(スティール、一九九七＝二〇〇三：二三九)をもつとした。なぜなら、「人間が人生早期で出会う親に対してさまざまな仕方で反応し、親を自分の内に取り込んで同一化し、成人してからも同一化した親の価値観や対人関係のパターンを持続させること」(同右：二三八)は、国を超え文化を問わず普通に認められるからである。

問題は、どのような親かにある。スティールは虐待する親の特徴を以下のように表現した。「軽度ではあるが慢性的な抑うつ感に沈み、非常に低い自己評価に苦しみ、何事も心から楽しむことができず、何をしても慢性的な空虚感を満たすことができず、誰かに愛され優しさに包まれたいという叶わぬ夢を持ち続け、首尾一貫した安定したアイデンティティを持つことができず、子どもたちに関して歪んだ認識しかできない」(同右：二三五)とまとめた。これはパーソンズのパターン変数でいえば「業績性」とは縁がなく、アノミー指標でいえば、無意味感、絶望感、無力感が該当する[7]。

スティールは、虐待親の姿を用意周到で包括的に描き出している。これらのいくつかは多かれ少なかれすべての親が自覚はしているが、それを子どもが「内的作業モデル」にするには、「自滅的で自己破壊的行動」（同右：二三八）をする親への同一化が必要になる。現在の日本における虐待死裁判でも、スティールによる虐待する親の特徴が該当する場合が多いように思われる。

「毒になる親」(toxic parents)　日本の文献では事例紹介のみが多い。例外的に池田（一九八七）は、早い時期に精神医学の観点からなされた児童虐待研究を行った成果である。水島（二〇一八）もまた精神科医の診察室の体験から児童虐待についてまとめているが、日本では数少ないスーザン・フォワードが使った「毒親」をキーワードにした作品といえる。水島の毒親の定義は、「子どもが小さい頃から、その育児姿勢が一貫して子どもの安定した愛着形成を妨げてきた親」（同右：三八）である。

フォワードの「毒になる親」(toxic parents) は、最初に次のようなカテゴリーでまとめられている。（　）は私が付加したものであり、児童虐待の四種類の定義そのものがカテゴリーとして使用されている（フォワード、前掲書：四八～一七四）。

(1)　義務を果たさない親（ネグレクト）
(2)　コントロールばかりする親（支配）
(3)　アルコール中毒の親（アル中）
(4)　残酷な言葉で傷つける親（心理的虐待）

(5) 暴力を振るう親（身体的虐待）
(6) 性的な行為をする親（性的虐待）

これらは常識的だが、次の「毒になる親」の危機反応パターンはフォワードの中でも重要な箇所になっている。

(1) 事実の否定（：一八九）
(2) 問題のなすりつけ（：一九〇）
(3) 妨害行動（：一九〇）
(4) 秘密を作る（：一九一）

などは、日本における児童虐待で摘発された家庭でも広く認められる。たとえば、加害者の親が警官や児相職員に対して、「しつけ」と称して「暴力」や「ネグレクト」を否定することは、日本の児童虐待でも周知の事実になっている。

それらに加えて、フォワードの分析の良さは、「家族がシステム」であることを正確に理解している点にある。システムだからその継続性が基本要件となる。その継続性の中身を、「『毒になる親』というのは、その親もまた『毒になる親』だった」（フォワード、前掲書：一七六）と見抜いていたからである。「毒になる親」の継続性の強調は、日本の事例紹介中心の関連図書や裁判記録をもとに書かれたドキュメンタリー作品では見当たらない。この継続性は家族規範の連続性でもあるから、訳者がわざわざコメントしているように、虐待防止の立場からは「毒になる親とその家族を批判」せざるを得なくなるが、それを彼女は厭わなかった。

「鬼母」という表現

その他、「鬼母」という表現を使って、裁判記録と綿密な取材記録から「虐待の家」の姿を活写した佐藤（二〇一一）も、豊富な事例に富んでいる。また、自らの児童心理司体験から児童福祉司や児童相談所の現状を批判した山脇（二〇一六）では、児童相談所の現況が告発の対象とされている。本書後半で私も、身近な札幌の児童相談所の現況を軸にしてコメントを行った。川崎（二〇一八）は数多くの児童虐待事例を紹介しつつ、「親子心中」を考察した。また、川崎（二〇一九）でもみずからの児相経験と事例紹介が主な内容になっている。

それぞれに通常の新聞記事では知り得ない世界が描かれていて、有益である。しかし多くの場合日本では、「毒親」も「鬼母」も児童虐待事件では使われてこなかったことは記憶しておいてよいであろう。おそらくそれらを使わない理由は、「個人攻撃」という批判をかわすためではなかったか。「毒親」も「鬼母」も取りようによっては過激な表現であり、人権の点からの配慮がなされて、このような言葉の使用がためらわれたのではないか。

ただし、「子供は、両親の日常目撃される行動や何げない会話のなかに社会的原型を感知する」（マートン、一九五七＝一九六一：一四六）は洋の東西を問わず真実なのであり、生まれたての子どもが「親」の影響下にあることは自明であろう。その影響には功罪あろうが、「毒親」や「鬼母」であれば、子どもへの負の影響もまた避けられない。

3　家族研究成果を活用する

変化する現代家族

かつて高度成長時代の末期、家族変動を論じた森岡清美は、「家族は不安定になったが、同時により可動的・弾力的になった。社会の動きを受けとめつつ、子どもを生み社会化し、成人のパーソナリティを安定させる機能を果たし続ける」（森岡、一九七二：二二五）ことを家族に期待した。私の願いもこれに近いが、児童虐待の現場からすれば、現代の小家族は不安定さがますます加速して、虐待死が発生した家族では暴力が日常化して、子どもの安定した社会化が不可能になった。

このように家族はいろいろな姿を持ち得るが、一般的にいえば家族は時系列的な小集団であり、たとえば「夫婦・親子・きょうだいなど少数の近親者を主要な成員とし、成員相互の深い感情的かかわりあいで結ばれた、幸福（well-being）追求の集団である」（森岡・望月、一九九七：四）ことは当然である。これは定位家族の一員として暮らす幼児にも中学生にも当てはまるし、自らが選択して作り上げた生殖家族である夫婦でもこの定義は有効である。

しかし、虐待死させられた幼児の観点からすると、この定義は成り立たない。なぜなら、新生児や幼児や児童もまた立派な家族成員ではあるが、「相互の深い感情的かかわりあい」がないままに、その実母や実父に殺害されるからである。したがって、新生児や幼児の「幸福追求」もまた絶無になる。

森岡よりも古い時代では、たとえば「家の発展持続」を家族の定義に含めて、「永い過去と将来の制約の下にある」ことも家族を考える素材とする鈴木榮太郎（一九四四＝一九七一：九九）がいた。さらにその延長線上に、家が「各世代を通じてそこに存続している一つの意図であり秩序である。それを私らは家の精神という語で現わしている」（同右：九九）。この姿勢はその後も「超世代的家族を家族精神と見る」（清水、一九五三＝二〇〇七：一一二）として引き継がれた。

人間存在が意識や行動を規定

このような人間の存在形式が個人の意識や行動を規定するという論点は、マルクスの周知の命題と整合する。「人間の意識がその存在を規定するのではなく、逆に、人間の社会的存在がその意識を規定する」（マルクス、一八五九＝一九三四＝一九五六：一三）。ここでいう「社会的存在」を家族の文脈で使えば、「過去と将来の制約下にある家族の一員である」という秩序のなかで、その家族員は社会的制約を受けることを意味する。連綿とした歴史の中の社会的存在の一部に過ぎない人間は、特に生誕後の社会化される一〇年間では親世代の行動を準拠点にする。子どもの社会化では親の行動のコピーが中心になり、方言、知識、伝承、価値規範、行動様式などは親のそれらから自由ではない。

社会化とは生誕後の幼児がその定位家族の中で集団生活の様式を学習して、その集団の成員として育て上げられる過程である。ただし、これは生育途中の五歳児でも一〇歳児でも該当するし、転入した小学校でも転職した新しい職場でも社会化概念は利用できるが、幼児の社会化の中心が家族にあることは確かである。

定位家族における幼児は、その父親や母親そして祖父母の生活様式の模倣を通して同じものを自然に身に着ける。衣食住のやり方をはじめ方言や物事の判断基準そして家族規範や社会規範などは、無意識的な学習により幼児のパーソナリティの一部になる。それは人間関係の維持の仕方も含まれているから、母親が「早母」であれば、その娘もまたかなり高い確率で「早母」になりがちとなる。

レビンソンのライフサイクルモデル　レビンソンのライフサイクルモデルでは、「早母」は「成人への過渡期」（レビンソン、一九七八＝一九九二上：五〇）であり、「未成熟でまだ傷つきやすいひとりの人間がおとなの世界へ足を踏み入れようとするところ」（同右：五〇）とされる。よくいわれるように、二〇歳前の年齢では子どもが子どもを産むのだから、子育ての知識も不十分であり、ライフサイクル的にも「一家を構える時期」（同右：二六七）に達していない。

社会保障審議会児童部会の『第一四次報告』（二〇一八）で示されたように、祖母世代の「早母」には「そこに存続する一つの意図」のなかで娘世代でも「早母」が再生する比率が高い。すなわち、親が一七歳で産んだ娘が同じく一七歳で出産するという連鎖であり、その際には三五歳で祖母になってしまう。そうすると、それは既述したようにレビンソンのいう「不安定な生活構造」（同右：二八九）に直面することになる。なぜなら「早母」では、「『一本立ちする時期』の発達課題を実行する」（同右：二九二）ことが全くできないからである。

なにしろ自らの「発達課題の実行」もできていないから、親としての「一本立ち」も難しく、我が子への虐待に走ってしまう。いわゆる「特定妊婦」や「早母」の問題は、以上のデータを揃えて義務教育や高校でも教えたほうがいいのではないか。なぜなら、虐待予防効果が期待できるからである。

このように、虐待家族ではその価値規範が次世代にも継承されやすく、そのような「社会的存在」としてわが子を育てる意識が醸成され、行動様式が形成される。

新しい制度がニーズに対応

しかし「社会的存在が人間の意識を規定する」命題とセットで論じられる「物質的生産様式は、社会的、政治的、精神的生活諸過程一般を制約する」（マルクス、前掲書：一三）は、マルクス生存当時も今日でも一般論として適切な内容とはいえない。なぜなら、親世代の家族が経済的に貧困であっても、その子の社会化が不首尾に終わるとは限らないからである。貧しくてもきちんとした子育てを行う家庭がむしろ多い。親世代がもつ人間文化資本（human capital）としての知識や伝統、すなわち「精神的生活過程」が家族における社会化の方針を決定することもある。大学進学率の急上昇もまた、物質的基盤の安定と将来展望の明るさとともに、親世代も次世代としての子どもたちもまたその進学を受け入れて、それに時代が適応した生活様式が完成したという解釈も成立する。たとえば日本の高度成長期では、団塊世代の進学熱というその時代の人口構造が求めた課題を政治が引き受けて、新しく作り上げた教育制度や福祉制度が家庭内における次世代の社会化を成功させる原動力になった。

もう一つには、高齢者総数が増加して、一五％程度の要介護者が認定されることを見越して、二〇〇〇年四月から介護保険制度が動き出したことが挙げられる(8)。介護保険以外にも、七〇歳以上の高齢者には子ども料金と同じ半額の交通カードを支給して、高齢者の社会参加を進めることも、政治や行政が国民のニーズを満たした好例として理解できるであろう。

少子化関連でも児童から中学生までの小児医療が無償になったり、妊産婦の母子健康手帳に一四枚の無料検診回数券がつけられたり、中学三年生までの教科書が無料になったりしたことは、いずれも政治や行政が国民的な社会意識が生み出した諸ニーズに直接対応したことを示している。

たとえば、「体制の本質は法的規範体系と社会化の制度にある」（鈴木、前掲書：四九）という認識から、児童虐待とは私生活での児童への虐待という反規範的な行動により、本来は人間形成の場である家庭における児童の社会化過程を完全放棄するという位置づけが可能になる。規範が壊れ、子どもの社会化がうまくいかなければ、体制としての社会システムが崩壊する。三五年前の鈴木広の杞憂は現実化したという立場からも、児童虐待への対応を強調しておきたい。

別の観点で、年少人口比率からいえば、過去四五年間連続的に少子化が進行している現代日本で、せっかく誕生した幼い命が実母実父により奪われるのが児童虐待死である。その原因を解明し、死者を減らす方策を、私は社会学の側から提言してきた（金子、二〇一四：二〇一六b：二〇一八a）。そのため方法論的には、児童虐待死の事例研究とマクロ統計データによる大都市比較分析を行い、それらの知見を合わせて「事前介入」と「事後介入」の処方箋を探求したところからそれらは得られた。本書では既発表の論文を下敷きにしたところもあるが、使用したデータは現時点の最新版に修正している。

新しい「早母」概念

一九五五年度から二〇一九年度の厚生労働省「人口動態統計」によると、毎年の全出生数のうち母親の年齢が二〇歳未満の割合は約一・二％前後で推移している（表1-2）。一八年でいえば、出生総数が九一万八三九七人で、そのうち二〇歳未満の出生数は八七七七人であったから、全体に占める比率は〇・九六％になり、表1-2では四捨五入して一％とした。

しかし、社会保障審議会児童部会のまとめによれば、児童虐待死の加害者である母親のうち二〇歳未満の出産の平均割合は一六・六％であった（社会保障審議会児童部会『子ども虐待による死亡事例等の検証結果等について第一〇次報告』二〇一四年九月）。

また「〇日・〇か月児」に関する『第一三次報告』での「早母」率は二七％になっていた。私はこれを「特定妊婦」ではなく、虐待死における「早母」（immature mother）現象と命名している。すなわち、少子化では「晩婚」（late marriage）や「晩産」（overdue birth）が指摘される中で、児童虐待死の加害者では「早婚」（early marriage）ではなく「早母」が目立つのである。なお、「早産」（premature birth）は晩産の対語ではない。これらのマクロデータから、「特定妊婦」段階とともに実際に出産した「早母」が児童虐待死の加害者となる危険性を予想することができる。

異なる白書が同じ文章を掲載

政府も児童虐待については対応をしているが、たとえば『平成二六年版　少子化社会対策白書』や『平成二六年版　厚生労働白書』でも児童虐待問題は取り上げられてはいるものの、不思議なことに全く同じ文章で記されている。「児童虐待は、子どもの心身の発達及び人格の形成に重大な影響を与えるため、児童虐待の防止に向け、①虐待の『発生予防』から、②虐待の『早期発見・早期対応』、③虐待を受けた子どもの『保護・自立の支援』に至るまでの切れ目のない総合的な支援体制を整備、充実していく」（内閣府、二〇一四：一〇一：厚生労働省、二〇一四：二六七）。

この悪習は平成三〇年版の『少子化社会対策白書』と『厚生労働白書』でも忠実に踏襲されている。すなわち、「児童虐待に死亡事例等について、二〇〇四年（平成一六）年度より、社会保障審議会児童

表1－2　20歳未満の女性の出生率と合計特殊出生率

年　度	20歳未満の出生率（％）	合計特殊出生率
1955	1.5	2.37
1965	1.0	2.14
1975	0.8	1.91
1985	1.2	1.76
1995	1.4	1.42
2005	1.6	1.25
2013	1.3	1.43
2017	1.1	1.43
2018	1.0	1.42

（出典）厚生労働省「人口動態統計」。

部会の下に設置されている『児童虐待等要保護事例の検証に関する専門委員会』において、児童虐待による死亡事例等について分析・検証し、事例から明らかとなった問題点、課題に対する具体的な対応策を提言として取りまとめており、（中略）実母が抱える問題として『予期しない妊娠／計画していない妊娠』、『妊婦検診未受信』が高い割合を占める」（『平成三〇年版　少子化社会対策白書』：一四〇～一四一：『平成三〇年版　厚生労働白書』：二三七）が完全に重複している。文字総数では約三〇〇字に相当する。これでは政府の本気度を疑ってしまう(9)。

もとより児童虐待の原因は複合していて、ここでいわれる①虐待の『発生予防』、②虐待の『早期発見・早期対応』、③虐待を受けた子ども『保護・自立の支援』に関しても社会学だけの視野には収まらないが、児童虐待には家庭のなかの幼い無力な子が被害者であるという意味で、現代の「少子化する高齢社会」が抱える家族と地域社会の問題状況が集約されている。その意味からすると、児童虐待死の事案では、神戸元町商店街の看板にある「みんなで育てよう　地域の子ども」は神戸だけではなく、日本全体でも全く裏切られている。もちろん政府や自治体などによる掛け声としては、「児童虐待は社会全体で解決すべきである」（内閣府、二〇一九：一四〇）は繰り返されてはきている。

児童虐待の原因と調査

これまで研究者に共有されてきた児童虐待の根本原因は、親世代の貧困、失業、ＤＶ、精神的疾患、無知、祖父母世代からの虐待経験などであり、世代的に連鎖する「特定妊婦」からの「早母」も追加できる。これらを融合した一般的仮説により、私は数年前から札幌市で事例研究を始めたが、児童虐待死の被害者は亡くなっており、加害者もまた裁判の結果服役中か入院加療中の場合がほとんどであるために、関係者への直接的調査は困難であった。そのために、札幌市での時系列的傾向を把握して、二種類のオリジナルな事例追跡調査と全国的統計的情報を結びつけて、加害者像と虐待の種類などの傾向を比較して、検証された事案の問題点と課題を整理してきた。

消滅寸前の「家族精神」と「家規範」

そのような事例を点検しながら、それぞれの家庭で連綿と続いてきた「家族精神」を軸に現在の児童虐待を考えると、虐待死で逮捕される加害者には「家の発展持続」も「家の精神」も皆無に近いように思われる。もちろん確固とした社会規範意識もない。

階層が同じでも異なっていても、ともに先代まで続いてきた家規範がその定位家族で育った家族員を拘束する時代は終わり、家族の個人化が完成したとみなす時代なのだろうか。

そのような論点を重視する本書では、すでに半世紀も前に家族社会学者のグードが強調した「社会制度としての家族、社会としての家族の相互作用の特殊なユニークな内容に焦点を合わせる」（グード、一九六四＝一九六七：一三）アプローチを採用する。なぜなら鈴木榮太郎や清水盛光、それに森岡清美らの家族研究やグードの文脈とは異なり、この五〇年間の現代日本家族社会学の主流は、家族の個人化や個人化する家族成員の意義を主要課題にしてきたように感じられるからである。

業績性との不整合

したがって、以下の推論を確固とするためにも、グードがいう「資料の集積は、より妥当な説明理論の構築を助けてくれる。われわれには事実が必要である」（同右：二一二）は依然として正しい。この場合収集した事実を並べるだけではなく、児童虐待分析に使うために「妥当な説明理論」の一つには、パーソンズのパターン変数のうち、「業績性―帰属性」と「普遍性―個別性」がある（表1‐3）。

以下でもこの両者で加害者の属性を分析するが、これまでに全国的に得られた虐待死加害容疑者の大

表1－3　パターン変数

	前近代　→　近代化　→　近代・現代
Ⅰ欲求充足と規律	感情性（affectivity）　―感情中立性（affective neutrality）
Ⅱ私的関心と集合的関心	集合体指向（collectivity）―自我指向（self-orientation）
Ⅲ価値指向基準	個別性（particularism）　―普遍性（universalism）
Ⅳ社会的客体の様相	帰属性（ascription）　―業績性（achievement）
Ⅴ客体の関心領域	無限定性（diffuseness）　―限定性（specificity）

（出典）パーソンズ（1951＝1974：72-73）。

半が経済的に行き詰まったり、無職の状態にあったり、生活保護を受けている。その生活構造は、現代日本の高度産業社会の価値理念としての「業績性」とは大きな距離をもっている。

私の理解では、表1－3の左側にある「感情性」から「無限定性」までの項目がプレ・モダン「前近代」であり、右に行くほどモダン「近代」を表す変数となる。価値志向と社会的客体の両面では、「業績性」と「普遍性」が近代・現代を表現するという位置にある。その対極が「帰属性」と「個別性」である。ある状況のなかで、時代が特権階級（すなわち帰属的で個別的階級）を認める場合がある。[10] そこからいかに離陸するかには、「能力主義社会」を経由して「個人主義社会」に至るプロセスがいくつかある。

パターン変数　表1－3を読み解く手がかりを、以下のように簡単にまとめておこう。

(1)　感情性（喜び、怒り、あきらめ、未練、慕情、無情）――感情中立性

(2)　集合体指向（家族、地域社会、日本社会のことを考えている）――自我指向（自己中心である）

(3)　個別性（自分の年金だけ、健康だけに関心）――普遍性（社会の年金

制度や健康保険制度にも関心)
(4)　帰属性（親が何であったか、自分は何であるか）――業績性（自分が何をしたか、何をするか）
(5)　無限定性（あれもこれも優先順位の発想なし）――限定性（あれだけ、これだけ、優先順位の発想あり）

これは解釈の一例に過ぎないが、パターン変数は社会的事実や社会現象の解釈にも応用範囲が実に広いので、しっかり理解しておきたい社会学の概念用具である。

パターン変数で表現すれば、虐待する加害者の日常はほとんどの場合「業績性」とは程遠く、だからといって「帰属性」で何かが可能なわけでもない。そのいら立ちが同居する幼児に暴力的に向けられるという解釈ができる。失業や無職という日常では、生活構造に普遍的な広がりをもちにくいから、狭い範囲の個別的な家族内部に関心が収束しがちであり、配偶者へのDVや最も個別的な存在である無力な幼児への暴力が顕在化することになる[11]。

4　虐待事例の検討と考察

札幌市の検証報告書から

ここでは札幌市における過去二回の検証委員会座長の経験から、児童虐待の精密な検証作業の一部を要約して、そこから一般化への道筋を探してみたい。まず、二〇〇九年度にまとめた札幌市社会福祉審議会児童福祉専門分科会『児童虐待による死亡事例等に係る検証報告書』から検討したい[12]。

私が追跡調査した札幌市での最初の事例では、加害者であり、のちに統合失調症と診断された母親に精神的疾患があった（詳しくは札幌市ホームページ参照）。札幌市に住む被害女性（以下、女性という）が小学校に入学したのは一九九四年四月であった。小学校三年の六月以降、女性は徐々に学校を欠席するようになった。母親により自宅からの外出を禁じられ、心理的虐待およびネグレクトを受けた結果として重篤な精神疾患に至り、実に一〇年後の二〇〇六年八月、別居していた父親が走り回って児童相談所と警察に保護された時、女性は一九歳であった。

女性が保護された日、母親（五〇代）と女性（一九歳）の二人暮らしであった。父（四〇代）は二〇〇四年に別居したが、生活費を届けるために月に一回は訪問していた。したがって、この事例では貧困が虐待の主要因にはなっていない。

親戚関係として、札幌市内に母方の祖母と伯母、父方の伯父がいた。女性の不登校が始まってから、母親が通常の親戚関係を拒み始め、親戚による不登校阻止は不可能であった。すなわち第一段階の家族や親戚による阻止は失敗であった。その前後から、母親は近隣との交流がなく、女性の不登校は近隣の一部に知られてはいたが、第二段階の近隣関係による不登校阻止としてのインフォーマルケアも困難であった。

小中学校・児相連携の難しさ

女性の不登校をやめさせて、通学させたいとする小中学校でのプロフェッショナルケアもうまくいかず、長期にわたり児童相談所との「連携の難しさ」も際立っており、全体としてそれらはことごとく失敗した。同時に血縁者からの支援は、発見されるまでなかった。

この二〇〇九年の検証事例の場合、被害者の子どもが小学校三年生（九歳）から一九歳で自宅において前後不覚の状態で発見されるまでを、クラス担任、小・中学校長、市役所児童家庭課担当者、児相職員、民生委員などに聞き取りして、可能な範囲で再現した結果、その娘は「圧倒的な孤立無援」であったことが分かった。その結果が五年生から中学三年生までの五年間のほぼ完全な不登校になった。それにもかかわらず、小・中学校長はともに卒業させていた。母親は一〇年にわたり娘に不登校を強要してその人生を破壊したが、裁判では精神的疾患により責任能力がないとされ、現在まで医療の場におかれて治療中である。

「社会的放置」

以上を学術的な概念によって整理すると、次のような一般化が可能になる。すなわち、被虐待児童と虐待者の家族はコミュニティから排除（exclusion）され、アソシエーションによる支援からの脱落（omission）させられたまま一〇年が経過したことになる。これらを合わせて「社会的放置」（social ignoring）と見なせば、この虐待事案の支援内容は、札幌での都市生活における、インフォーマケアとプロフェッショナルケアから構成されるコミュニティ・ケアには程遠い状況にあったといわざるをえない。

このような札幌の児童虐待事例を、コミュニティ・ケア論にどう位置づけるか。コミュニティ・ケアによるコミュニティ問題解決力を維持する観点を志向すると、それは地域社会の専門機関による取り組みになると思われる。後述する第4章で示すように、札幌市における虐待通報経路では「近隣・知人」の比率が他の政令指定都市よりも際立って高かったが、実際の虐待事案ではローカリティ集合体である地域住民の動きは皆無に近かった。そのため、もう一つの専門アソシエーションとしての「学校警察その他」の機能を虐待対応としても強化することが優先される。

『検証報告書』では、学校で、虐待やいじめなど広い意味での「校内社会問題」を専門的に担当する教師を配置することを具体的に提言した。少子化による小中学校の統廃合によって生じる定数減の枠を活かして、小学校にも中学校にも「スクール・ソーシャル・ワーカー」を増員するのである。この専門職はクラス担任をせずに、教科の授業以外の「校内社会問題」に専念する職種をイメージしている。この「スクール・ソーシャル・ワーカー」は、養護教諭と同じような特定課題に対応する専門的な役割を担うとした(13)。

精神疾患と貧困

二つ目には二〇一三年度の検証事例を取り上げる(14)。札幌市において精神を病んでいた母親が小学生の娘二人を包丁で刺し、自分も自殺を図った結果、娘の一人が死亡し、もう一人の娘と母親は重傷を負うという事件を追跡した。ここでは精神疾患と貧困が検証作業から浮かんでくる。この検証の目的は、対象となる虐待事案の経緯、支援に関わった機関の対応状況等の分析を行い、問題点を解明して、課題を整理することにあり、行政も含めた社会的支援のあり方等を提示するところにあった。

細かなヒアリングの実施

本事案の検証にあたっては、児童相談所、区役所保健福祉部の関係課（母子保健担当、児童相談担当、精神保健担当、生活支援担当）、学校からのヒアリングを実施し、それぞれによるこの家庭への支援内容を確認した後、それらの支援内容についての問題点、そこから導かれる課題の解決方法等について審議を行った。

二〇一三年のこの事例追跡調査では、次のような三年間の事実が判明した。母親は一七歳で長女を出産しており、その長女も一七歳で第一子を出産した。この母親は三五歳で祖母になった。いわゆる家族

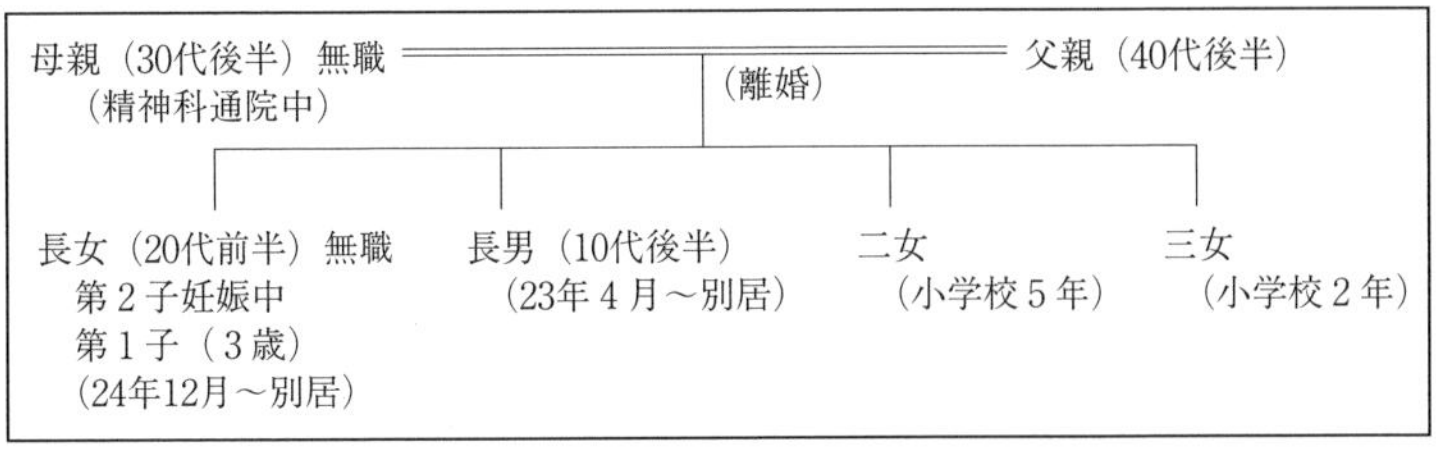

図1－1　事件当時の家族構成

規範のうちの「早母」の連鎖である。

家庭崩壊の最初は実父の家庭内暴力であり、以下、長男の家庭内暴力、引きこもり、精神科通院が続く。三女の言葉の遅れ、実母の精神疾患による通院開始、協議離婚成立後、夫は刑務所服役、長男の過食、実母の抑うつ、適応障害、神経症、長男の暴力がエスカレート、長男の一時保護入所、三女の療育手帳判定、長女の第一子の発達遅れ、小児慢性特定疾患を患う（免疫不全）、実母の精神状態が悪化、薬の副作用、実父の出所への不安感、実母の精神状態不安定、自傷行為、物を投げつける、家具を倒す、暴れるなどが認められた。

このような連鎖は、第2節で紹介したフォワードの「『毒になる親』というのは、その親もまた『毒になる親』だった」や、「子どもの社会化では親の行動のコピーが中心になる」という家族研究の成果が意義を教えてくれる。

事件当時の家族構成は図1－1の通りである。

家族関係の不和

母親は、父親の暴力を理由に、長女以下四人の子と長女の子を連れて北海道立女性相談援助センターに入所した後、札幌市内に転居していた。この段階で離婚が成立していた。まもなく、長男による「問題行動」としての二女と三女への虐待により、長男は施設へ入所した。また、長女と長女の子は世帯から転出し、事件当時は、母親、二女、三女の三人暮らしであった。

追跡調査の結果、当時の母親の家事や育児能力が十分ではなかったことが判明した。くわえて、母親が精神科受診中であり、また、長女との確執などを背景とした自傷行為が認められた。長男の「問題行動」もあり、家族関係が不安定であり、家庭不和のエピソードが度々見られた。

さらに、殺傷事件の数カ月前から、母親と長女の間で深刻なトラブルが生じ、母子関係が急速に悪化していた。そのため、母親と長女の確執の結果、家事、育児を担っていた長女が転出し、母親のみでは十分な家事や育児ができていなかったようである。長女の転出後、この世帯を支援する親類縁者がいなくて、長女にも自分の子どもにかかる育児不安があり、生活保護もまた母親家族も長女家族もともに受けていた。しかし、血縁者でさえも、そのような家庭内の厄介な関係には立ち入らなかった。

実母が新しい男性と交際する一方で、精神状態不安定により家庭内で包丁を振り回したが、実母の措置入院はなされなかった。並行して長女の第一子の発達遅れ、長女と第一子が母親の世帯と別居、実母の交際相手男性と長女との関係が発覚、長女が交際相手男性の子どもを妊娠、長女との確執で実母の自傷行為が繰り返された。

二〇一三年一月に、母親、二女、三女が、自宅においていずれも腹部に刃物による傷を受けて倒れているところを、訪ねてきた知人が発見し、三人は病院に搬送された。二女は病院で死亡が確認され、母親と三女は重傷であった。退院後に逮捕された母親は「娘二人を包丁で刺し、自分も刺した」と述べており、同年四月に殺人と殺人未遂の罪で起訴された。地裁での一審では、懲役二〇年が求刑され、殺人罪で懲役一四年の判決が下され、上告しなかったために現在は服役中である。

現代日本都市の児童虐待

児童虐待について、上野（二〇一三）は、⑴虐待する親が子ども時代に受けた虐待がトラウマとなり、世代間に連鎖する➡心の問題、⑵病気や失業による経済的困窮としての貧困➡社会の問題に分けた。児童虐待は経済的困窮と重複するので、「親の就労支援や子育て支援などの社会保障をさらに充実すること」（同右：一三二）で、社会的リスク要因を減らすこと、家族だけが担っている子育ての責務を「社会の責務」とし、安心して子育てできるようにサポートすることが必要である、とまとめている。ただし、具体的な「社会の責務」は書かれていない。

本書では可能な限り、児童虐待を比較都市論的に取り上げて、データを使いながら論じることにしたい。そのために、政治的対応とは異なる学術的研究では、⑴児童虐待の全国的な趨勢を明らかにする、⑵児童虐待は大都市に多いから、政令指定都市を複数選択して、その特徴を比較分析する、⑶単一の大都市（私の場合は札幌市）での児童虐待の追跡調査を実施した経験から、比較された大都市特性を細かく補う、⑷子育て支援の一般論との接合を工夫する、などに分かれる。この四点は融合しており、「少子化する高齢社会」における社会的リスクとして現代日本都市の児童虐待は存在する。

5　児童虐待家族モデル

モデルを作る

以上の考察を総合化して、本書では図１－２のような児童虐待家族モデルを作成した。簡単に説明すると、虐待される児童はその定位家族の中で誕生する。児童虐待は今日的には典型的な家族危機の一つであるが、二〇世紀末までの家族社会学のテキストでは「離婚、子ども

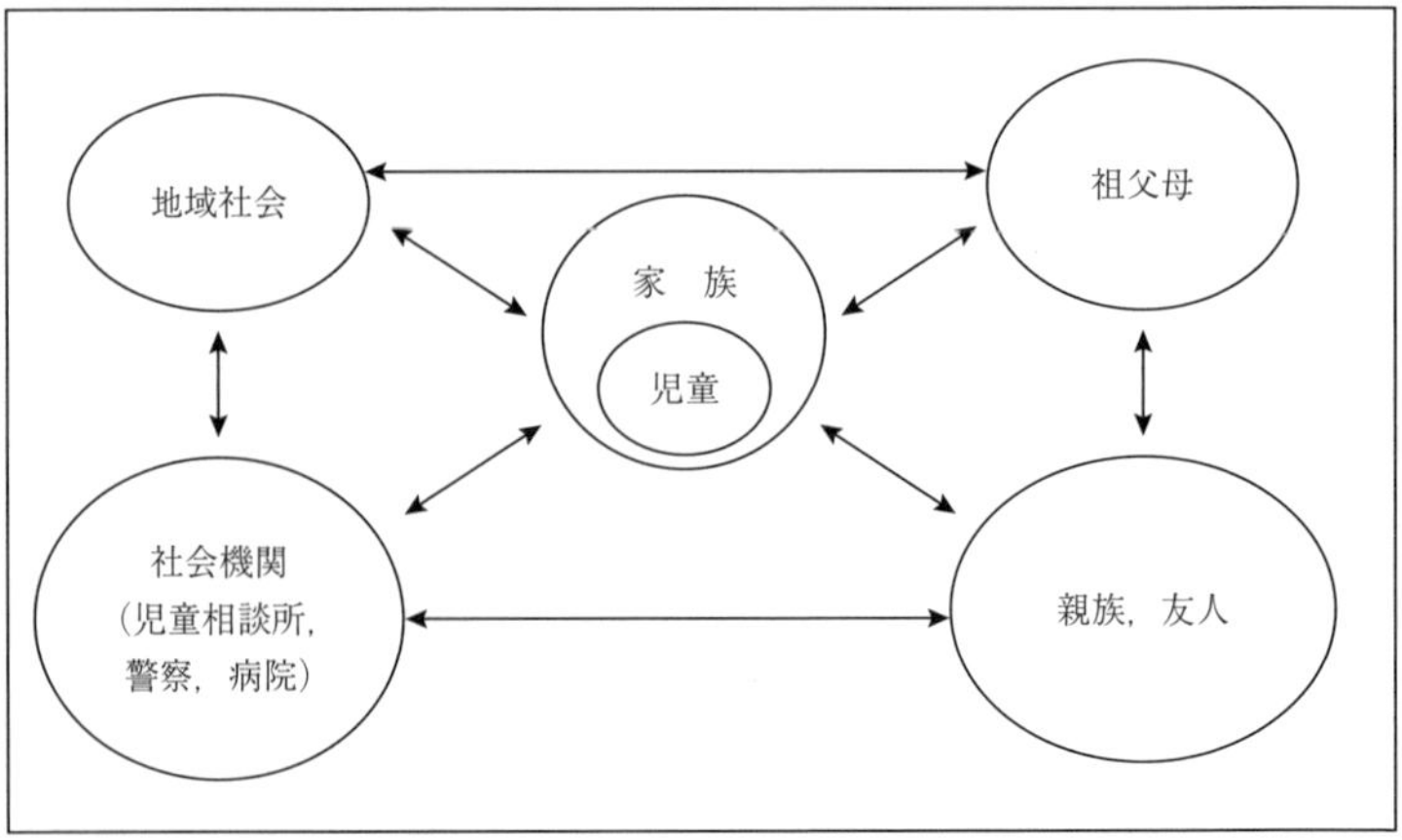

図1－2　児童虐待家族を取り巻く社会資源モデル
（注）森岡清美・望月嵩（1997：135）を金子が修正改変した。

の問題行動、老後の生活不安、自殺の増加」（森岡・望月、一九九七：七八）というような項目が「危機」の事例とされていて、児童虐待は登場していない。あるいは、現代家族の問題点は、「現代家族の教育機能の低下・衰退」を対象として、具体的には、少年非行の増加、低年齢化、女子非行の増加、登校拒否、家庭内暴力、校内暴力などが挙げられていた。そして「親の養育態度に問題がある」（同右：一三四）と指摘されてきた。

「抜け殻家族」

このような家族は、理論的には五〇年前にグードが提起した“empty shell family”に近い。その内容は、「家族成員は同居しているが、成員相互のコミュニケーションないしは相互作用が欠如しており、とくに相互的な情緒的支持がなされていない」（グード、前掲書：一六八）家族を意味するとされた。当時の翻訳では「空骸家族」とされたが、残念ながらこの訳語は日本では定着しなかった。「貝殻で覆われた空隙家族」を表すのだろうが、

「空骸」は現代日本語としても未熟なので、原語のまま「エンプティ・シェル・ファミリー」とするか、「抜け殻家族」と訳すことにしたい(15)。

二〇世紀末の家族危機論でも図1-2は該当するが、それから二三年後の令和の時代では、「親の養育態度」というよりもネグレクトという形で「養育放棄」が問題になっている。児童虐待世帯では家庭内暴力には違いないが、両親間のDVに止まらず、親による子どもへの身体的暴力もまた激しい。これらの現象にも「抜け殻家族」が当てはまる。

大都市では虐待家族を支える社会資源として、父方母方両方の「祖父母」がまず位置づけられるが、虐待家族の場合では「祖父母」役割がほとんど機能していない。祖父母世帯もまた健康上の理由で動きにくいとか生活苦による生活保護を受けている事例も多くあり、息子や娘の家族への目が行き届かず、支援がなされない場合もある。これもまた「抜け殻家族」であろう。

「早母」の連鎖

一般的にいえば、定位家族のなかで生まれた子どもは親の家事全般のやり方を見て育つから、この方面での社会化にとっては親の育て方や文化資本全般は絶大な影響力がある。それは子どもを産む年齢にも当てはまるようで、既述のように児童虐待や虐待死で逮捕された母親の二五%前後が「早母」であるが、それはその母親でもすなわち殺害された子どもにとっては祖母にも認められることがよくある。すなわち、「早母」の連鎖もまたその家族の規範になりやすい。

しかし「早母」は、統計的には虐待加害者になりやすいのだから、正確なデータを示してその危険性を中学校や高校で教えることが望ましいのではないか。これは科学的な事前介入の一例になるであろう。

家族を取り巻くインフォーマルネットワークの機能は、鈴木榮太郎のいう「正常人口の正常生活」

（鈴木榮、一九五七＝一九六九：一五〇）では生活面でも労働面でも育児支援面でもその有効性が発揮されているが、虐待家族ではむしろ逆であり、当該家族が地域移動した負の結果も上乗せされて、叔父叔母いとこなどの親族ネットワークが社会資源としては全く機能しえない。それと同時に引っ越したことで、中学校までに培った友人関係などの社会関係資本（social capital）もまた新しい居住地では乏しく、さらに隣人関係というインフォーマルネットワークからの援助もない。そのような家族では、地域移動論でいわれる「分離効果」が鮮明に認められるようになる（三浦、前掲書：八一）。

地域社会にはインフォーマルな隣人関係や友人関係だけではなく、フォーマルな町内会・自治会、班会、民生委員、こども一一〇番、多種多様なNPOなどがあるが、いずれも引っ越してきた虐待家族との縁は薄い。その意味で、引っ越し先ではますますの「抜け殻家族」になりがちである。

「連携」と新制度の創出が課題

例外的な社会機関として、児童虐待に職務上対応する児童相談所と警察と医療機関がある。なかでも医療機関は、精神の病をもつ患者を受け入れる公立民間を問わない病院・診療所をはじめ、母子保健を担当する保健所や自治体の保健医療センターや民間の診療所などがあり、この機能は児童虐待死の予防や加害者の治療にも有効な面がある。

社会機関のうち児童虐待に直接関わるのは児相と警察であるが、その「連携」はこれまでの諸事例では不十分であった。一つは両者の存在理由が違うからである。児相は虐待された子どもの相談、保護や一時入所、虐待家族の更生などを主要な任務とするが、警察機能は文字通り犯罪の摘発と犯人の逮捕にあるから、両者の「連携」は簡単ではない。さらに本書全体で詳論するように、子どもがいる家庭でのDVを心理的虐待にも算入させるといった警察庁の誤った通達により、児相の業務がますます増加してしまったことで、同じレベルでの児童虐待に向けての「連携」はいわば道半ばの様相を呈している。そのために、児童虐待専用の新しい制度、たとえば「子ども交番」などの創設が待たれる時代になった。

注

(1)「毒親」についてはその命名者であるフォワードに準拠してこの後で取り上げるが、外国モノが好きな日本の学界や論壇やマスコミでも、「毒親」はほとんど使われて来なかった。あまりにも刺激が強い表現なのであろうか。あるいは児童虐待関係者間で、その表現に人権侵害の恐れがあると見なされたのだろうか。

(2) 次世代の育成困難とは、先行する団塊世代や団塊ジュニア世代を支える年少人口数の減少により、総体としての世代間の支え合いが難しくなったことを第一義とする。そのうえで、個別的な能力面には優れていても、団塊世代や団塊世代ジュニアに比べて、次世代が意欲面では劣っているという印象を強く感じる。

(3) この数年来の「こどもの日」と「敬老の日」の新聞各紙の記事で見ても、年少人口率四六年連続低下や年少人口数の三九年連続減少が、淡々と描かれているに過ぎない（二〇二〇年五月五日付）。同時に「敬老の日」の朝刊各紙でも、世界一の高齢化率二八・四％への到達や全国の九〇歳以上の男女合計数が二三一万人になったという記事しかなく、それらが日本社会に及ぼす影響や対応策については皆無といっていい。

(4) カウフマンは二〇〇五年の段階で、ドイツにおける少子化の背景について次のような指摘を行っていた。「公共財の理論では、親としての責任を担うことを拒否することは『ただ乗り Free-Riding』を意味する」（カウフマン、二〇〇五＝二〇一一：一五一）と述べている。私が「子育てフリーライダー」論を全面的に展開したのは『都市の少子社会』（二〇〇三）だったから、ドイツと日本ではほぼ同じ時期に相互に無関係な形で、似たような主張が出揃っていたことになる。

(5) 当時は「待機児童ゼロ作戦」といわれ、「両立ライフ」と表現されていた。

(6) 元来の社会移動は地域移動と階層移動をともに含んでいたが、SSM調査が浸透するにつれて、地域移動よりも階層移動に焦点が固定化してきた。ただし、二〇一九年八月に『日経ビジネス』で特集された「学歴分断社会」特集では、地方への視点、東京への一極集中、少子化加速への視点が鮮明に打ち出されている。もっとも、能力面での格差の違いがはっきりしてきた大学を一括して「大学卒」とするSSM研究の伝統からは自由ではない。なお、アーリは「移動は垂直的なものとしてとらえられているが、本書ではむしろ、移動はおもに水平的なものとしてとらえる」（アーリ、二〇〇〇＝二〇〇六：五）を強調している。

（7）このような社会学概念への翻訳こそが、児童虐待研究の水準を少しずつでも高めるのではないか。事例を紹介するだけでは研究にはなり得ない。それは、医学でいえばレントゲン写真を積み上げたり、数回の血液検査のデータを集めただけでは、医学の研究にはなりえないことと等しいからである。

（8）この二〇年間での介護保険制度の評価は高いが、九七年、九八年、九九年の三か年の施行期間では必ずしも強い期待が国民の間にあったとはいえない。当時三年間、私は北海道庁が行ったモデル事業の責任者を務めて、いくつかの自治体での意見交換会に出席したが、会場に参加した女性から語られた不安感が印象的に残っている。一つはヘルパーという見知らぬ女性が、主婦が不在の時に勝手に台所で仕事をすることへの不安、要介護者が暮らす部屋での掃除その他の支援行為への不安などがたくさん寄せられた。しかしそれらの不安は、介護保険施行後三年目の追跡調査により完全に解消されていたという経験がある。

（9）この安易な重複は、二〇一八年七月の政府による「緊急総合対策」の目標年度が、実に五年先の二〇二二年に設定されていたことと同質性を感じさせる。緊急対策の目標が五年先という設定は理解に苦しむ。

（10）二〇一九年でも、交通事故で二人を死に至らしめ、多数のけが人を出した八七歳の元高級官僚を「容疑者」扱いしないマスコミへの批判を含めて、「上級国民」というあだ名がつけられたことは記憶に新しい。また、二〇二〇年一月の元日産社長のカルロス・ゴーンによる自家用飛行機による外国逃亡では、自家用機を保有できる「上級国民」には法的な抜け穴が多くあることが判明した。

（11）事例収集は研究の根本であるが、そのまま紹介するだけでは学問にはなり得ないことをこのような社会学的試みを通して繰り返し強調しておきたい。

(12)　市長からの委嘱を受けた検証委員は五名であり、座長の私が社会学の立場から、他の委員の専門分野は法律（弁護士）、発達心理学（大学准教授）、精神医学（大学教授）、教育心理学（大学教授）であった。

(13)　この提言は札幌市ですぐに実行に移され、二〇一九年七月現在では、有償ボランティアとして大学教授一八人にスクール・ソーシャル・ワーカーを依頼して、支援体制を整えている。

(14)　検証委員は六名であり、うち五名は前回と同じ委員であり、追加された委員はこの虐待死事件に関連が深い精神医学の専門家（大学助教）であった。

(15)　当時も今もグードが提起した“empty shell family”に表現の豊かさを感じる。

第2章　児童虐待問題と抜け殻家族

1　児童虐待の現実をゆがめる統計手法の改変

統計不信

『ＵＰ』（二〇一九年七月号）の宮川公男「統計不信」に関する論文は、アベノミクスがらみだけではなく、日本の児童虐待対策にも合致する統計上の問題点を指摘しており、学ぶところがたくさんあった。[1]いくつか拾い上げてみると、「入れ替える調査対象を意図的に選定し、かつ必要な補正をしなければ、平均的賃金の数値の入れ替え前後で生じるギャップは上振れでも下振れでも思うようになります」（宮川、二〇一九：五、以下は頁のみ）。

明治期の統計専門家である呉文聡からの引用文には「人間社会の問題について統計によって研究しようとすれば統計学者は社会問題の性質を理解できる十分な社会学者でなければ応用を誤ることになる」（：六）「『正直な数字』が民主主義を守るためにいかに統計が重要かを私たちに教える」（：九）とある。

これらは現在の児童虐待の統計問題にもそのまま転用可能な意味と意義をもっている。以下、二〇一四年度から始まる、警察庁による統計手法の強制的改変の影響に関する具体的な事実を示しながら、この問題を考えてみよう。

統計手法の強制的改変

あまり知られることのないこの強制的改変は、以下の「通達文」を契機とする。「被害児童を早期に発見・救出するためには、虐待が疑われる現場への臨場時、非行少年等の補導時、被害少年・家出少年・迷子の保護時、児童が同居する家庭における配偶者からの暴力事案の認知時等を始め、各種の警察活動の場面において、入手した情報が児童虐待につながり得るものであることを敏感に察知して、迅速に対処する必要がある」。これは二〇一三年度に、警察庁生活安全局少年課長・生活安全企画課長・地域課長・刑事局刑事企画課長、捜査第一課長の連名で、警視庁生活安全部長・地域部長・刑事部長・都道府県警察本部長あてに出された「児童虐待への対応における取組の強化について」という通達文の一部である。

特に「児童が同居する家庭における配偶者からの暴力事案の認知」が、通達の翌年の二〇一四年度から、子どものいる家庭での「DV」を「心理的虐待」に算入する根拠として全国の児相で使われ始めた。週刊誌でも新聞各社の報道や社説でも全く触れられないテーマの一つに、この「虐待統計」の変容問題がある。具体的にいえば、「DVを心理的虐待に算入する」とした二〇一三年度の警察庁通達がもたらした二〇一四年度以降の全国的な混乱について、マスコミも含めた社会全体の無理解がある。なぜなら、札幌市でも通達以前は全体の一五%だった心理的虐待が、一四年度以降は六〇%を超え、時系列の比較が不可能になったからである。

全国の児童相談所の虐待対応件数も急増している（図2-1）。とりわけ二〇一四年度以降の推移はこれを裏づけるものがある。

全国統計の心理的虐待でも、一三年度は三八%だったが、一六年度が五二%に急増したという結果が

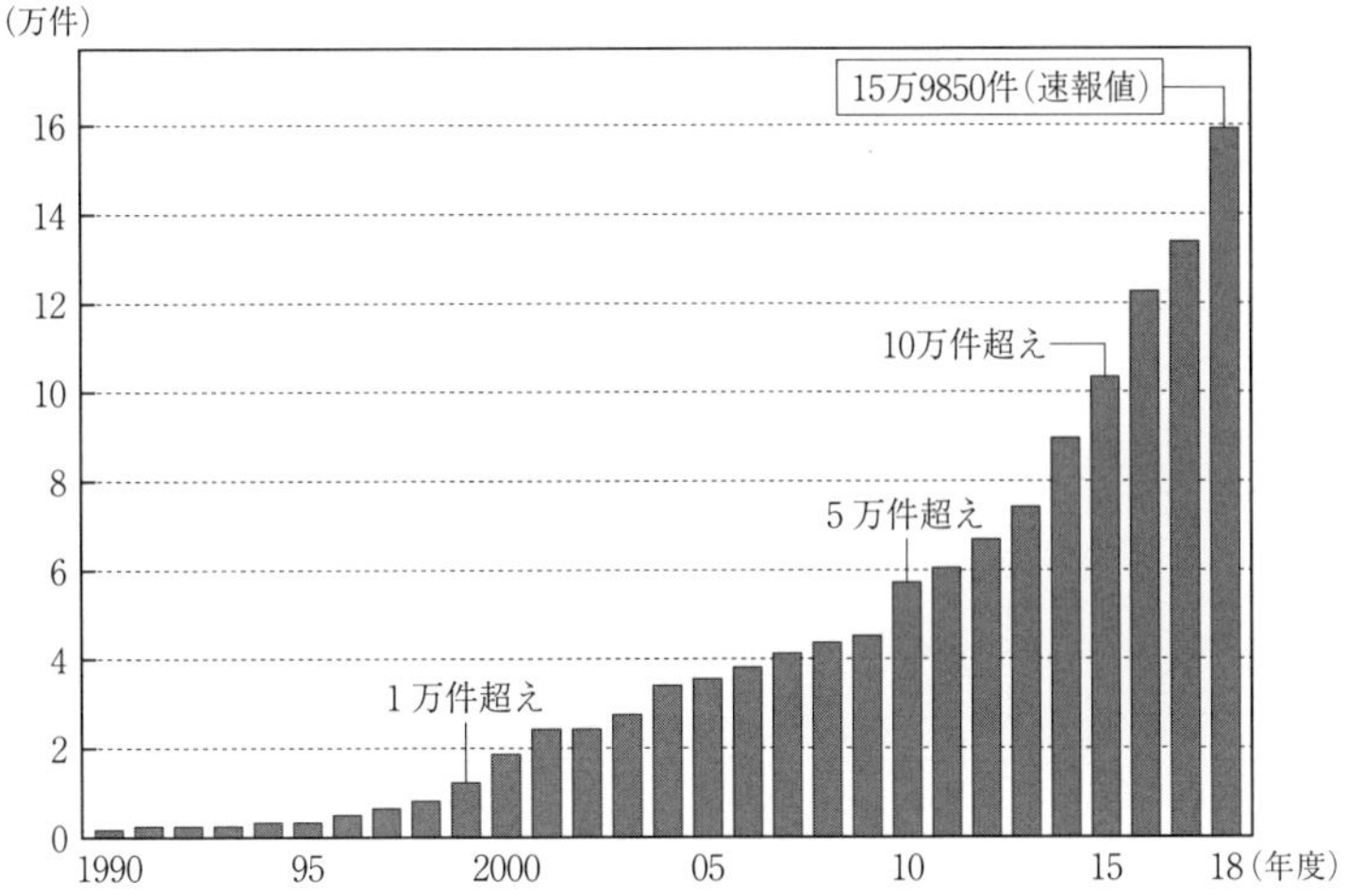

図２－１　児童相談所の虐待対応件数の推移

（出典）厚生労働省子ども家庭局家庭福祉課発表資料（2019年８月１日）。

あり、ここにも同様な問題を感じとれる。社会調査研究からみれば、「DV＝児童の心理的虐待」という変更はあり得ない。(2)

タテの加害行為としての児童虐待

具体的にいえば、これまでの心理的虐待とは、「タテの加害行為」だけを取り上げて、「親からの子ども」に対する暴言（「産まれてこなければよかった」など）、言葉による脅し、子どもからの親に向けての言葉の無視、親による兄弟姉妹間での差別などを含んでいた。

ところが夫婦間のDVは「ヨコの加害行為」である。「DV目撃」は「タテの加害行為」ではないし、まして子どもが不在の時や眠っている時のDVは「目撃」すらできない。

このように「タテの加害行為」と「ヨコの加害行為」とでは、心理的虐待といってもそのデータの質が異なる。柔道三段と将棋四段を合算して七段というのは冗談だが、「タテの加害行為」としての「親からの子ども」に対する暴言と大人の男女間の「ヨコの加害行為」としての「DV」目撃間には、それほどまでにデータの質が相違する。このデータの質の相違について、警察庁はじめ児相関係者はあまりにも鈍感であり続けてきた。

データの質の違いに配慮しない

データの質の違いに配慮しないままに、警察庁が「DV目撃」を心理的虐待として統計に加えた結果、札幌市ではそれまで合計では六割を超えていたネグレクトと身体的虐待の実態が見えにくくなった。厚生労働省社会保障審議会児童部会児童虐待等要保護事例の検証に関する専門委員会（以後、社会保障審議会児童部会と略称）『第一四次報告』（二〇一八年）に示されたように、子どもの命を直接奪う行為はこの両者に含まれる。反対に、警察庁による新しい統計法で過半数となった心理的虐待で、児童が命を落とすことはほとんどなく、過去一五年で一例のみであった。

そのために、虐待数が増えても児童相談所は虐待家庭への緊急介入としての「臨検」は行わず、虐待がうわさされる親との関係構築を最優先する道を選択する。その結果としての「手遅れ」による虐待死が全国で繰り返されてきた。

ただし、もちろん「DV」は放置されていい問題ではない。速やかに警察などが介入して解決したいが、それをすべて「心理的虐待」として数えていいのかという疑問を、繰り返し私は提出してきた（金子、二〇一六b：二〇一八a：二〇一八b）。それを前提にしながら、全国的な動向を知るために、過去一五年分の調査報告がまとめられた『第一四次報告』（二〇一八年）のデータを使いながら、児童虐待の現状を素描してみよう。

図2－2　児童虐待家族のモデル

2　児童虐待加害者のプロフィール

児童虐待に関して社会保障審議会児童部会が毎年発表する全国的な調査報告資料や、ネットに掲げられている各自治体が出した虐待死の検証報告などを丹念に読み、札幌市での第一回（二〇〇九年）と第二回（二〇一三年）の検証ワーキンググループの委員会（以下、検証委員会）の責任者を務めた。さらに札幌市では、二〇一九年六月の児童虐待死発生を受けて、七月から第四回目になる検証委員会が不定期に開催されていて、私はそこでもオブザーバーとして関わってきた。このような貴重な経験を活かしながら、加害者に関するいくつかの共通のプロフィールを社会学の観点からまとめておきたい。

最初に簡単な仮説としてのモデルを用意しよう。図2－2はこれまでの児童虐待死事案を点検してまとめたものである。

全国統計の活用

まず(I)型では、実母Aと実父Bが実子Cを虐待死させるモデルである。殺害の方法はさまざまであるが、身体的暴力の繰り返しかネグレクトの常習による。主な加害者は二〇一三年度までは実母が六割程度、実父が三割程度であった。しかし、データ収集法が改変されてからは実父が五割程度、実母が四割程度に変化した。

(II)型では、実母Dが実子の父親Eと離婚して、新しい夫Fと結婚するいわゆるステップファミリーの事例である。ただし、入籍せずに、「交際相手」Fのままであることも多い。この場合の加害者は、新しい夫ないしは交際相手のFであることが非常に多い。実母DはDVの被害者になり、Fが実子Gを虐待することを傍観するか、黙殺するか、積極的に加担する。これでは実子Gが浮かばれないが、現在に至るまで実子Cとともに実子Gもまた虐待の被害者として亡くなってきた。

殺害した親の加害者像

まず、わが子を殺害した親の加害者像としては、実父の場合は失業による経済的苦難、生活保護、仕事がないことや職探しができないことからのストレスが強い。かりに仕事があっても、そこでの不満やいらだち、過度のアルコール摂取などにより、わが子への身体的暴力という傷害を繰り返す実父の存在が浮かび上がる。前章では、加害者のこのような事実をパターン変数の「業績性」と「普遍性」からの離脱結果として解釈した。(3)

児相職員や警察官がそのような行為を指摘すると、実父はこれを「しつけ」と称して弁明することがある。殺害に至る行為は「しつけ」とはいわないが、義父や交際相手としての男も同じライフスタイルによる加害行為と弁明が頻繁に確認できる。

どちらにしても〇歳から五歳までの全く無力な幼児は、実母Aや実父Bまたは実母Dの再婚相手ないし交際相手の男Fから一方的に傷つけられる。そこには万国に普遍化した「子どもの人権を守る」という理念とは程遠い現実が見られる。(4)

「早母」の加害者率の高さ

一方加害者としての実母AまたはD像は、通常の出産年齢に比べると、二〇歳未満で出産した「早母」と命名できる場合が著しく多い。法的にいえば妊娠期間中は「特定妊婦」という表現になるが、二〇歳前に出産した後の名称はない。そのために加害者像として、私が

「早母」概念を提起したことは既述した（金子、二〇一六b）。

通常の二〇歳未満の出産は戦後六〇年に限っていえば毎年一・二％程度で推移してきたが、児童虐待死で逮捕された女性の「早母」率は平均で一五％〜二七％くらいに達する（金子、二〇一八b：二〇一九b）。法的には「特定妊婦」の段階で、母子健康手帳を受け取るように、そして医師による定期的な健診を受けるように指導することになっているが、未受診者が目立つ。

「特定妊婦」であれば、産む前の親家族である定位家族（family of orientation）の一員としての支援、「早母」では産んだ後の生殖家族（family of procreation）における母親への支援になるが、この両者は依然として行政サービスでは混同されていて、正確に区別したうえでの支援とはなっていない。ここで使用した児童虐待として逮捕された「早母」の比率は、社会保障審議会児童部会が毎年公表する年次報告に記載してある。

もう一つの加害者実母像は、子育てを放棄したネグレクトの常習者であり、自分の快楽を優先したというイメージが強い。三歳のわが子を八日間も放置した実母もいれば、実父の暴力が恐ろしくて、実父が連日行うわが子への暴力を幇助した実母もいる。また、交際相手の男との関係を優先して、わが子にネグレクトや暴力を繰り返した実母もいた。子どもの社会化を家族機能として重視する立場からは、これらもまた「抜け殻家族」特有の行為になる。ここには大人の「ヨコの加害行為」としての男女間のDVもあり、「タテの加害行為」である親子間の暴力やネグレクトも共通に見られる。

DVと心理的虐待は直結しない

ただし、この両者は別の範疇に属するので、「男女間のDV」をその家庭に子どもがいれば、自動的に子どもの数だけ「心理的虐待」とするには論理的に無理がある。なぜなら、子どもが目撃することもあるが、逆に外出していたり、眠っていて目撃できない場合もあるからである。これらを一括して「DV＝心理的虐待」として算入させた警察庁の責任は大きい。

というのも、二〇一三年度に警察庁によるこの通達が出された結果、それまで一〇年以上蓄積されてきた自治体独自の児童虐待の比率が二〇一四年度から大きく変質して、時系列の調査データとしての意味を失ってしまったからである。

個人情報保護法の壁

その他の加害者像として、加害者になる実父でも実母でもいわゆる精神疾患の割合の高さが挙げられる。しかし、その情報は当然ながら児童虐待死事案発生の前には児相や警察には届かずに、大半はかかりつけの精神科医のところで止まっている。そのために児相では仮に児童虐待の通告があっても、個人情報保護により、加害者の精神疾患の情報が得られないから、それに配慮した対応ができない。

『第一四次報告』で明らかなように、児童虐待死の事案のうち通告自体が児相に事前に届いた比率はわずかに二五％程度なのだから、日本でも児相に児童虐待問題すべてを託せるような社会環境にはないということになる。

個人情報保護の壁は、生活保護でも同じであり、同じ自治体内部でも生活保護課は児相に特定世帯が生活保護を受けているとは知らせない。国民すべてを包括する個人情報保護の理念は総論としては正しいが、児童虐待死の危険性がある子育て家族の場合にどうするかという国民的な合意はなされていない。また、それを政治の世界で与野党ともにより深く議論しようという動きもない。

くわえて、加害者の家族が児童虐待死事案の発生前に必ず住居を変えて、居住地を移動していたという事実が指摘できる。直近の児童虐待死の事例でも、香川県観音寺市から東京都目黒区への移動、沖縄県糸満市から千葉県野田市への移動、北海道岩見沢市から札幌市への移動、鹿児島県薩摩川内市から出水市への移動のように自治体間の場合もあれば、札幌市東区から中央区への引っ越しに見るように、自治体内部の移動もある。

地域移動論の活用

社会学による社会移動論の知見によれば、居住地を変わる地域移動では移った先の地域社会でますます孤立が進むことがあるとされ、これは地域移動の「分離効果」として定式化されていて、鈴木広がいうように「『根なし層』を結果する」（鈴木、一九七〇：六九）という表現により、地域移動論で解釈できる（三浦、前掲書：八五）。

地域移動論の「分離仮説」では、引っ越しても、そこでの職場がなく、近隣との関係をはじめ親族や友人などのソーシャルキャピタルがなければ、分離効果として孤立すなわち「根なし」状態がますます進むと見る。その結果、不安やいらだちが内向して、無力な子どもへの暴力やネグレクトが繰り返される。前述の五事例がすべて地域移動後の虐待死であることを考慮すれば、ここにも地域移動をテーマにした社会学者の出番が数多くある。(5)

前住地の近隣で虐待の事実が分かり、児相による保護や警察による逮捕が知れたので、新しいところに引っ越すというパターンである。前住地での地域関係、友人関係、親戚関係、祖父母との関係などを完全に切り離したいという動機づけからの移動だから、子どもが通園していた幼稚園や小学校への連絡は不十分であり、児相との関わりがあってもきちんとした説明をしないままに引っ越しをする。

すなわち、親族や近隣、それに友人への連絡も行わないから、引っ越し先のインフォーマル関係は新しく構築できない。くわえて、児相、自治体、通院していた診療所、幼稚園、小中学校などのフォーマル集団ないしは組織とも関連をもたないままの引っ越しになりがちだから、新しい居住地での「分離効果」がますます進む。いわばその「分離」を求めての移動ともいえるが、必然的に移った先での孤立が深まり、「根なし」状態が続く。そうすると、「抜け殻家族」の男女は内部にのみ関心を濃縮させ、実子の別を問わず同居する幼児への立ち振る舞いや言葉の端端にまで個別的な対応をして、それが暴力やネグレクトを引き起こしてしまう。

情報が共有されない

そのような移動の仕方だから、前住地での児相関連の情報も新しい居住地を管轄する児相へは届かない。あるいは情報が送られても、受けた児相にその事案の緊急性が感知されにくく、せっかくの情報が軽く扱われてしまう。目黒区の結愛ちゃんの場合、香川県児相から品川区児相への情報伝達が不完全であった事実は周知のことであるが、野田市の心愛ちゃんの場合も、糸満市から野田市への申し送り後に担当した千葉県柏市児相や野田市教育委員会の不手際も目立った。さらに札幌市の第一回の検証委員会で取り上げた事例でも、岩見沢市にある道立児相からの札幌市児相への連絡が不完全であった。

いずれにしても引っ越しという地域移動は、移動した家族が何もしないならば、新しい現住地での関係面における「分離効果」を強めるように作用する。

学術的知見としては移動によるフォーマル関係やインフォーマル関係が広がる「社会化効果」も定式化されているが、児童虐待死関連ではそのほとんどが「分離効果」でしかない。この「分離」が移動先での就職を困難にしたり、その他の経済的機会を奪い取り、その結果としてその世帯の貧困も持続しやすい。

かつての社会移動論における緊張や不安定性モデルの基盤は階層的な「地位不整合」論であり、その国民的広がりが相対的剝奪感を亢進させ、最終的には社会の不安定性を増加させるといわれていた。しかし、若い世代の非正規雇用が四割に届くような今日では、それは「地位不整合」というよりむしろ「職業不整合」論に変えられるであろう。

とりわけ未婚率の上昇と非正規雇用の併進が連動して、一方では産まれにくい状況としての少子化が強まり、他方では単身化と小家族化が顕著になった。正規雇用と同じ仕事をしても現在の非正規雇用の労働条件は、報酬面でも労働時間面やその他の条件面でも良いとはいえない。非正規雇用の待遇を向上させることは当然だが、正規雇用を増やす努力がなければ、日本社会システム全体の「少子化する高齢社会」への軟着陸自体が困難になる。

以上の早母、快楽優先、精神疾患、地域移動の四点は、児童虐待死の資料を点検すると、「抜け殻家族」に認められる最大公約数になりうると指摘しておきたい。

3　自らの参与観察経験から

札幌市検証委員会の経験から

第１章で紹介したように、私が責任者として参加した札幌市での第一回の検証委員会は、精神疾患の親による児童虐待（精神を破壊した事案）であり、いわゆる「困難家庭」の事例であった。実母が小学校三年生の娘を些細なことで登校拒否をさせて、四年生までは毎週一回程度の登校であったが、五〜六年生ではほぼ全休させた。さらに中学校では入学式の前日と当日だけの登校であり、残りは三年生の卒業まで全休させたが、別居している実父の依頼により、校長は卒業を認めた。その後一九歳まで実母と暮らしていた事実はあるが、この四年間どのような暮らしがなされたかは不明のまま、近所からの通報により在宅のまま実母と本人も重度の精神疾患の状態で警察に保護されて、治療が開始された。

事案の問題点と課題

第二回の児童虐待死事案では、その家庭の生活保護、加害者の精神疾患、早母の連鎖、男をめぐる母と娘の争い、無関係の幼い娘への傷害致死などがすべて複合した事例となった。

この事案に関して、検証の目的、検証の方法、事案の概要などを整理する際の指針を、座長としての責任上事前に課題としてまとめたことがある。事案の問題点と課題を、

（課題一）　母親の状態把握の困難性
（課題二）　転機となったいくつかの時点で見落としはなかったか
（課題三）　主治医の精神科医からの情報不足と材料不足による児相の判断の遅れ
（課題四）　関係者、関係組織間の連携とマネジメントは適切であったか
（課題五）　関係者、関係組織間のカンファレンスが不十分であった
（課題六）　家族への介入決定の時点は適切であったか

として、得られた資料を総合化して、第二回検証委員会での議論の素材にした。

最終的には課題一から課題六までをそのまま「提言一～六」として用いることになり、さらに「提言七」として、「親の精神疾患による児童虐待」「貧困に基づく児童虐待」に対しては、ともに札幌市の総力を上げて取り組むとした。

同時に「提言八」として、児童虐待の防止に向けて、保健所、精神科医や小児科の医療機関、市役所内部の子ども支援課、児童福祉課、生活保護課、まちづくり課、教育委員会などの担当課と子育て環境の担当課のより一層の連携強化を主張した。

児相と警察の違い

数回の関係者ヒアリングを通して事件の経緯を細かく点検すると、いくつかの事項が発見された。まず、虐待の事実の捉え方が統一されていなかった。市役所内部の児相やいくつかの子ども関連の組織と警察との認識にも違いが見られた。児相は加害者である親や関係者（たとえば実母の交際相手）の更生指導や助言も守備範囲であるが、警察の主な仕事は加害者の特定化と逮捕なので、加害者が最初から判明している児童虐待では児相と警察の動きは統一されないことが多い。「連携」や「協同」は高唱されはするものの、実効性には乏しいままでこれまで推移してきた。(6)

さらに児童虐待は単一の現象に止まらず、とりわけネグレクト、身体的、性的、精神的虐待は融合しがちであった。そうすると、児童福祉司の専門を超えてしまうこともある。

第二回検証委員会からの知見

第二回の検証委員会において取り組んだ事例に即していえば、当該家族が岩見沢市から札幌市豊平区への転入後にいくつかの家庭内問題があったが、札幌市児相の対処には岩見沢市での道立児相による指導経験が活かされてなかった。札幌市児相は当該家族の転入後の動きに対しては場面ごとに対応した印象が強い。ここにも地域移動論の知見が応用されたらよかったという思いがある。

市区役所内部でたくさんの組織（健康・子ども課、介護障害担当課、保護三課、教育委員会）と児童相談所もこの事案に関与していたが、どこかの時点で課題ごとに問題点の共有ができずに、連携不足のままそれぞれで対応していた。情報共有のきっかけがなぜできなかったか。その理由は人員不足か、虐待の理解の仕方の相違か。

さらに実母が通院していた精神科医の判断が二転三転するような症状があり、精神疾患の度合いが強いか弱いかが特定化できなかった。くわえて、精神疾患を含む「知的能力の低さ」が当該家族員複数に認められるのに、関与していた組織のすべてでその全体像の認識が把握できず、担当課それぞれが個別の対処に終始した。

事案の関係者は実父と実母、長女、長男、二女、三女、長女の子どもの計七人であった。実母の長女出産年齢が一七歳であり、そして、長女もまた一七歳で子どもを出産したことは既述した通りである。これはフォワードがいう「家族システム」としての連鎖と解釈できる。「『毒になる親』の行動パターンが親から子へ、子から孫へと代々伝わっていく」（フォワード、前掲書：二九四）。この「早母」もまた児童虐待家族における「輪廻」であり、どこかで断ち切らないと、「毒になる家系」の流れが変わりにくい。

保護責任者遺棄致死罪の是非

二〇一八年三月に目黒区で虐待死させられた結愛ちゃんの母親が、「保護責任者遺棄致死罪」に問われた裁判員裁判の初公判の内容を読んだ人のうち、二〇一九年九月三日ネットへの書き込みに、「声を大にして言いたいのが、親の親にも問題が有ったという事だろう」があった。フォワードがいう「毒のある親」の姿が公判内容に活写されていて、それを読むのが苦しいほどである。

小児科医のコメントは次のような内容であった。「結愛ちゃんは死亡時、同年齢の平均体重約二〇キロを大幅に下回る約一二キロしかなかった」。遺体の写真を見た小児科医は証人尋問で「病的にやせて骨が目立ち、打撲や傷が多数あった」と述べた。結愛ちゃんは低栄養と免疫力低下で引き起こされた肺炎による敗血症で死亡したとされる。「五歳の子が低栄養で亡くなることは今の日本では起きてはいけないことではないか」というネットの書き込みにも心が乱れる。

これほどの虐待を両親から受けた五歳児の悲しみを受け止めて、大人社会は何ができるか。微力でも児童虐待とその死の解明を通して、虐待そのものの予防に努めるしかない。

生活保護の連鎖

さて、札幌で私が携わった検証委員会では、その長女の実父の家庭内暴力が原因で両親が離婚して、実父は刑務所服役後に生活保護を受け、別居した母親と四人の子どもの世帯も生活保護を受けるようになる。同じ時期に長男の家庭内暴力と引きこもり、そして精神科通院が重なり、長男は最終的に施設に預けられた。さらに長女が出産して別世帯をもつと、長女とその子ども世帯も生活保護が認定された。

くわえて、三女に言葉の遅れが見られるようになり、三女に療育手帳判定がなされた。同時期に実母は抑うつ、適応障害、神経症精神疾患により通院を開始した。母親世帯も長女世帯も、グードのいう「抜け殻家族」の様相を示していた。

いかに介入を行うか

このような事案に際して、「多次元的なきめ細かいアセスメント」や「多次元的なアセスメント」（飛鳥井望・杉山登志郎、二〇一二：三四三〜三四四）が必要なことは当然だが、問題はその具体的な方法にある。

要するに、このような「抜け殻家族」に対して、どのような社会資源をいつ投入すればいいのか。一般に介入（intervention）とは、望ましいと見られる結果をもたらそうとして、当事者である人々の間に割って中に入る行為を指すが、このような場合の「望ましい介入」とはどのような行為を意味するのかはなかなか合意できない。また、事前介入（prevention）、同時介入（intervention）、事後介入（postvention）のうちどれが適切であるかの判断も難しい(7)。

ただし、通告事案に関するリスク判断の基準として、(1)電話などで通告された事案を調べ直すかどうか、(2)その通告への対応時間はどのくらいか、(3)通告された家庭における子どもの安全性の確認がなされたか、(4)その家庭の子どもを保護する必要性があるか、(5)今後予想されるリスクの推定とそのアセスメントは何か、(6)その家庭のリスクをいかに軽減させるための支援計画を策定するかどうか、(7)軽減された後の家族の再統合をどのように進めるか、などの判断が控えている。

入電数と接続率

この際に配慮しておきたいことは、児相への連絡電話〈一八九〉の入電数および接続率の実態である。これは毎年厚労省がホームページで公表しているが、二〇一七年度の〈一八九〉の「総入電数」二三万三八八〇件で「正常接続数」が二万九〇八三件であり、したがって「接続率」は一二・四％程度であった。これが二〇一八年度になると、〈一八九〉の接続率が一九・五％に上がった。具体的には「総入電数」が二七万九〇六三件であり、「正常接続数」が五万四五五六件であったので、この割合が一九・五％の接続率となる。後述するように、児童虐待死の通報は児相と市町村を合わせても二一％しかなく、児相だけならば一五％程度に過ぎない。

児童虐待が行われている世帯の隣人が意を決して〈一八九〉にダイヤルしても、最寄りの児相につながる比率が二〇％未満であることは、いい換えれば待ち時間の長さを嫌い、通報者が電話を切ってしまう比率が八〇％程度あることになる。したがって、通報として児相に届く事例は稀少な氷山の一角に過ぎないことになる(8)。

殺人と故殺の違いを超えて

なお、児童虐待死に関する法律判断では、murder（殺意ある殺人）と manslaughter（故殺、殺意なき殺人）の区別がなされることが多い。前者であれば「殺人罪」での送検もあるが、後者では「傷害致死」や「保護責任者遺棄致死」などになる。しかし、ともかくも全く無力な幼児や子どもが親から殺害されるのだから、「殺人」ではないかというのが私の見解である。

たとえば、被害者がナイフで刺された結果死亡すれば、その加害者は殺人をしたことになる。被害者がナイフによる大量の失血で死亡しても、ナイフで刺した加害者は「失血死」の犯人としては逮捕されず、「殺人罪」が適用される。児童虐待死で逮捕された理由のうち傷害、傷害致死、傷害幇助罪、保護責任者遺棄致死罪などを見ると、この比喩で使った「失血死」に当てはまるような逮捕理由が使われているように思われる。これでは、親から殺害され人権を完全に剝奪された子どもは浮かばれない。

4　社会的ネットワークの機能

先行研究成果の応用　ヘルファー、ケンプ、クルッグマン編集の大部な研究書を読むと、たとえば、「子どもの虐待死こそ、地域共同体の核心的な問題を鮮明に物語る指標である」（ヘルファーほか、一九九七＝二〇〇三：一二五）とある。また、「我々が取り組んでいる『子どもの虐待』という現象は、社会そのものが病んでいることを示すさまざまな指標の一つである」（同右：一三〇）とも書いてある。おそらく日本の学界ではこのレベルの認識には至っていないであろう。アメリカに比べると、研究者の層があまりにも薄いからである。

たとえば日本のコミュニティ研究者の大半は、「地域共同体の核心的問題」に児童虐待死問題を据えることはない。同時に逸脱行動論研究者、社会病理学者、家族病理学者、犯罪社会学者もまた、「社会が病んでいる」事例として児童虐待死を取り上げない。男女差別への敏感さを売りにしているジェンダー論者もまた、子どもが親に殺害されるという事案には発言を控えているように思われる。

都市の共同性の劣化　周知のように、家庭内暴力と地域内暴力との相関は強い。児童虐待は単なる家族だけの問題ではなく、家族を取り巻く都市の共同性の劣化も示す指標である。その中でも近隣からの虐待通告はなされているが、虐待死に関していえば、過去一一年間の統計をまとめると、児相へ届くのは全体の一五％に過ぎない。市町村への通告の五・四％が加算されても、児相が受け取る通告は全体の二〇％に過ぎない（社会保障審議会児童部会『第一四次報告』）。これは児相への総入電数と「正常接続数」の関係にきわめて近似的である。なぜなら既述したように、児相への通告電話総数の一九・五％が「正常接続率」であったからである。

この実態を踏まえると、地域社会の中で暮らす人々がせっかく通告の〈一八九〉電話をかけたとしても、その二〇％しか児相につながらない実態の前では、徒労感も強まるはずであり、その人は二度と〈一八九〉に電話をかけないであろう。そこから派生する無力感、無意味感、無規範性、絶望感、孤立感などのアノミー感情を、研究者はどのように把握しておくか。

ただし、外国事例でこの「正常接続率」が高くても、そのままに日本で受け取ることは危険でもある。なぜなら、子どもの育て方、すなわち社会化の過程も公務員の比率も、宗教や文化によって異なるからである。たとえば添い寝についていえば、それを受け入れる文化もあれば、拒否する文化もある。だから、ある国の習慣は別の国では受け入れられず、むしろ虐待やネグレクトの温床になることも注意しておきたい。一般に比較文化論では児童虐待の本質がつかみにくいとはいえ、虐待認識の共通基準はあるので、それを比較文化的に取り出すことを始めたい。

情報源や虐待防止の主体

日本でいえば、自治体間でも通報源や虐待防止の主体に違いがある。一つは、近隣や地域社会や親族というインフォーマルな関係が中心となり、虐待防止に取り組む自治体がある。二〇一三年までの札幌市では他の政令指定都市に比べて、ネグレクトの比率が二倍の六割を超えていたので、コミュニティとしての近隣からの通告を主体とした情報の流れが鮮明であった（金子、二〇一六b：一九三〜一九九）。そこではフォーマル組織としての行政や警察は、あくまでも後方支援に徹するものであった。

一方、フォーマル組織としての行政、児相、学校、警察などが虐待防止に取り組む場合もある。私の政令指定都市分析でいえば、横浜市、大阪市、名古屋市の上位三都市ではほとんど学校・警察というアソシエーションルートからの情報が寄せられていた（本書第4章参照）。ただし、これらの組織間の連携は必ずしもうまくいくとは限らない。なぜなら組織の目標がそれぞれ異なるからである。

社会的ネットワークの機能不全

近隣の支援、親族の協力、友人・知人の輪などは、日本の現在の児童虐待死ではあまりにも機能不全であるが、「社会的ネットワークと育児の幅広い社会化こそが、子どもの虐待を防止する」（ヘルファーほか、前掲書：九二）や「社会的ネットワークは、子どもたちを守るさまざまな機能を潜在的に持っている」（同右：九二）はやはり正しいので、この路線での対応も視野に含めておきたい。

その理由は、社会的ネットワークによって、育児そのものが社会化されるからである。ある家庭での子育ては、その親のみが行うのではなく、周囲の祖父母、親族、地域社会、近隣、行政、保育所、幼稚園、義務教育、NPO、企業などが何らかの関係を持つ。これはすでに図1－2「児童虐待家族を取り巻く社会資源モデル」（三〇頁）として説明した通りである。それもまた社会的ネットワークと見れば、これらは「抜け殻家族」も含めて、実際に日々の育児を援助して、親の責任や負担を軽くすることに多大の貢献をしていると見なせる。

もっと細かな支援の機能としても、児相が行う一時保護、施設措置、里親委託、養子縁組などがあり、これらによって、困難な状況に陥った子どもたちを再び社会化してもらえる。さらにこれらの社会的ネットワークがもつ集団的標準を育児期の家庭に、その基準が家族員に順守されているかどうかを判断できる。ネグレクトの状態はどうか、身体的暴力がなされていないかなどは、子育て家庭における児童虐待防止のためにもチェックしておきたい指標である。

逆作用する社会的ネットワーク

ただし、逆に作用する社会的ネットワークとして、親と一緒に児童虐待に加担する祖父母がいることは知っておきたい。柳田が指摘したように、家族を論じるポイントの一つに「祖先」という観念の有無があるが、虐待家族の大半がその観点を持ち合わせていない。

柳田は、「一家の主人は祖先の祭を絶やさぬために、一家族をよく統率して子孫の繁昌をはからねばならぬと堅く信じていた。だから家運を傾けるということは、『御先祖に対して申訳ない』こととして、身命を賭するほどの重い責任を感じていたのである」（柳田、一九二七＝一九九〇：四八〇）とする。この家族論と児童虐待で摘発された家族との相違は歴然としている。

さらに柳田家族論に触れて喜多野が読みとった「本能の愛情や肉親の親疎によって家の統合や生活秩序を保つことの至難の故に理智の働き」（喜多野、一九八三：二二九～二三九）は、児童虐待解決の指針を与えてくれる。総枠としてこれらを逆転させれば、児童虐待の時代における家族、地域社会、企業、各種団体、地方行政、国家などの道筋が見えてくる。なぜなら、加害者として逮捕された実父や実母は、「本能の愛情」に欠けていて、「肉親からは疎遠」になっており、「家の統合」などには無関心であり、「生活秩序」は乱れていて、「理智の働き」も皆無であることが多いからである。柳田の家族論はグードの「抜け殻家族」とは正反対の内容で構成されている。

それぞれの領域で、これらを反転させる方策を学術的にも政治的にも工夫することが、事例紹介を積み上げるだけの試みを超える児童虐待の時代における大きな課題なのではないか。本書もその小さな一部を担おうとしている。

「顔見知りの密度」を指標に

虐待防止に向けて、社会化が家族を超えて社会システムレベルでいかに支援されているかも具体的に把握しておきたい。すなわち親がもつ「顔見知りの密度」（density of acquaintanceship）が低下すると犯罪が多くなると仮定する。そうすると、ソーシャルキャピタルは「顔見知りの密度」を増やすので、虐待や犯罪予防にも有効であるという論点が得られる。しかし、引っ越しすなわち地域移動は元の知り合いから切れやすく、しかも新しい居住地での知り合いを増やすのは容易ではないから、少なくとも当座は引っ越した家族がもつ社会的ネットワークが弱体化する。ソーシャルキャピタルが減ると社会的衰退（social impoverishment）につながるという仮説は、児童虐待研究でも依然として有効である。

複合する児童虐待の原因

児童虐待の原因は複合していて、貧弱な社会福祉政策、家庭の貧困（家族の粉末化、家庭内暴力の日常化、所得の低さ、住宅の狭さ）、コミュニティネスの弱まり、地域社会のソーシャルキャピタルの低下、社会的な荒廃（貧困層の集中）などがこれまで指摘されてきた。いずれも重たい課題であるが、健全な次世代育成を進めるには今後ともそれらに取り組むことを余儀なくさせられる。社会学からの知見もいくらかは有効な面があり、家族社会学からは、「抜け殻家族」における親が置かれた状況の定義、人生の目的、親子間や夫婦間の相互作用の特徴、親の人生観、日常生活における目的と欲求とのズレ、家庭内での親子の相互作用、家族の現状からの脱出意欲の有無などが細かなテーマになる。

他方地域社会学では、地域社会や近隣の接触密度、そこから派生する問題解決力（community viability）の程度、ソーシャルワーカーの力量、行政や政治家の関心度合、同居別居を問わない祖父母の役割、同じ地域社会に住む親族の力量などを焦点とした複数の研究テーマがある。本書でもすべてに目配りできたわけではないが、社会学の観点を貫くことにより、このようないくつもの問題にも可能な限り配慮しようとした。

注

（1）その筆頭は、二〇一三年警察庁によるＤＶの心理的虐待への強制的算入であり、統計の質が全く変化したために、時系列的な研究が不可能になった。また、札幌市に特徴的であったネグレクトの比率が相殺されて、ネグレクト予防を最優先とする児童虐待防止策ができなくなった。

（2）統計データの収集が警察庁による一片の通達で改変されたことについて、社会調査協会をはじめ、社会調査を学問の一部とする社会学、社会心理学、教育社会学などの諸分野からの反応はあまりにも鈍いままである。マスコミも、このような権力による恣意的な社会調査データの変質にもっと関心をもった方がよいと考えられるが、今のところ特段の反応がない。

（3）父親としての帰属性のみに依存して、家庭内で一番無力な幼児という個別人格を攻撃するというライフスタイルである。

（4）札幌市では二〇一三年からの「札幌市まちづくり戦略ビジョン」で「子どもの権利に関する推進計画」を進めてきた。全国二〇の政令指定都市でも東京都二三区でも同じような事情にあると考えられる。

（5）パットナムのソーシャルキャピタル論を取り上げている専門家は、どのような判断をするのだろうか。

（6）元来、組織目標が違うのだから、これはやむを得ない。

（7）このうち'postvention'については通常の英語辞典には掲載されていないが、児童虐待研究分野では普通に使われているようである。

（8）　これらを総合すると、結果として起きた児童虐待死のうち、児童相談所が関与していた事案はわずか二〇%程度でしかないということになる。

第3章　アパシー論とアノミー論から見た家族規範の衰退

1　児童虐待の背景としての脆弱化した家族規範

デュルケムの「社会的事実」

離婚やいじめ、それに校内暴力などは当事者しか分からない理由もあり、無関係の第三者が軽々に論じられないのはもちろんである。しかし、この常識を受け入れつつも、昨今の児童虐待死については、覚醒剤同様に「絶対ダメ」という観点を堅持したい。この延長線上で、必ずしも問題解決力があるとはいえない社会学に従事してきた経験から、いくつかの事例分析をもとに児童虐待への対処に関連させられるようなまとめを試みたい。

まずは児童虐待が家族内で発生するという事実を勘案しつつ、児童虐待の背景として社会的事実としての家族規範の緩みを正確に認識しておきたい。デュルケムが学説史上初めて取り上げた社会的事実とは、次の三種類の定義をもつ（デュルケム、一八九五＝一九七八）。

〈定義1〉　個々人の意識の外部に存在するという顕著な属性を示す行動、思考、および感覚の諸様式である（同右：五二）。

〈定義2〉これらの行動、思考および感覚の諸様式は、個人のうえにいやおうなく影響を与えることのできる一種の強制力をもつ（同右：五四）。

〈定義3〉より具体的にこれらは二つに分けられる。

(1) 法、道徳、宗教教義、金融制度など組織化された信念や慣行

(2) ひとつの集会で生じる熱狂、憤激、憐憫などの大きな感情の動き（同右：五六）

そして、「社会的事実を構成するものは、集合的なものとして把握された集団の諸信念、諸傾向、諸慣行」（同右：五九）とまとめて規定された。家族から地域集団、企業、組織、国家までの各集団は、全体社会のなかで何層にも重なり合い個人を取り巻くから、自分が育った定位家族から最も影響を受ける夫もいれば、自らが選択した生殖家族のやり方を優先する妻もいる。あるいは、通学する学校の規範（校則）と定位家族がもつ家族規範の間で葛藤する中学生もいれば、出張や休日の接待という職場規範と平日の子どもの参観という家族規範の中で揺れ動く父親もいる。しかし、いずれの規範も個人それぞれに外在して、意識や行動を拘束することは間違いない[(1)]。

ネグレクトにも社会的存在が影響

さて、二一世紀における児童虐待増加原因の一つに、親による「子どもの心と身体についての無関心」が指摘できる。マートンがいうように、「文化的標準を来るべき世代に伝達する主な媒介物となるのは、いうまでもなく、家族である」（マートン、一九五七＝一九六一：一四六）。親が子どもに関心をもてば、自然に子育て知識が増えるが、逆にその関心がなければ、子育て知識の欠如をもたらし、結果的に児童虐待の温床にもなりやすい。特にこれはネグレクトに多い。

たとえば、幼児の平熱を知らず、食物アレルギーの有無にも鈍感であり、薬へのアレルギーにも無知であれば、子どもの発病の際には手遅れになってしまう。[2]

第二に、親が幼児に食事を与えるのはいいが、ご飯にフリカケだけとか、菓子パンやお菓子、カップ麺ばかりでは、いずれ栄養的に偏りが生じてしまう。俗にいう「おふくろ」の味ではなく、単なる「ふくろ」の味では、「食育」の観点からも問題視されやすい食事になる。

二〇一六年一〇月に実施された札幌市での「子どもの貧困対策計画」に係る実態調査（札幌市子ども未来局、二〇一七）でも、「親の手料理を食べない」や「一汁三菜といった『普通の食事』を知らない子どもがいる」との意見が出ている（同右：六一：六六）。食事は家庭の文化でもあり、祖父母の世代から学んだ料理を次世代の子どもには提供したい。親が子どものために食事、洗濯、入浴、着替えなどをきちんと行わないネグレクトの見直しが、自前の虐待予防介入になる。児童相談所の予防業務でも、子育て家庭のネグレクトのチェックが児童虐待防止活動の主力になる。なぜなら、それは日常的に一番可視的な虐待行為だからである。[3]

第三に、これに併せて、地域レベルでの「適切な親役割モデル」とは無縁な作為的なネグレクトの発見に努めたい。まずは、(1)親以外の虐待の通告経路を増やしていく。(2)職権保護による家族介入への国民的合意形成を行う。(3)学校や保育園幼稚園に加えて、高齢の民生委員による相談や見守りを含み、コミュニティレベルでネグレクトに対応する。

第四に、一〇%程度の「低い乳幼児検診率」が指摘される。さらに、妊娠の届出を行わず、その結果「母子健康手帳」を交付されないでいる母親も、全国的に見るとまだ数%は存在するようである。厚生労働省ホームページによれば、妊娠一一週未満での届出は二〇〇九年度で八六・九％になっていた。公費負担の対象となる一四回の「妊婦健康診査」の「受診券」や「補助券」を受け取り、国や自治体によるさまざまな母子健康サービス、子育て支援サービスの案内を受けた方が虐待防止には有効なので、可能な限り手帳の交付率が上がるようにしたい。

これらは従来からの各種の研究で断片的には指摘されてきた対策であるが、本書全体ではこの種の先行研究を受けて、オリジナルなデータも含めて論じていくことにする。

孤立が児童虐待の引き金になる

児童虐待の先行研究には外国でも評価が高い重要な文献である、ハーマン（一九九七＝一九九九）やヘルファーとクルッグマン（一九九七＝二〇〇三）などは日本でも非常に有益である。前者によれば、「児童虐待の起こる家庭が世間から孤立していることは現在ではふつうのこととされている」（ハーマン、前掲書：一五五）といわれる。ここからは、そのような孤立した家族の発見、孤立からの社会的救援、対人関係の修復支援などの重要性が理解できる。

孤立感はアノミー論でも主要な内容を占めているので、本章後半でも取り上げる。孤立支援の試みで得られた知見は、前章ですでに説明した介入の三側面である⑴予防としての事前介入（prevention）、⑵同時介入（intervention）、⑶事後介入（postvention）などでもちろん役に立つ。

同じくハーマンの「子どもが人生を駄目にしてしまわない前に家庭が地獄になっていることを皆がみつけてくれなければなりません」（同右：一七八）からは、この見つける主体を探しておきたい。それは児童相談所か警察か隣人か。そして身体的暴力か性暴力かネグレクトのうちのどの段階で「地獄」を発見するか。

また「虐待家庭の地獄」は親戚、祖父母、近隣・知人、児童福祉施設、保育所・幼稚園、小・中学校、医療機関、警察、市町村自治体各課などの総力で早期発見するしかないが、発見した「地獄」の存在を速やかに児童相談所に通告する市民文化の存在もまた重要になる。前章で明らかにしたように、たとえ通告電話の「正常接合率」が二〇%程度であっても、それがなければ児相や警察は児童虐待の存在に気がつかないからである。もちろん二〇%が続くようでは、八〇%の市民が無駄足を踏んだと思い直すだろうから、児童虐待の予防と通告を一緒にした市民文化の涵養が、都市政策的な目標の一つに位置づけられることになる。

通告する市民文化

ここにいう市民文化は政治社会学の重要なキーワードの一つであり、よく用いられるアーモンドとヴァーバの定義によれば「政治活動の頻度、政治的コミュニケーションを受ける頻度、政治的議論の頻度、政治問題へ関心を寄せる頻度が高い、（中略）忠誠心をもった参加型の文化」（アーモンドとヴァーバ、一九六三＝一九七四：二七）と見られてきた。それはいわば能動型の行為である。

現代都市問題の一つである児童虐待の事実の目撃結果や噂を、児相や警察に通告するのも政治問題への関心の高さに裏づけられた能動的行為である。通告に際して近隣・知人の経路を多用するか、学校、警察、医療機関、福祉施設などのフォーマルな経路を使うかは、都市の歴史が作り上げた市民文化の伝統によって変わってくるが、上下に動かず二〇%程度に止まっている電話による通告の「正常接続率」もある。

通告ルート

その「接続率」の低さを受け止めながら、通告ルートを分類すると、一つは近隣・知人レベルのコミュニティルート、もう一つは学校・警察や医療機関・福祉施設などのアソシエーションルートに分けられる。ただ警察庁が二〇一三年に通達した結果、DVを心理的虐待に数え始めた二〇一四年度からは、警察による児童相談所への通告が際立って多くなった[4]。

この結果、心理的虐待関連の児童相談所の仕事が増えて、身体的虐待やネグレクトが引き起こす児童虐待死への備えに使える人材も時間も減少するという「意図せざる効果」(unintended effect)が発生した。この「意図せざる効果」は、電話による「正常接続率」でも、DVを心理的虐待に算入させた統計手法の改変でも、虐待の加害者に関する重要な情報が共有できない個人情報保護法の制約にも等しく感じ取ることができる[5]。

2 エンパワーメントの条件を探す

子どもの社会化を最優先に

虐待問題に関してのハーマンの暫定的な結論の一つは、「心的外傷の体験の中核は何であろうか。それは、無力化(disempowerment)と他者からの離断(disconnection)である。だからこそ、回復の基礎はその後を生きる者に有力化(empowerment)を行い、他者との新しい結びつきを創る(creation of new connection)ことにある。回復は人間関係の網の目を背景にしてはじめて起こり、孤立状態においては起こらない」(ハーマン、前掲書:二〇五)にある。ここにも孤立問題が登場するが、社会システム論や社会的ネットワーク研究やソーシャルキャピタル論の成果を活かすヒントも同時に得られる。

類似の指摘はコービンにも詳しい。たとえば、「社会的ネットワークと育児の幅広い社会化こそが、子どもの虐待を防止する決定的な手段である」（コービン、一九九七＝二〇〇三：九二）や「社会的ネットワークは、子どもたちを守るさまざまな機能を潜在的に持っている」（同右：九二）などに象徴されるように、社会的ネットワークによって育児そのものが社会化されるから、二重の意味で社会学の手法により社会的ネットワークの現状を確認することは重要である。ここにもソーシャルキャピタル論の裾野を広げるチャンスがある。倉沢の都市的生活様式論の文脈では、専門機関処理システムを完備した都市の中でも、住民の相互扶助もまた必要とされる都市的機能である（倉沢、一九七七：二六）。

家族の変質

しかし「社会的ネットワークと育児の幅広い社会化」というような学術的指摘を、日本の現代家族の現状は確実に受け止める状態にはない。高田保馬の「中間社会消失の法則」（高田、一九四九＝一九七一＝二〇〇三）は、現代日本家族（世帯）の縮小と衰退として正しく該当する。高田が提唱した一九四九年からすでに七〇年が経過したが、「中間社会消失」は全く正しい。

表３－１　平均世帯人員の推移（人）

	住民基本台帳	国民生活基礎調査	国勢調査
1955	4.90		
1965	4.03		
1975	3.33		3.28
1985	3.12	3.22	3.14
1995	2.82	2.91	2.99
2005	2.52	2.68	2.55
2010	2.38	2.59	2.42
2015	2.28	2.49	2.38
2017	2.23	2.47	
2019	2.18		

（注）2019年の「住民基本台帳」は１月１日現在の数値であり、その他は３月31日付の数値である。
（出典）いずれも各年度調査結果。

この期間、日本社会では核家族化さらに小家族化がさらに進んだからである。その代表的な指標である平均世帯人員は、住民基本台帳レベルで見ると、一九五五年の四・九〇人が六四年後の二〇一九年では二・一八人にまで低下した（表3－1）。

社会構造が変化すれば、並行して社会機能も変わる。社会学での機能とは、「それを達成することを目的として人々が行なうパーフォーマンスである」（富永、一九八六：二五八）。だから構造面での小家族化は家族機能を縮小させ、家族が継承してきた家風としての伝統や規範なども衰退させる（金子、一九九五）。老幼病弱の保護、子どもの社会化、娯楽機能、宗教機能など本来の家族機能は成員数に比例しがちであるが、平均世帯人員が二・二人程度では家族力に限界があり、高齢者の介護も看護も在宅治療もままならず、要介護高齢者の大半が施設入所や病院への入院となる。その結果、高齢者の入院期間が長くなり、とりわけ後期高齢者の医療費は増加する（金子、二〇一三：一三一～一六五）。

家族を弱める四つの原因

一方で、家族に固有の子育て機能としての「子どもの社会化」は、同じく小家族化に加えて、「親のパーソナリティの安定化」が壊される失業や貧困、それに疾病や離婚を原因として、ここでも家族が家族成員に対しても社会的にも十分な機能を果たせなくなった。失業、貧困、疾病、離婚は家族を弱める四つの原因と見なされる。特に「社会化の担当者としての両親は、単に家族内の役割をもつだけではない。その役割は社会の他の構造においてかれらがもつ、もろもろの役割と接合し、相互に浸透しあっている」（パーソンズ＆ベールズ、一九五六＝一九八一：六二）ため、四つの原因のいずれかがあるいはそれらが重なり合いながら家族内の役割構造を変質させ、職場や学校や地域社会など他の社会構造と家族との接点を断ち切る方向に作用する。

この延長線上に両親による現今の児童虐待の背景が浮かんでくる。すなわち、「子どもの社会化」と「親のパーソナリティの安定化」という二大機能は、日本家族でもこの七〇年間かろうじて小家族化の中でも残存してきたが、失業、貧困、疾病、離婚（再婚）という原因のどれかによって、他の企業や職場という社会システムとの接点を喪失した親の一部がわが子の虐待に走るようになった。(6)

「業績性」の喪失

失業して再就職の希望が叶わず、無職の本人からすると、職場における「業績性」の可能性がなくなるのだから、アイデンティティの基盤が崩壊する。その一方でどこにも「帰属性」基盤がなければ、本人の視野は普遍化というよりもひたすら個別化して、家庭内の一番の弱者である幼児に向けて、虐待行為を開始して毎日続けるようになる。そういう比率は全体からするとわずかだが、その結果として発生する虐待事件は限りなく悲惨な結果を生み出してしまう。

社会システムとしての家族が企業や職場や学校や地域社会などの社会システムとの結びつきを欠き、ほとんどのネットワークが維持できなくなる。その状況下で、家族内で親による児童虐待や子どもによる高齢者虐待が発生しやすくなるメカニズムの解明にとって、パーソンズのパターン変数の「業績性―帰属性」と「普遍性―個別性」原理は現代日本でも依然として有効である。

若すぎる親と子どもの社会化

子どもにとって定位家族が全面的に受け持つことが期待される子どもの社会化は、親の世代がその前の祖父母世代により作り上げられた時代の文化を受け止めて、それを次世代としてのわが子に伝達する過程である。それぞれの世代は三〇年間の幅を持っている。したがって、親の世代がその時代の文化を正しく受け止めていなければ、次世代の無力で幼い子どもに伝える方法も内容もない。行政用語である「特定妊婦」の代わりに、私が命名した「早母」（二〇歳未満で母親になる）や「早父」（二〇歳未満で父親になる）が児童虐待の加害者になる事例が目立つのは、若すぎるために「早母」や「早父」自体も祖父母からの社会化が不十分だった証であろう（金子、二〇一六b：一五二）。

さらに「親のパーソナリティの安定化」は夫婦間、および親子間の親密な相互作用によって達成されやすい。しかし、虐待死事件で頻繁に登場する女性の側の連れ子再婚などのステップファミリーでは、当初から夫婦間の相互作用も不安定であり、義父による親子関係の破壊すら行われることから、夫婦間における「パーソナリティの安定化」には程遠い事例が少なくない。もちろん「育児の幅広いネットワーク」への期待も難しい。

父親の道具性と母親の表出性

かつてパーソンズは家族内役割構造に触れて、「道具性」（instrumental）と「表出性」（expressive）を駆使して、「父親の役割は他者に比較して、力と『道具性』の両方において高く、従って『表出性』において低い。母親の役割は、力と『表出性』において高く、従って道具性において低い」（パーソンズ＆ベールズ、前掲書：七六）と述べた。一般的に父親に期待される道具的役割とは「手段の調達」を優先する行為であり、家族内であれば仕事を通しての収入獲得が代表である。一方で、母親に期待される表出的役割とは直接的な欲求充足を目的として、食事の提供をはじめとする非ネグレクト行為である。

六〇年後の今日ではこの分類はもちろん相対的であり、男女の間にはこの逆の役割構造が生まれることも珍しくない。また、一人親が両方を兼ねている場合も多い。いずれにしても、親の側には道具的役割と表出的役割が不可欠であるという理解は今日でも通用する。

そのためかりに、親が道具性と表出性をともに欠如した状態にあったり、何らかの事情でバランスが壊れて、親に道具的な劣位や表出的な劣位が生じると、親と同じく子どももまた貧困に直面して、社会化がうまくいかなくなる。

「道具的役割」をもつ父親ないしは母親が失業者であってみれば、家族内部の「道具性」ですらもち得なくなり、そのうっぷん晴らしに児童虐待に走った事例は最近だけではなく、過去一五年の全国統計からも少なくない。また一般的には「表出性」が期待される母親でも、連れ子再婚では夫との関係を優先するから、「表出性」を発揮できないまま、結果的に夫によるわが子への虐待行為に傍観者的態度をとるか、あるいは積極的な加担者となる。目黒区の結愛ちゃん虐待死の母親のケースにその典型を見る。[7]

社会的ネットワークがエンパワーメント源に

なぜならここでの理論的支柱として、エンパワーメントとコネクションとの結合が仮定されるからである。[8] 社会的ネットワークと育児の幅広い社会化こそが、子どもの虐待を防止する最も有効な手段である。高齢者だけではなく、子どもの人間関係の網の目（一般的には社会的ネットワーク、私の造語ではストリングス）もまた、実際に日々の育児を援助して、親の責任や負担を軽くして、一時保護、施設措置、里親委託、養子縁組などにより、子どもたちを社会的に再配分する機能がある。それを児童相談所や子ども・子育て会議の「児童福祉部会」などが行政面で支える。

いわゆるネットワークやソーシャルキャピタルは、市民各自の「顔見知りの密度」（density of acquaintanceship）を増やすので、虐待や犯罪予防にも有効である。私なりの表現では、「ストリングスの多さがストレングスに結び付く」（金子、二〇一六b：一二六）となる。

児童虐待を取り巻く社会的事実

したがってここでの図式は、児童虐待がまず家庭の貧困、個人と家族の粉末化（金子、二〇一一：二〇七、二〇一六b：七〜八）、世代間で継承された家庭内暴力の日常化、「早母」の世代間連鎖、所得の低さ、住宅の狭さなどに起因することを確認するところから始まる。

次いで児童虐待関連の不十分な福祉政策の現状と、地域社会におけるコミュニティ的な関係の弱まりが指摘できる。その結果として、地域社会レベルでのソーシャルキャピタルやネットワークが低下して、防犯と安全を支える社会的基盤が弱くなる。

街での通り魔犯罪、小学生の下校時の犯罪、変質者によるいたずらなどが増えることは、この社会的基盤としての地域社会秩序の緩みとして理解できるから、都市社会学が発見した伝統的な生活協力と共同防衛の機能（鈴木榮太郎、一九五七＝一九六九：六四〜六五）を果たす行政面での家族政策展開と市民文化の再生が大きな課題となってくる。その逸脱や解体などの分析に有効な理論として、社会学の歴史ではアパシー論とアノミー論が用いられてきた。

3　政治への無関心とアパシー論

アパシー論

日本と日本人の将来に直結する重要な審議と判断を付託された政治家が、政務活動費ないし政務調査費の不正で連鎖的に辞職する時代はかなり不自然である。同時に、平日の昼間から市長と副市長が一緒に麻雀をして遊ぶのは、職業人としての自覚を欠いた行為といわざるをえない。それらはいずれも二〇一六年の日本政治での事例であり、職業人としての自覚がなく、道徳心にも乏しく、ウェーバーのいう政治家の「見識」が疑われる事件であった（ウェーバー、一九二一＝一九六二）。

このような不祥事の事例には、中央政界でも古くから〇〇疑獄や事件などによる〇〇首相の逮捕や大臣の辞職もある。それらの相乗結果として、日本国民は戦後七〇年間政治への無感動と無関心と不信を少しずつ強めてきたと私は判断する。

この無感動や無関心は学術的にはアパシー（apathy）の一環であると理解される。英単語としては否定（without）を意味する'a'と哲学で使われる情念を表わす'pathos'が組み合わされた結果の'apathy'なので、訳語としては情念が否定されて、物事に感動しない意味となる。たとえば政治への関心がもてない、政治現象に感動しない、そこへの参加に熱意がないなどの社会現象を総称して、従来から政治的アパシーと表現されてきた。人口構造が激変する「少子化する高齢社会」の現代日本で、国民に蔓延するこの政治的アパシーはどのように位置づけられるか。

アパシーは国民による政治への価値づけを後回しにするが、政治に代わり文化的な創作や経済的活動などその他の何かを行う積極性が国民にあれば、社会全体としてまだ救いがある。(9) 日本でも高度成長期には政治が経済的活動を支援し、所得倍増を実現したが、多くの日本のマスコミはこれを「経済一流・政治三流」と揶揄したし、国民もまたその両方の表現を受容してきた。政治三流でも経済一流の方が暮らしの水準が上がったからである。しかし、高度成長期のマスコミは何流だったのか。

その時代には、「現実とは、価値判断の充満する世界」（清水、一九七二：五七）という健全な国民の理解があった。明日を信じて、家族のために、自分のために、生活水準の上昇を期待して働いた「企業戦士」とその家族がたくさんいた。外交や防衛よりも内政の一部である経済目標価値が国民を動かした。世界史的にも稀有なその時代を、日本では高度成長期と命名してきたが、実際には一九五五年前後から一九七二年までの期間を指す。

目標価値を支える社会規範　ここにいう価値（value）とは、人が望ましさや有用さの度合いについて判断した結果、その個人により優先されるものであり、それはそのまま個人の態度や行動で表される。だから特定個人が政治への関心に乏しく、政治を無視する価値判断をすれば、その個人の態度や行動を政治への無感動とみなして、アパシーという専門語で表現する。

逆に政治運動に打ち込み、一九六八年に世界の主要な国々で見られたように、「政治の季節」を燃焼して駆け抜けるような行動が蔓延する時代もある。それらの評価は社会全体からの場合と個人の側からの場合ではもちろん異なるし、時代とともに評価基準が一変することも珍しくない。

たとえば一九七〇年代の大学では、「産学協同路線」は「粉砕」の対象であった。[10] しかしそれから二〇年後になると、「産学協同路線」に官を付加した「産官学協同路線」が政財界からも推奨され、大学もまた積極的に受け入れるようになった。そしてそれは世紀末を通して、二一世紀の世界全体で歓迎される大学運営の大指針とされた。このように、大学運営の価値規範はわずか三〇年で一八〇度回転した。

社会規範の変容　価値と類似した概念である規範（norm）も時代に応じて変容する。規範とは、社会システムの各領域での考え方と行動様式の標準として、国民全体に受け入れられた判断基準である。これは、デュルケムがいうように社会的事実として個人に外在するが、同時に個人を拘束する力を持っている。法律も道徳も習俗も、そして慣習もすべては規範のカテゴリーに属している。

規範は広義の文化の一部なので、国によって同じ場合もあれば、違うこともある。たとえば、冠婚葬祭の儀式は国民規範に左右され、離婚や婚外子への評価は国によって大きく異なる。[11] ドラッグやたばこへの態度も国により重み付けの点では相違がある。また同じ国でも、規範は時代によって異なる。

具体的には、この数十年で日本でも離婚が社会統合を弱めるという論点は消え去り、むしろ離婚による個人の自由が高唱されるようになった。また、介護保険導入前と後では、親の介護をめぐる国民性も変質した。すなわち、子どもの大半が親の介護を義務と感じていた規範意識が消え、介護保険を適切に使った介護の社会化という発想に変質したのである。

東京か地方か

さらに歴史的に見れば、日本でも個人よりも国の意向が最優先された時代もあれば、家のために個人が犠牲になる地域もあった。国民の標準化された行動様式では東京志向が強い時代もあったし、地方日本の見直しが重視されることもあった。東京集中か故郷志向かを選択するのはその時代の国民であるが、明治期以降の日本近現代史からすると、この両者は数十年単位の周期で交替する傾向をもつ。

さらに付随していえば、現状への判断、将来性への疑問などが交錯して、時代に個人が翻弄されたり、関与する個人が登場したり、それらの集積により、時代そのものが独自色をもつ。明治維新や第二次世界大戦や太平洋戦争はその典型であった。そこでは老若男女すべてが時代に翻弄された。

一九六〇年代の高度成長期も大きな社会変動であり、個人の行動や社会全体の評価は東京を重視していて、産業界を筆頭に東京志向に価値の重点が置かれていた。しかし八〇年代に生まれた大分県発の一村一品運動の時代では、全国的に故郷の見直しや回帰志向が強くなり、脱東京運動もまた一つの価値軸となり、今日まで続く地域活性化や地方創生にもたえず期待が込められ語られてきた。

高度成長期のような「東京に行こうよ」「東京が呼んでいる」時代から、ディスカバージャパンにおける「故郷を見直そう」時代まで、この六〇年間では東京か地方かの社会規範が揺れ動いてきた[12]。人口減少社会になった二一世紀でも、集中を続ける東京から「地方創生」と「一極集中の緩和」が声高に叫ばれている（金子、二〇一六a）。

このように価値と規範は時代を特色づけ、社会システムとその成員の行動様式を制御する。価値論の応用範囲は広いが、社会心理学的な国民意識の解明でも、個人レベルの行動分析の用具としても価値論は使われる。そしてそこにも、パーソンズのパターン変数は応用可能である。

4 アノミー論とその指標

アノミー概念の源流

さらに価値意識の軸を細分していくと、アパシーに隣接するアノミー（anomie）概念に到達する。この単語も'a'（without）とギリシャ語'nomos'（法秩序）の組み合わせだが、社会学にこの'anomos'を持ち込んだのはデュルケムであり、秩序の崩壊による混沌とした無規制状態を意味するフランス語'anomie'とした（デュルケム、一八九七＝一九八五）。英語では'anomy'という綴りもあり、いずれにしても'lawless'の状態を意味する。なお、同じフランス人のアロンは、デュルケムから七〇年後にその定義を拡張して、「支配の側面をも同時に含む価値体系ないし行動パターンの欠如」（アロン、一九六八＝一九六八：二八五）とした。

パーソンズのアノミー論

アノミー論ではマートンの方が有名ではあるが、同じ時期にパーソンズもまた独自の定義を下している。たとえば、アノミーは「相互行為の過程の構造化された相互補完性の欠如（中略）規範的な秩序の完全な崩壊、（中略）具体的な社会体系をけっして記述することのない一つの極限的概念」（パーソンズ、一九五一＝一九七四：四五）とされていて、相互行為と社会システムの双方に関連させて用いられている。

だからパーソンズでは、たとえば「一定の範囲内で秩序ある社会関係の体系（中略）の一部分」「社会のコミュニケーション体系」の「破壊」（同右：四〇）を含むことになる。なぜなら、相互行為と社会システムの接点にコミュニケーション体系が置かれるからである。

シルズとの共著では、「内乱の程度にまで進んだ極端な階級闘争の支配する社会」のなかで、アノミーは「完全に統合が崩壊」した社会システムではなく、その「社会統合が極端に弱まった一定状態」（パーソンズ＆シルズ、一九五四＝一九六〇：三二四）と理解されている。この理解もまた標準的である。

リースマンのアノミー論

その時代で、パーソンズの権力構造（PS）論争の相手であったリースマンもまたアノミー概念を活用したが、それは「社会統合の崩壊」などではなく、「人間類型」の名称の一つとして、適応型と自律型の人間像に加えて、アノミー型人間像として用いられた（リースマン、一九六一＝一九六四：二二五）。その説明は、「アノミー型の人間というのは社会の行動面での規範に同調する能力を欠いている」（同右：二二六）とされて、ここからもアノミーがはっきりと人間類型を表す用語になっていることが分る。リースマンの使用法は、従来の行為論の文脈や社会システム論としてのアノミーとは異なる次元である。

さらにアノミー型の人間は、「社会が普通、逸脱者たちのために用意してあるような役割に身体的、ないし心理的に同調することのできない人びと、あるいはそのような役割に満足できない人びと」（同右：二二七）と見なされていて、アノミー概念が徹底した人物造形の手段になっている。これは「アノミー的性格類型」（同右：二二七）という表現でも補強されたが、同時にリースマンは、アノミー型の人間を不適応だけに止めないで、適応過剰や同調過剰としても位置づけた（同右：二二七）。

人間類型としてのアノミー型人間

さらに、「現代社会でのアノミー的人間の特徴はまさに感情を失い、表情が空虚になってきている」（同右：二二八）としたうえで、全部を合わせて、アノミー型の人間を「無法者型の人間から反逆精神はおろか、生きる気力さえ失っているような『緊張病的』な人間までをも含む」（同右：二二八）と見た。「こんにちの社会では適応型も、自律型も、アノミー型もいずれもこの幅広い中産階級から生まれてきたものである」（同右：二三二）。要するに「人間類型」としての使用法がリースマンの特徴である。

このように、アノミー概念は行為論、社会システム論、人間類型論などでも使われるほど社会学界では汎用性に富んでいたが、学術的にはマートンにより精緻化され、さらにシーマンによって操作概念に高められて、調査票でアノミー五指標による測定がなされるようになった。ただし調査票を使った量的分析について、アロンは「アノミー状態を示すいかなる徴候も、明白なものとはいえなくなり、誰も断定的なことばをいえなくなる」（アロン、前掲書：二八六）とやや悲観的に見ている。本章第5節で私も簡単な調査結果を紹介するが、参考程度に示すだけである。

文化構造と社会構造

私はキーワードになる社会学概念ではその操作性が重要だと考えるので、しばらくマートンのアノミー論を手掛かりにその内容を検討したい。以下の主な引用文はマートン（一九五七＝一九六一）から得ている。

マートンは文化構造と社会構造を識別して、文化構造とは「特定の社会ないしは集団の成員に共通な行動を支配する規範的価値の組織体である」（同右：一五〇）と見た。ここでは多数派が保有する最大公約数的な価値体系を、基本的な文化構造と位置づけている。[13]

この文化構造が社会関係構造を規定する。マートンは、「特定の社会または集団の成員がさまざまな仕方でかかわりあう社会関係の組織体」（同右：一五〇）として社会構造を定義した。本能だけで生きている動物とは異なり、人間の行動は本能とともにそれを抑えることもある社会規範や価値に合わせて、もしくはそれに反して行われることが圧倒的に多い。のどが乾いたら水分を求めるのは本能だが、そのために水道水を飲むか自動販売機でお茶を買うか、コンビニでビールを購入するかの判断はその人が自らの判断基準で行う。ここには文化構造が垣間見える。

通常の社会規範では自販機のお茶にもコンビニのビールにも対価を支払うが、社会秩序が崩壊して反社会的な規範が強くなり、規範の一つである法律が最終的に守られなくなった社会では、それらを無料で飲むか、奪う人が増えてくる。これが無規範性と呼ばれ、アノミーへの入り口となる。

オルテガが喝破したように、「飢饉が原因の暴動では、一般大衆はパンを求めるのが普通だが、なんとそのためにパン屋を破壊するというのが彼らの普通のやり方なのである」（オルテガ、一九三〇＝一九六七：六二）。この「愚かさ」は、オルテガならば「モラル」の欠如や「非道徳な行為」（同右：二一二）になるだろうが、社会学では反社会規範と呼んでいる。

身体論では社会が見えない

ミクロ社会学でも不安が論じられることはよくある。しかし「不安は、わたしたちの身体と外的な何か――わたしたちが生きている社会――との関係のなかで生じる」（バウマン＆メイ、前掲書：二一六）に止まり、決してマクロ社会の側から「生きている社会」の視点が出ない。これは「社会と個人」を扱う社会学の表現としては一面的にすぎる。

したがって、身体的不安の事例としてアレルギー、肥満、食欲亢進、食欲減退を取り上げて、現代に固有の「疾患」というならば、それら身体的不安をもたらす家族、企業職場、学校、地域社会などの環境面への言及により、初めて社会学の責任が果たせるであろう（金子、二〇一三：一六～一八）。「身体」のみでは借りてきた医学的世界の影響下にあり、依然として「臨床社会学」の構想の域にも達しない。(14)

マートンのアノミー概念

文化構造と社会構造の観点を接合したところにアノミー概念もまた位置づけられる。それは端的には文化構造の崩壊、とりわけ文化的規範や目標と、集団成員がこれらに応じて行動する社会構造上の能力との間に、甚だしい食い違いがある場合に生ずるものである。

人間の行動と社会関係から構築される社会構造のマートンなりの定義は既述した通りであり、他者との関わり合いもまた一定の社会規範に制約されながら行われる。挨拶を含めたコミュニケーション様式もまた、その社会における慣習の影響を強く受ける。早朝や深夜の訪問は控え、対面的挨拶ではあごを上げるのではなく、頭を下げる。売り惜しみや買い占めを止め、特定商品の需要と供給を適正に維持して、ゴミ捨て日時を守り、バス停での整列乗車などを行い、日常生活における規則を順守する価値観が社会的慣習全般を貫き、個人の習慣にもなり、その総体が社会構造を支える。

しかし、個人が身近な経験から無規範性を感じ、無力感を強め、その延長上に集積されたアノミー感が社会構造にまで拡大伝染すると、「文化構造の崩壊（中略）文化的な規範や目標と集団成員がこれらに応じて行動する社会構造上の能力との間に甚だしい食い違いがある場合に生ずる」（同右：一五〇）ことになる。そして「文化構造と社会構造がうまく統合されないで、文化構造が要求する行為や態度を社会構造が阻んでいるとき、規範の崩壊、すなわち、無規制状態への傾向が生ずる」（同右：一五〇）。政治に関していえば、規範の崩壊により成員全体の政治的アパシーが強まり、政界だけではなく、社会全体の統合力も低下する。

一般的にいえば、統合とは「価値の体系と行動様式の一致を含意するが、それは同時に社会の成員のすべてに、意識的であれ無意識的であれ、一定の支配的秩序を課し、人びとの間に平和な共存状態を保証する」（アロン、前掲書：二九三）。この支配的秩序と人びとの共存状態は、気候・地震・火山活動などの自然災害、感染症の流行、戦争の勃発などの大変動やイノベーションによる技術革新、産業化による階層移動、都市化による地域移動、小家族化、粉末化などによる通常の人間活動が激しくなったことによる社会変動によって、破壊されたり弱められたりする。

ダーレンドルフの「リガーチャー」

そうすると、その影響下の成員の一部に不適応が発生して、成員を取り巻くソーシャルキャピタルが機能しなくなり、それが個人のアノミー感を強め、集合して社会的アノミーへと進んでしまう。なお、ある時期に「帰属」を表現し、「結びつき」や「つながり」を意味する概念として、ダーレンドルフが愛用した「リガーチャー」(ligature) は、結局学界レベルでは継承されなかった（ダーレンドルフ、一九七九＝一九八二）。これはその後に流行して今日に至っているソーシャルキャピタルと著しく近い概念であるが、なぜか不発に終わった。ソーシャルキャピタルもリガーチャーも、私の造語ではストリングスに近い。

不発に終わった原因の一つは、アノミー論への応用でリガーチャー概念が「つながり」や「結びつき」にとどまり、社会構造への具体的回路が明示化されなかったからであろう。たとえば社会構造を、

「社会規範や制裁、そしてそれによって確立された地位、役割、利益集団、その他を説明し、分析するための一般的概念」（ダーレンドルフ、同右：一二一）とすれば、ソーシャルキャピタルと同様にリガーチャーも地位や役割に強く結びつくはずである。しかも地位も役割も社会規範により影響されるから、社会構造を支える規範の変質はアノミー論にも深い関連をもつ。

一九六〇年代ではまだ人生五五年であり、その時代の定年制では五五歳が退職年齢であったが、人生八〇年時代では六五歳が標準になっている。その変化は企業のあり方や行政の方向性に直結して、個人の働き方にも直結するから、社会構造面でも変化が生じる。その意味で、社会構造の規範が変質することを個人の行動様式や意識に結びつけることには、一定の意義があると考えられる[15]。

さて、デュルケムが明らかにしたように、経済恐慌による不況が住民の貧困化を推し進める時も、経済循環がうまくいき、繁栄が住民各層の富裕化に貢献する際にも、自殺が増える（デュルケム、一八九七＝一九八五）。

両極端の規範崩壊とその克服

すなわち両極端の変化においては、それまでの規範の体系が崩壊して、適応に失敗した住民自身の行動様式に変化が生じるという命題には、今日でも依然として学術的に引き付けられる内容がある。

政治に携わる人間には、この関連を理解して、国民の間にアノミー感が広がらないように、具体的な社会目標や文化目標を提示して、国民の価値体系が解体しないように、また意欲を失わないようにする政策展開が求められる。とりわけマートンの「選択的文化目標は、社会的文化的体系を安定化させる基礎を与える」（マートン、前掲書：一六九〜一七〇）のだから、日本社会の直面する諸問題の中で、国民が将来の大きな課題だと考えているテーマを政治が選択的に掲げることにより、社会システムの遂行がよりスムーズになり、社会統合が進む。その試みによって、将来への無力感や絶望感を弱め、個々の国民の人生に対する無意味感を減らす効果が期待できるから、国民の間におけるアノミー感の蔓延を阻止するのにも有効になる。

このような現状認識と見識もまた政治家と政治屋とでは非常な格差をもっているが、私は二〇年くらい前から「少子化する高齢社会」の緩和と対処の方法について、選択的社会目標として「子育て基金」制度を提唱してきた（金子、一九九八；二〇〇六a；二〇一四；二〇一六b）。なぜなら、既述したように、現在の少子化対策の主流である保育所「待機児童ゼロ」や「ワーク・ライフ・バランス」にはライフスタイルとしてすでに該当しない国民が多くなり、その両方ともに国民全体で追求する文化的目標にはほど遠いからである。

前者に関しては子育て中でなければ、その大変さが全く分からない。くわえて、地方中都市、小都市、町村、過疎地域などでは、幼稚園はもちろん保育所でも「待機児童ゼロ」というよりもむしろ「定員割れ」が珍しくない。後者の「ワーク・ライフ・バランス」は、退職した高齢者には無縁なスローガンである。[16]

「安心できる公平社会」構造

「安心できる公平社会」構造のためには、二〇〇〇年四月からの介護保険制度のように、政治による文化構造面で安心や公平性の増進に寄与できる要件を増やし、それらの制度化を模索するしか道はない。それには地域的にも階層的にも年齢的にも大局的に思考する訓練を積むことが、研究者だけではなく政治家もまた重要になってくる。

その意味で、ジェンダーとともにジェネレーション（世代）間の負担の公平性に直結する「子育て基金」ならば、社会的公平性を確保し、「社会的文化的体系を安定化させる基礎を与える」可能性に富む。三〇年間政府や自治体それにマスコミで黙殺されてきた「子育て基金」制度こそが、子育て中の男女とそうでない男女間の社会的公平性をいくぶんかは緩和できる。

家族研究者のクーンツですら、アメリカでの社会保障制度への「ただ乗り」を危惧していた。「子供のいない人は、子育てにかかるコストを一切負担することなく、他人の子供たちから利益を得ることができる」（クーンツ、一九九七＝二〇〇三：二一九）という主張は重要であったが、アメリカ社会にどのような効果をもちえたか。また、同様の趣旨を同じ時代から日本で主張してきた私も、一向に議論が深まらない現状を見てきた。

しかし、社会的不公平性は国民間の政治的アパシーを強め、無力感や絶望感などアノミーの引き金になりやすいから、社会統合を対極に置いた公平性を具体化する政策案の実行が各方面で待たれるのは当然である。

小室直樹のアノミー論

小室はアノミー概念を三種類に分けてそれぞれ活用している。まず、急性アノミーとは、「心理的パニックが全体社会的規模で現れることにより、社会における規範が全面的に解体した状態」（小室、一九七六＝一九九一：一六〇）である。これは大きな危機であり、この状態からの秩序の再建には、実力的威嚇だけではなく、情緒的保護による心理的安定を保つことが重要になる。後者は特に困難であり、小室も打開策は提示しておらず、「急性アノミーは、自殺、精神病、破壊性の奔出のような形で収捨されざるをえない」（同右：一六二）とだけ述べた。私はこれまで明らかになった児童虐待の加害者に、ここにいわれた「破壊性の奔出」を読み取る。

もう一つは複合アノミーであり、これは「多くの規範システムが構造化されず、それぞれの断片としてのみ存在している場合に、かかる状況における情報効果によって生ずる」（同右：一六二）とされた。

さらに総括的に構造的アノミーが位置づけられた。「社会構造がアノミーを再生産するような作動過程の原理を内包している場合」（同右：一六二）の名称として、この概念が使われた。

アノミーの指標化

児童虐待分析にも有効なこの種のアノミー概念とその指標にはぜひ習熟しておきたい。なぜなら、それは「秩序のない無規制な状態」に社会システムが陥った現状を分析するのに有効だからである。くわえて、国民にいかなる文化的目標を具体的に提示するかについての内容が含まれているからでもある。

概念的には統一見解を得るには困難な面もあるが、幸いなことにシーマンによる「アノミー指標」（Seeman, 1959）を使えば、アパシー分析にも応用可能なアノミー概念が五つの構成要因をもつことが分かる。反面で惜しいことに、このアノミー指標は測定可能という操作性が優先されたために、社会構造と文化体系との乖離の問題に詳しく触れられてはおらず、同時に人間活動による生産物からの疎外といった理論面の考察に乏しいという限界がある。概念の操作性を重視すると、内容の掘り下げが不十分になるし、操作性への配慮がないと、概念のもてあそびに終始することになりかねない。どちらを優先するかは、この概念を使って研究する社会学者が対象選択する際の価値判断による。

5　アノミー指標で測定する

シーマンによる「アノミー指標」　アノミーは'a'+'nomos'であり、規範が無いことを意味する社会学用語であり、よく知られたシーマンの五指標では以下の通りである。無規範性（normlessness）、孤立感（isolation）、無力感（powerlessness）、自己疎隔感（self-estrangement）、無意味感（meaninglessness）で始められた指標化が最も有名である（Seeman, *op. cit.*）。

(1)　無規範性（normlessness）
設問文「正直者はバカをみる」というコトワザがありますが、あなたは今の世の中では実際そのとおりだと思いますか、そうではないと思いますか。
①バカをみる　②どちらかといえばバカをみる　③どちらかといえばバカをみない　④バカをみない　⑤ＤＫ

(2)　孤立感（isolation）
設問文　今の世の中では、誰に頼ったらいいのか、本当は誰にも分からないという意見には賛成ですか、反対ですか。
①賛成　②まあ賛成　③やや反対　④反対　⑤ＤＫ

(3)　無力感（powerlessness）

設問文　現代社会の仕組みは大変複雑で、それがどこにどのようにして動いていくのかということには、われわれ一般の人間にはとても分からないという考えには賛成ですか、反対ですか。

①賛成　②まあ賛成　③やや反対　④反対　⑤ＤＫ

(4)　自己疎隔感（self-estrangement）

設問文　人間は他人と付き合うときにはよそ行きの顔をして、本心を隠すものだから、いくら人と話し合っても、その人の本当の心は分からない。

①賛成　②まあ賛成　③やや反対　④反対　⑤ＤＫ

(5)　無意味感（meaninglessness）

設問文　自分はこの世の中でどういう役割を果たせばよいかが分からない。自分が生きていることにいったい何の意味があるのだろう。

①賛成　②まあ賛成　③やや反対　④反対　⑤ＤＫ

もちろん社会意識の一部とはいえ、その実態を経験的に把握するにはこのアノミー指標が有効であるので、これまでの社会調査で私も数回利用した。順不同であるが、その指標にはまず(1)無規範性（normlessness）がある。これは「規範のないこと」なので、文字通りアノミーの原義に近い。具体的な指標としての設問文は、「『正直者はバカをみる』というコトワザがありますが、あなたは今の世の中では実際そのとおりだと思いますか、そうではないと思いますか」であり、①バカをみる、②どちらかといえばバカをみる、③どちらかといえばバカをみない、④バカをみない、⑤ＤＫ、から一つを選ぶ。な

表3-2 「無規範性」の比較 (%)

	伊達市	鹿児島市
無規範性感じる	55.9	59.2
無規範性感じない	44.1	40.8

（注） $\chi^2=5.15$, df=1, ns.

お「DK」とは「知らない、分からない」を意味する'Don't know'の略語である。

ここでは「バカをみる」に含まれる①②の合計比率が高いほど、「無規範性」が強いという判断をする。

オリジナルなアノミー調査データ

現代日本のアノミー状況に関するデータは不明だが、私の手持ちデータとしては二〇〇六年に行った北海道伊達市民と鹿児島市民のサンプリングによる計量的比較分析結果がある。かなり古いが、参考までに伊達市と鹿児島市での比較結果を示して、アノミー指標それぞれに関して具体的な解説を行っておこう。

これらのデータは両都市で二〇歳以上七九歳までの市民をそれぞれ五〇〇人ずつ層化二段無作為抽出法で選定し、伊達市では北海道大学学生と院生、鹿児島市では鹿児島大学学生により訪問面接して得られた。伊達市の有効回収数は三六〇票であり、回収率は七二・〇%であった。他方、鹿児島市の有効回収数は三三一票であり、六六・二%にとどまったが、ともに都市調査では平均的な結果といってよい。

無規範性の結果

まず「無規範性」への問いの結果を表3-2に整理する。なお、集計に際しては、算出方法を少し変更した。

すなわち、比較の便を考慮して、「無規範性感じる」は回答の「そう思う」と「どちらかといえばそう思う」の合計、「無規範性感じない」は回答の「あまりそう思わない」と「そう思わない」、「わからない」の合計にした。つまり縦軸を五つではなくて、二つに統合したのである。他のアノミー指標比較でも同じ方式で算出した。なぜなら、二者間に分けてその違いを検出したほうが分かりやすくなるからである。したがって、表３－２から表３－８まで自由度１のχ^2検定になる。この程度の簡単な設問ならば、自由度４よりもこちらのほうを使うほうが、鮮明な評価ができる。

そこで表３－２を見ると、伊達市民と鹿児島市民の間に「無規範性」の感じ方に関しての違いがあるとはいえなかった。ns は「有意な差があるとはいえない」（not significant）の意味を表す記号である。表からはどちらの市民も六割近くが「正直者はバカをみる」と思っており、四割はそうではないと答えたことになる。

しかし、北海道の三万人の小都市と九州の六〇万人県庁所在都市の二地点比較でも、「正直者はバカをみる」と判断している市民が約六割もいることに留意しておきたい。なぜなら、「正直に生きない」選択をする国民が増えれば、それだけ社会システムのまとまりは弱くなり、社会統合が壊れて、個人にも社会にもアノミーが蔓延する危険性が増えるからである。

孤立感　第二のアノミー指標には⑵孤立感（isolation）が位置づけられる。実際のところ、孤立感だけではなく、暮らし方だけでも「単身者」が増えていて、「孤立」の危険性は増大している。阪神淡路大震災や東日本大震災以降に被災地の大きなテーマとなった高齢者の「孤立死」や「孤独死」それに「独居死」は、日常的な付き合いの乏しさが遠因になっている[17]。

そこで両都市のデータで「孤立感」を比較してみよう。設問文は、「今の世の中では、誰に頼ったらいいのか、本当は誰にも分からないという意見には賛成ですか、反対ですか」であり、有効回収数も比率も表３－２と同じであった（以下、同様）。その回答が①賛成、②まあ賛成、③やや反対、④反対、⑤

DKとして用意された。賛成①②の比率の高さが「孤立感」の高さと読み替えられる。

χ^2検定の結果、表3－3もまた伊達市民と鹿児島市民との間に「孤立感」の相違があるとはいえなかった。ともに「孤立感あり」が五割で「孤立感なし」も五割であった。伊達市も鹿児島市も「孤立感あり」という回答が市民の半数から寄せられたことになり、市民が感じる孤立感は都市の人口規模には左右されないという意味で一つの発見である。

表3－3 「孤立感」の比較（%）

	伊達市	鹿児島市
孤立感あり	49.5	50.2
孤立感なし	50.5	49.8

（注）$\chi^2=0.05$, df=1, ns.

かりに「孤立感」が本人を中心として、「親戚との親しさ」「職場同僚との親しさ」「友人との親しさ」「近隣関係の親しさ」のうちどれに強く影響されるのかを「孤立感」を被説明変数にして重回帰分析したところ、鹿児島市女性に関してのみ表3－4が得られた。その他の伊達市の男女、鹿児島市の男性に関してはF値が低く、計量的には説明できない結果となった。

表3－4の読み方は、相対的にβが大きい説明変数とプラスとマイナスの記号に留意すること、および説明変数ごとのp値が〇・〇五未満にあるかどうかを見つけること、そして、全体の有意性を示すF値の大きさとp値が〇・〇五未満にあるかどうかの確認を行うことに尽きる。

そこで表3－4から指摘できるのは、鹿児島市民のうち女性の「孤立感」を強めるのが「親戚との親しさ」の乏しさ（βがマイナスだから）、および、「職場同僚との親しさ」の存在（βがプラスだから）の二つである。「親戚」と親しくないことが「孤立感」を強めるのは体験的にも納得しやすいが、「職場同僚」と親しくても「孤立感」を促進する場合があることは分かりにくいであろう。とりわけ女性にとっては、職場での交流には限界があるのかもしれない。

ゲマインシャフトとゲゼルシャフト

このような場合の解釈では補助線を引くことになる。すなわち「親戚」を血縁関係におけるゲマインシャフトとしての生得的（帰属的）性質をもつと定義を補充して、同時に「職場同僚」もゲゼルシャフトにおける達成的（業績的）競争関係とすると、対比的な説明が得られやすくなる。生得的とは自分の選択とは無関係に、生まれつきその周囲に存在していた親の兄弟姉妹、祖父母、いとこなどの関係を指す。パーソンズのパターン変数では‘ascription’であり、こちらが「帰属性」という訳語になるが、本書ではすでに繰り返し使ってきた。

表3-4　鹿児島市女性の「孤立感」の説明変数

	β	t値	p値
親戚との親しさ	−0.280	2.411	0.018*
職場同僚との親しさ	0.244	2.259	0.027*
友人との親しさ	−0.039	0.359	0.721
近隣関係の親しさ	0.173	1.542	0.127
修正済決定係数	0.084		
F　値	2.871		
P　値	0.028*		

一方、達成的とは生まれとは無関係に自らの努力や力量の結果、新たに獲得した関係であり、学校での教師や職場での上司や同僚や取引先などの関係がその事例になる。パターン変数では‘achievement’とされ、「業績性」として使われてきた。これについても前章までに詳しい説明をしている。

なお両者の概念は、一八八七年に刊行されたテンニースの『ゲマインシャフトとゲゼルシャフト』から得ている。ゲマインシャフトの英訳がコミュニティであることから、両者間に発想の類似性があるはいうまでもない。

テンニースには、「あらゆる分離にもかかわらず、本質的には結合している」ゲマインシャフト（血縁による家族、地縁による地域社会、教会縁による精神共同体）への希求が根底には認められる。しかし実際には国家や会社や大都市に典型化されたゲゼルシャフトが強くなった。「あらゆる結合にもかかわらず、本質的には分離している」ゲゼルシャフトは、テンニースから一〇〇年間以上も第二次関係を特徴づけるものとして広く認められてきた。

ゲマインシャフトを求める傾向

実態としてはゲゼルシャフトが中心の現代日本社会ではあるが、現代日本人の志向には状況次第でゲマインシャフトを求める傾向が残っている。たとえば血縁でいえば親の介護、地域社会ならば単身者への声かけ、関心縁で集う仲間との連帯意識などは、現代人が感じるゲマインシャフト的なものである。

表３－４の解釈にこれらの補助線を応用すると、職場における業績的関係や競争関係での親しさでは、働く人がもつ「孤立感」は解消されないとまとめ直すことが可能になる。この説明はわれわれの日常的経験に合致するはずである。

ただし、鹿児島市民のうち、女性だけの重回帰分析結果を示す表３－４は限定的な意味しかない。なぜなら、伊達市民男女と鹿児島男性の重回帰分析の結果では、有意な要因が出なかったからである。四種類の対象者のうち鹿児島女性のデータしか計量的な結果が使えないのでは、日本全国に向けてこの結果を一般化するのには無理がある。

無力感

第三指標には(3)無力感（powerlessness）である。「社会と個人」という対比をすると、社会に比べて個人の力は限りなく弱い。それは職場、地域社会、家族と個人を対比させても、その弱さは鮮明である。一般的にいえば、マスコミや政治からの個人への影響力には強いところがあるが、その逆は皆無である。そのため個人が感じる「無力感」は否応なく強まりやすい。

無力感を表わす設問文では、「現代社会の仕組みは大変複雑で、それがどこにどのようにして動いていくのかということには、われわれ一般の人間にはとても分からないという考えには賛成ですか、反対ですか」と尋ねている。この回答には、①賛成、②まあ賛成、③やや反対、④反対、⑤DKとなり、「賛成」①②の比率の高さで「無力感」が示される。

二都市の調査でも「無力感」の設問文は前記と同じものを使った。表3－5から「無力感あり」では伊達市民が六四・一％、鹿児島市民が五八・六％なので、統計処理を行わないと六％程度の差異があるとまとめたいが、実際の検定では、χ^2の値は一・四〇に止まり、自由度1では有意とはいえない。すなわち、伊達市民と鹿児島市民との間には「無力感」の差異はないのである。ただし、両都市で六〇％前後の「無力感」が得られたことは、政治文化の研究では重視しておきたい。なぜなら、これ以上国民の「無力感」が強まれば、国民の間に政治的アパシーがますます強くなるからである。

「無力感」が強くなると、国民のもつエネルギーや人間文化資本や社会関係資本が機能しなくなる。それによって社会システム全体が停滞し、閉塞感が強まる。社会システムの展望にとって国民が感じる開放感は不可欠であり、政策的にも社会全体で国民のもつノウハウや各種関係資本が活かせるような各種の機会財(opportunity goods)を開発したい。なお、ダーレンドルフに機会財と類似の「ライフ・チャンス」があるが、これもまた今日まで継承されてきたとはいえない(ダーレンドルフ、前掲書)。

地域活性化や地方創生のきっかけとしての機会財をこれまで私は表3－6のよ

表3－5　「無力感」の比較

（%）

	伊達市	鹿児島市
無力感あり	64.1	58.6
無力感なし	35.9	41.4

（注）$\chi^2=1.40$, df＝1, ns.

表3-6　機会財の三分類

(a)　産業経済	産業機会，企業機会，就業機会，商売機会，取引機会
(b)　政治行政	投票機会，参加機会，運動機会，行政機会，陳情機会
(c)　社会文化	交流機会，活動機会，集合機会，学習機会，行事機会

（出典）金子（2016a：129）。

うに三分類してきたが、どれでも可能な限り自治体主導で地域社会に大量に供給するほうが効率的であり、政治も行政もそのために全力を尽くすようにしたい。語源的には'op'は'near'であり、'portune'は'port'であるから、「近くの港」⇒「便利な、都合のいい」となる。

都合よく集まるのは、何もビジネスや選挙やお祭りだけではなく、学習でもボランティア活動でも各種のイベントでもいいのである。

この(a)(b)(c)はそこに集う高齢定住者、子ども、子育て中の男女、専業主婦、産業活動者、企業経営者、および外からの移住者などの交流を引き起こして、国民間の「無力感」の蔓延を阻止して、その緩和を目指すために有効である。その際には男女（ジェンダー）、世代（ジェネレーション）、階層、居住コミュニティ、個人の健康性などの社会分析軸を基にして、機会均等の原則が活かされるように工夫するのが望まれる。そのためにも「近くて都合のいいところ」が必要になってくる。

無意味感

アノミー第四指標は(4)無意味感（meaninglessness）である。人間はアパシー感やアノミー感が強まると、自らの行為の意味が分からなくなり、行為目的もそこからの結果も予想できなくなる。この指標を表現する設問文は、「自分はこの世の中でどういう役割を果たせばよいかが分からない。自分が生きていることにいったい何の意味があるのだろう」とした。この問いに対して、①賛成、②まあ賛成、③やや反対、④反対、⑤DKという回答が用意され、賛成①②の比率が高いほど「無意味感」が強いと考えられている。その結果を表３‐７に示す。

表３‐７からこれまでのアノミー指標とは全く異なる結果が読み取れる。すなわち、伊達市民と鹿児島市民との差異はないが、ともに人生への「無意味感」が非常に少なかったのである。八割程度が「人生の意味」を感じていたという回答としてこの結果は使えるから、現代日本でも歴史や気候風土の違いを超えて、また都市の規模を問わず、それぞれに「意味」を感じ取れる人生を送っている国民が一定以上存在するといえるであろう。社会学にとっても、この発見は貴重である。無意味であるという人生よりも、意味のある人生の方が楽しいからである。

なぜなら、高齢社会においても各人の人生の意味が感じ取れる方策への支援の根拠が、この表を通して得られたからである。高齢期の人生の意味を高齢者本人が認識していれば、「終わりよければすべて良し」（All's well that ends well.）の見本にもなる。せっかく伊達市と鹿児島市の比較で、アノミー指標のうち唯一弱い結果が得られたのだから、「無意味感のなさ」という結果を敷衍しておきたい。

表３‐７　「無意味感」の比較

（％）

	伊達市	鹿児島市
無意味感あり	18.6	21.8
無意味感なし	81.4	78.2

（注）$\chi^2=1.47$, df=1, ns.

結果を受けて、大都市でも社会関係と生活指標から構成される「生活の質」の現状維持を心がけて、そこに居住する老若男女すべての人生に意味が感じられるようにするには、何をどうすればいいのかに関して学術的な詰めが待たれる。

自己疎隔感か絶望感か

シーマンは五番目の指標に(5)自己疎隔感（self-estrangement）を用意して、設問文を、「人間は他人と付き合うときにはよそ行きの顔をして、本心を隠すものだから、いくら人と話し合っても、その人の本当の心は分からない」とした。回答が①賛成、②まあ賛成、③やや反対、④反対、⑤DKであるのはこれまでのアノミー指標と同じだが、「自己疎隔感」の意味が分かりにくいことから、代替的には「絶望感」(hopelessness)が多く用いられてきた。

なぜなら、自らの人生と社会の現状ないしは行く末で無意味感や無力感が強まるなかで、最後に依拠するところは身近に付き合っている人との関係にあるのだから。そこで実際の調査票では文面を少し変更して、「人間は他人と付き合うときには本心を隠すものだから、その人の本当の心は分からないという考えには賛成ですか、反対ですか」とした。結果はこれまで通り、その回答を①賛成、②まあ賛成、③やや反対、④反対、⑤DKでまとめた。

表3－8 「絶望感」の比較

(%)

	伊達市	鹿児島市
絶望感あり	44.5	43.8
絶望感なし	55.5	56.2

(注) $\chi^2=2.95$, df＝1, ns.

「絶望感」指標の結果は、表3－8のようになり、ここでも伊達市民と鹿児島市民との間に差異があるとはいえなかった。「絶望感あり」が四五%、「絶望感なし」が五五%であったことも両市ともに同じであった。

北海道の人口三万人の地方都市でも、鹿児島市という六〇万人の県庁所在都市でも、そこでの市民間には「他者への絶望感」は相対的に少なかったのである。これもまた今後の日本を考える際に若干ながら救いがあるデータとして使用できる。

このように、単なる価値意識を超えて、政治を左右するアパシーやアノミーについては、早い時期にその指標化とともに具体的なデータ分析を通して学習しておきたい。ウェーバーのいう「見識」が、ここでも学問を志す人にも等しく求められるところである。

加害者のアノミー論的位置づけ

このようなアノミー指標を取り上げると、児童虐待で逮捕された加害者の大人もまた、無規範性を感じ、人生の無意味感を味わい、自らの無力感にさいなまれ、周囲からの孤立感が強まり、将来への希望を失っていたのではないかと感じざるを得なくなる。多かれ少なかれ、この五指標のいくつかは誰にでも該当するが、その全てが当てはまるような生活構造に陥ると、家族の中で最も弱い幼児に向けて暴力が行使されてしまう。その意味ではもちろん幼児にとっては「毒親」ではあるが、責めるだけでは何も解決しないし、再発予防にもならない[18]。

しかしだからといって、その原因追及を怠っては、少なく見てもこの一五年で虐待死させられた一五〇〇人の子どもたちに大人として申し訳ないであろう。「今こそ、理想の家族の相対的メリットについての議論はやめ、現代家族が必要としているサポートシステムをどう築き上げるか」（クーンツ、前掲書：二五九）。そして、「トラブルを抱えている個人や家族への個人の介入は、社会的サービスと具体的な公的援助のバックアップ」（同右：二六四）の実施を行う時期ではないか。家族社会学を軸として、かつての「都市的生活様式論」（倉沢、前掲論文）が優勢であった都市社会学の伝統の復活もまた学界レベルでは求められている。

注

（1）子どもから高齢者まで複数の規範に拘束されながら、状況に応じて瞬時に使い分けるのが老若男女の人間であるが、時にはそれができずに苦しむのもまた人間である。

（2）赤ちゃんが病気の際に小児科医が水薬を処方し、よく振って飲ませるようにと指示をしたら、水薬のボトルではなく、赤ちゃんを揺さぶったというジョークがはやったことがあるが、あながち笑い話でもないであろう。

（3）子どもを小児科医院で受信させた際に、身体にタバコの火の跡が付いていると小児科医は虐待を疑う。これもまた日常のなかでの虐待対応である。

（4）児童相談所への警察からの虐待通告が増えても、それが児相による児童虐待対応にどの程度有効な政策情報になるのだろうか。

（5）機能分析の視点では、顕在的正機能と潜在的逆機能の問題になる。

（6）児童虐待死で目立つのは親の離婚（再婚）により形成されたステップファミリーである。この一五年間の統計から見ても、そのほとんどが女性の連れ子を再婚相手である夫か交際相手が虐待するという事件が顕著になっている。

（7）二〇一九年九月一七日に東京地裁は、目黒区の結愛ちゃんの事案での加害者母親に、検察側の求刑が懲役一一年に対して懲役八年の実刑判決を言い渡した。

（8）長い間私はこの両者の関係を、さまざまなストリングスが個人のストレングスを生み出すと表現していた（金子、二〇一六b：一二五～一二六）。

（9）ただし、年少人口率の低さでも高齢化率の高さでも世界一の現代日本で、それに向けての実質的議論を放棄している中央政治の停滞について、マスコミは国民に判断させる余裕を与えず、政治参加への機会と意欲を削ぐようにスポーツ中継を乱立させている現状は看過できない。いずれその反動が政界だけでなく、日本社会全体に及ぶはずであり、マスコミとりわけテレビ業界にも負の影響を与えることは必至であろう。実際にインターネットの普及により新聞の購読者は激減してきた。テレビ業界も、テレビ受像機の性能が向上するのと反比例してその番組内容の劣化が続けば、新聞業界と同じく冬の時代が到来する。

(10) 大学の学部長が「警察は敵」と公言したり、パトカーが大学構内に入るだけで大きな騒動になっていた時代である。
(11) 東アジア文化圏における日本の婚外子率は、アメリカやヨーロッパ諸国と比較すると極端に低いままで推移している。国によってまた時代によって変質する規範もあれば、万国共通の規範もある。
(12) この時代から始まる日本の歌謡曲の変遷もまた、五五年あたりからの「ふるさと派歌謡」とそれに並行した「都会派歌謡」そしてその後の「青春歌謡」が大きな流れを作った（金子、二〇一〇）。
(13) マイノリティがもつ価値体系を無視しているのではないことはもちろんである。
(14) 児童虐待の事件を社会学のなかで扱うのに最適な連字符社会学は「臨床社会学」かもしれないが、現段階の日本社会学界ではその業績がどこにも見当たらないように思われる。
(15) マクロ社会学とミクロ社会学に等しく目配りしている立場からすれば、これは当然のことである。多くの研究者が重視する中範囲理論の意義もここにある。
(16) 二〇一九年九月の敬老の日に発表された総務省「人口推計」によると、高齢者総数が三五八八万人であり、これは総人口の二八・四％にも達する。この年齢層は基本的に「ワーク・ライフ・バランス」とは無縁であるが、高齢者のうち就業者総数が八六二万人であることには配慮がいる。とはいえ、このうち会社役員と自営業者総数の三九三万人は厚生労働省が狙う「ワーク・ライフ・バランス」の対象者とはいえない。残り四六九万人の雇用者のうち非正規雇用者（パート、アルバイト、契約社員）が三五八万人なので、実に高齢就業の雇用者では七六％が非正規雇用になる。この人々も厚生労働省がいう「ワーク・ライフ・バランス」の直接の対象者にはなりえない。
(17) これら三者は代替的に使われやすい。共通するのは、一人で亡くなった後でその遺体が関係者に発見されることである。
(18) 再発予防は「言うは易く行うは難し」（Easier said than done）である。発生した児童虐待死それぞれの原因が違うからである。たとえば、家族構成、虐待死させられた子どもの年齢、加害者は早母や早父であったか、親の失業、貧困、疾病、祖父母との関係、親戚との関係、引っ越しの有無、近所付き合いの程度、児童相談所への通告の有無、警察が認知していたかどうかなど、いわゆる変数は一〇を超えるので、そこからの一般化の程度はなかなか高まらない。

第4章　児童虐待の大都市比較

1　児童虐待の趨勢

「論証の正方形」

これまで少子社会論を展開する際に、私は少子化の要因を未婚率の増加と既婚者の産み控えとしてまとめ、それぞれに関連する政策的対応を繰り返し提言してきた[1]。その代表が「子育て基金」の提唱であり、「子育て共同参画社会」を経由した「老若男女共生社会」への展望であった（金子、二〇〇三：二〇〇六a：二〇一四：二〇一六b）。前章でも強調した「選択的文化目標は、社会的文化的体系を安定化させる基礎を与える」（マートン、前掲書：一七〇）は社会学的な視点の象徴である。「子育てフリーライダー」論に基づく「子育て基金」もまた私なりの「選択的文化目標」であったが、長い間黙殺されてきた[2]。

「子育て基金」でも「子育て共同参画社会」にしても共通に認められる特徴としては、特定の社会問題の現状を具体的資料に基づき分析したうえで診断（diagnosis）を下し、それにふさわしいと思われる対応策（treatment）を提示する思考法である。これはマンハイム以来の社会学的な主張でもあるが、不幸なことに日本の学界ではほとんど実践されてはこなかった[3]。

しかし、児童の行動障害（behavior disorders）の分野では、正確な診断による処方箋の提示の試みがたとえばバックウィン夫妻らによって一九五〇年代から行われてきた（Bakwin & Bakwin, 1960：229-268）。

二一世紀の少子社会の児童虐待をとらえるにあたっても、診断と処方ないしは評価（evaluating）、診断（diagnosis）、処方（prescribing）、実行（implementing）というマンハイム的な思考法の優位性を主張したい。理論的なコミュニティ研究でも使用された評価、診断、処方、実行という「論証の正方形」を順守することが、児童虐待の正確な認識と対応策への近道のように思われる（Stoecker, 2013：83）。

少子化でも九〇万人が誕生

なぜなら、少子化一色の現代日本でも、減少傾向とはいえまだ九〇万人程度の出生があるからである。日本全体での一〇歳までの合計は一〇〇〇万人、一五歳未満でも一五〇〇万人くらいにはなる。少子化にもかかわらず、そのなかでせっかく生まれてきた児童の生命が実の親によって奪われたり、精神的にも身体的にも大きな障害を与えられたりする児童虐待がこの一五年で着実に増大してきた。

たとえば、統計が開始された二〇〇三年の児童相談所における「児童虐待相談対応件数」は二万六五六九件であったが、二〇一一年度では五万九九一九件にまで増加して、二〇一二年度では六万六七〇一件になり、二〇一三年度には七万三八〇二件に達し、二〇一八年度では一六万件に近づいた(4)。

ただし、本書全体で強調しているように、二〇一四年以降の増加分の大半は警察庁によるDVの心理的虐待への算入という統計手法の改変にある。私はこの方式が学術的な時系列調査データの使用を不可能にしたことを繰り返し批判してきた（金子、二〇一六a：二〇一八a：二〇一九b：二〇二〇）。さらにその対応をする児童相談所の児童福祉司の業務をいたずらに増やして、本来の仕事の時間を奪うことを指摘してきた。DV対応は児童相談所ではなく、警察庁が別枠の専門組織「DV対応センター」として新設するほうが望ましいというのが私の立場である。

複合する児童虐待原因

もとより児童虐待の原因は複合しているが、まとめれば「虐待発生の予防」「虐待早期発見・早期対応」「虐待を受けた子どもの保護・自立の支援」に集約される。これらについても社会学だけの視野には到底収まらない。しかし、それでも「深刻な虐待は犯罪であり、子どもの健康と発達にとって危険である」（ジョウンズ、一九九七＝二〇〇三：一〇〇三）から、子どもにとっての犯罪である虐待に現状分析と政策提言を柱とする社会学でも正対したい。それには何をどうすればよいか。少子社会論のなかで児童虐待研究も学術的に位置づけておきたい[5]。

児童虐待の根源的な原因

児童虐待の根源的な原因には、「生活困難」や「生活上の不利条件」があることが分かっている。これらをもっと広げてフランスの文献でよく見られる社会的保護（la protection sociale）の対象としてまとめれば、(1)貧困（la pauvreté）、(2)不衛生（l'insalubrité）、(3)病気（la maladie）、(4)無知（l'ignorance）、(5)失業（le chômage）などになる（Montoussé & Renouard, 2006：212）。これらが文字通り「生活困難」の主たる原因を構成するのは確かであり、その意味で、児童虐待の研究には虐待の実態とともに、貧困や病気や無知や失業などの普遍的な社会問題をも包摂するパラダイムが求められる[6]。

心理的虐待の統計手法改変

厚生労働省による児童虐待の定義を簡単にまとめると、身体的虐待、性的虐待、ネグレクト、心理的虐待の四分類になる。たとえば二〇一二年度では、身体的虐待が三五・三％、ネグレクトが二八・九％、心理的虐待が三三・六％となっており、これらは三割前後で拮抗

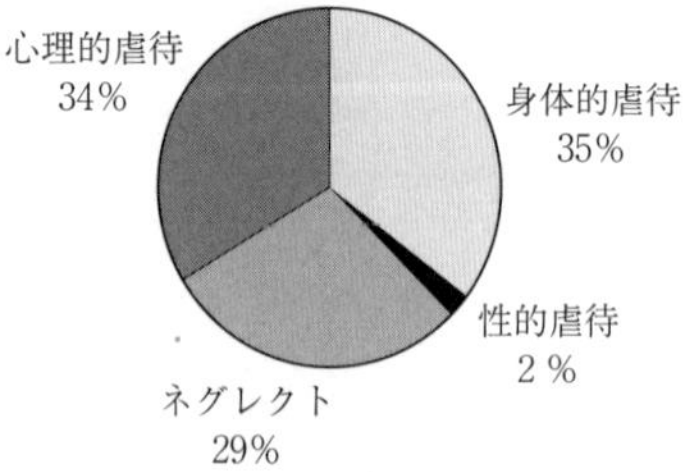

図4－1　全国の児童虐待の内訳（2012年）

（出典）厚生労働省ホームページ「児童虐待の状況等」閲覧日2019年12月15日。

しており、性的虐待は二・二%と少なかった（図4－1）。しかし、統計手法の改変が始まった二〇一三年度では、心理的虐待が一万六三八七人中八二六六人となり、全体の五六%を占めた。一三年度の統計では、警察庁の指示が全国の児童相談所全てに等しく受け入れていなかったので、全国統計では五六%であった。しかし完全に行き渡った一四年度以降になると、ほぼ六五%にまで増加して今日に至っている[7]。

ここで二〇一二年度のデータを使うのは、二〇一四年度以降の全国データではDVを心理的虐待に算入した結果しか公開されていないからである。しかし、その結果として心理的虐待が六〇%を超えたデータが毎年作られ、大都市の現状に即した正確な児童虐待の実情とはいえなくなった。さらに児童虐待防止のための介入というよりもDV仲裁のための介入が軸となってしまった。

そこでは、「身体的な虐待だけでなく、心理的虐待も深刻な状況にあるという認識が警察現場に浸透してきた」と分析された。特に心理的虐待には、「生まれてこなければよかった」「殺してやる」などと子どもに親自らが暴言を浴びせたり、刃物を示して脅したりする行為や児童の目の前で家族に暴力を振るう「面前ドメスティック・バイオレンス（DV）」も含まれており、父または母（あるいは父母一緒）による児童虐待が身体的暴力を超えて、心理的な暴力まで包み込むというような虐待の拡散が読み取れるようになってきた。

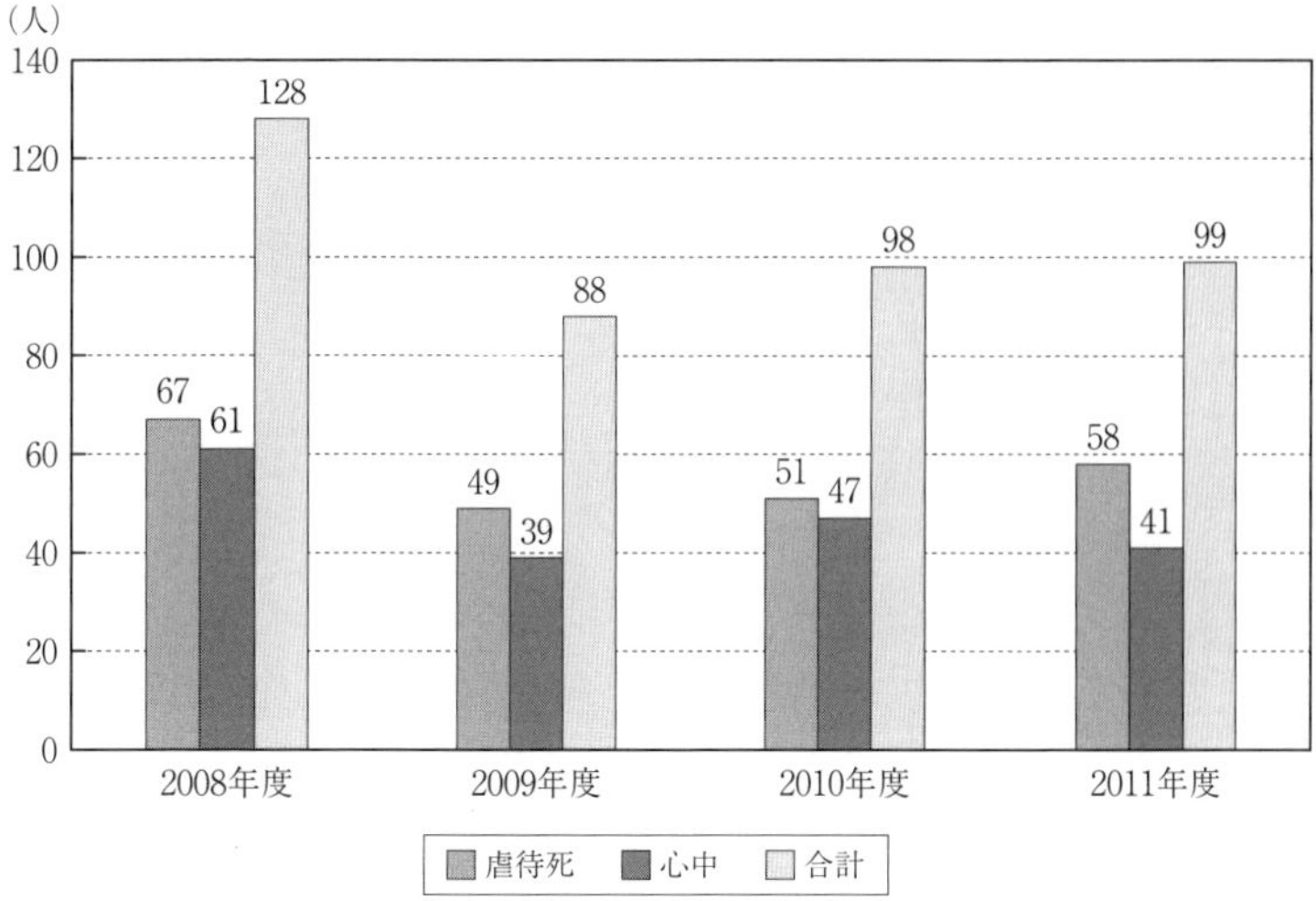

図4－2　全国の虐待死と心中

（出典）図4－1と同じ。

しかし、身体的暴力による虐待も減少していない。親からの一方的で直接的な暴力による結果としての死亡である虐待死とともに、その親もまた同時に死のうとする無理心中による児童の死とは統計上区別されてきたが、ここでも警察庁による動向のまとめでは、二〇〇八年度までの四年間の両者合計が一〇〇人前後になる。その内訳を見れば、どの年も無理心中による虐待死よりも親が生きて子どもだけを虐待死させる比率がやや高い（図4－2）。

なお、これらの統計データは一九九九年から警察庁により集計・公表されるようになったものである。念のために、児童とは一八歳未満を指しており、ここで掲げるデータは、児童虐待防止法がいう虐待行為が、刑法犯等（殺人や傷害致死）として検挙された事案であることを追記しておきたい。

もちろん児童虐待には主たる加害者でも虐待

内容でも地域的な特性が表れる。また既述したように、二〇一三年度までの全国的な趨勢としては、身体的虐待、ネグレクト、心理的虐待がそれぞれ三割強になっていた。さらに細かく見ると、性的虐待単独は少ないものの、多くの場合は身体的虐待の一部となっていて、児童にそれだけ深刻な結果を引き起こすこともある。

児童虐待するのは誰か　では、誰が児童を虐待するのか。この内訳もまた政令指定都市間でさえ相違はあるが、全国的には実母が実父よりも二倍程度多く出る。表4－1から二〇一二年度の場合も、例年通り実母が六割弱、実父が三割弱、残りが一割強という分布になった。

表4－1　全国主たる虐待者（2012年）

（%）

実母	実父	その他
57.3	29.0	13.7

（出典）図4－1と同じ。

被虐待者のうち心理的虐待を受けた児童の割合は、統計を取り始めた二〇〇六年は一万七〇三二人中一六八八人と一〇%未満だったが、その後は毎年増え続け、二〇一三年度は一万六三八七人中八二六六人で初めて五〇%を超えた。たとえば二〇一四年七月二九日に西東京市で発生した中学二年生の首吊り自殺で明らかになった「二四時間以内に死ね」というような言葉は、完全な心理的虐待になる。それでありながら、心理的虐待は物理的痕跡が何一つ残らないため、最も認知しにくい暴力でもある。

二〇一三年度に警察庁が指示した統計法改変の結果、急増した心理的虐待とは何か。身近な経験からも分かるように、両親からの言葉による虐待や子どもの面前での両親間のDVは、直接的な身体的虐待と同等以上に、その子どもに精神的な影響を与えるのは確実である。心理的虐待の初期的影響としては、人間関係の不適応（友だちとの関係が困難）、知的な障害（学校の成績の悪さ）、感情に左右されやすい行動

（攻撃性）などの問題が従来からも指摘されてきた。そしてその長期的影響としては、自尊心の低さ、不安、うつ、解離性障害、対人関係における感受性の強さなどが挙げられる。

心理的虐待にはそれら以外にも、子どもが何かを求めてきても「あとで、あとで」と応じない、後になっても何もしない、「お前なんか産まなきゃ良かった」とその子の全存在を否定する言い方なども含まれる。これでは子どもが傷つくはずである。そのような事例が増えてきたことは社会の側の責任か、家族成員としての未熟さが原因か。あるいは、貧困、病気、無知、失業などの普遍的な理由に端を発するのか。またはいわゆる無縁社会特有の社会現象なのか(8)。

2　増加する児童虐待

急増する児童虐待相談件数

警察庁の統計法改変直前の二〇一三年度に全都道府県と政令市、中核市の児童相談所（児相、二〇七カ所）が対応した児童虐待の相談件数は七万三七六五件（速報値、前年度比一〇・六増）となり、一九九〇年度の調査開始以来、初めて七万件を超えて、二四年連続の増加を記録した(9)。

都道府県別では、大阪府の一万七一六件（前年度比八四一件増）が全国最多で、神奈川県九八〇三件（同一四七九件増）、東京都五四一四件（同六二六件増）、千葉県五三七四件（同五九八件増）、埼玉県五一三三件（同二八〇件増）となった。その他では、愛知県三九五七件、広島県二五八五件、兵庫県二四二六件、北海道二〇八九件、福岡県一七〇一件なども多かった。急増地域はいずれも大都市圏に属する。また、前年度からの増加率が高いのは鹿児島県（二・四三倍、二三一件）、鳥取県（一・五〇倍、一五五件）、川崎市（一・五〇倍、一六九六件）などであった。

このような事態において、児童相談所長が虐待する親の親権停止（最長二年間）を家庭裁判所に申し立てたのは一六自治体で二三件であり、本決定で認められたのは九件にすぎなかった。親権停止が認められたのは、性的虐待で施設に保護された子どもについて、虐待を認めないまま服役した父親が、出所後に施設から子を取り戻そうとする可能性があるという理由による。

厚生労働省は二〇一三年八月、虐待通告のあった子どもに兄弟姉妹がいる場合、兄弟姉妹にも原則として四八時間内に安全確認するよう自治体に通知したが、これは父母間の暴力を目撃したことによる心理的虐待の通告が増えたからである。

静止人口に必要な合計特殊出生率二・〇八に比べると、二一世紀日本で長らく続いた合計特殊出生率一・三〇台はその六〇・五％に過ぎない。一世代三〇年とすれば、一・三〇では単純に三〇年後には三〇％の人口減少が発生し、二世代後の六〇年後には少なくとも日本人口は半減する。このいわゆる五〇年ごとの「人口半減の法則」が指摘される今日、一方では増子化の社会条件を創造しつつ、他方では少子化のなかでせっかく授けられた命が虐待によって失われる悲惨さをできるだけ減少させたい。

そのための学術的作業としては、⑴全国的な児童虐待の趨勢を明らかにする。⑵児童虐待は大都市に目立つから、政令指定都市をいくつか選択して大都市なりの特徴を把握することを行う。さらに私が、⑶札幌での児童虐待の追跡調査を実施した経験から、帰納的にその一般的な大都市特性を細かく補う。⑷子育て支援の一般論との接合を工夫する。この四点を軸にして、人口変動と社会変動が密接に重なる

表４－２　６大都市の少子化関連資料

	TFR	年少人口率(％)	１世帯人員(人)	生活保護率(％)	１万人当たり離婚件数(件)
横浜市	1.29	13.2	2.18	3.0	17.80
大阪市	1.25	11.6	1.93	9.0	24.62
名古屋市	1.35	12.8	2.17	3.7	20.23
札幌市	1.08	11.7	1.93	5.1	23.80
神戸市	1.28	12.6	2.13	4.8	19.73
福岡市	1.24	13.1	2.05	4.5	21.85

（注）「１万人当たり離婚件数」は10000×離婚件数／総人口で金子が計算した。データは『統計でみる市区町村のすがた 2014』（総務省統計局）から。その他のデータは『2014年版 都市データパック』（東洋経済新報社）から。TFR は合計特殊出生率のことである。なお，生活保護率＝100×被保護世帯／総世帯で得た。

表４－３　政令指定６都市の人口

（人）

横浜市	3,745,796	札幌市	1,955,457
大阪市	2,714,484	福岡市	1,540,923
名古屋市	2,294,362	神戸市	1,538,025

（注）2019年１月１日現在の人口数である。ただし６月になると，川崎市が神戸市を抜いて第６位となった。

（出典）『2020 地域経済総覧』東洋経済新報社。

社会的リスクとして、現代日本の児童虐待の実情に迫り、解決の方向を考えてみたい(10)。

六大都市の少子化データ　大都市としての動向をマクロ社会学的に明らかにするために選択したのは政令指定都市であり、人口が多い順から横浜市（三六九万人、『都市データパック二〇一四年版』による。以下同じ）、大阪市（二六七万人）、名古屋市（二二六万人）を「上位都市」と命名する。そして人口の面ではそれらに続く札幌市（一九二万人）、神戸市（一五四万人）、福岡市（一四六万人）を「中位都市」とする。その他の少子化関連の情報は表4-2でまとめる。また、二〇一九年一月現在の人口は表4-3の通りである。

合計特殊出生率は札幌が最低であり、一世帯当たり人員もまた札幌と大阪がともに少なかった。年少人口率でも一一%台は大阪と札幌だけであった。さらに、生活保護世帯率でも大阪が最高の九%を記録したが、札幌でも五%台であり、「一万人当たり離婚件数」でも両都市のみがやや高い。これらのデータから見ると、大阪と札幌は少子化関連について都市的類似性が感じられる。

少子化もまたこれらの政令指定都市に顕著であるから、児童虐待についての日本の都市的傾向を把握するために、データの質が改変される前の二〇一二年度の都市データを比較分析する。

3　児童虐待の都市比較分析

比較都市分析　まず、六都市での児童虐待の内訳についてまとめておこう。この分類にはすでに紹介した全国標準の身体的虐待、性的虐待、ネグレクト、心理的虐待の四種類を使用する。

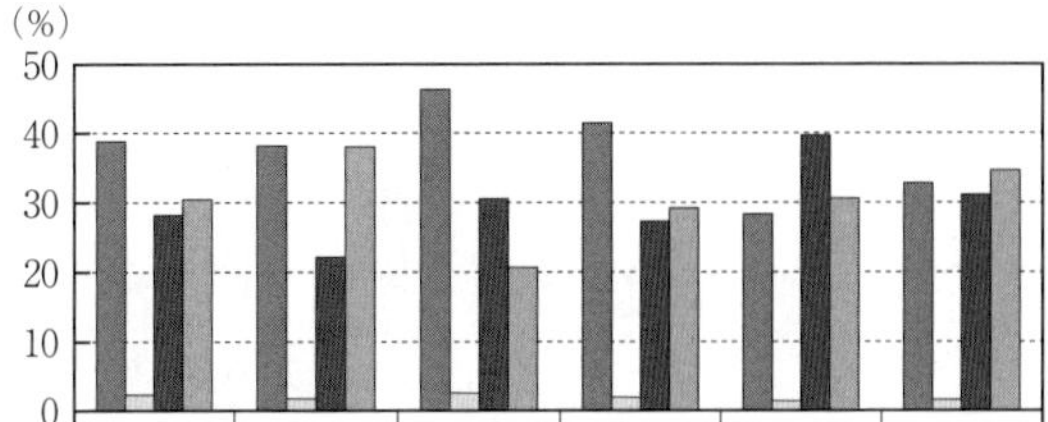

	横浜 2011	横浜 2012	大阪 2011	大阪 2012	名古屋 2012	名古屋 2013
■身体的虐待	39.0	38.2	46.4	41.5	28.4	32.8
□性的虐待	2.3	1.7	2.4	1.9	1.4	1.6
■ネグレクト	28.2	22.1	30.5	27.3	39.6	31.0
■心理的虐待	30.5	38.0	20.7	29.2	30.6	34.6

図4-3　児童虐待の内訳上位3都市

（出典）各都市の児童相談所が公表した資料による。

これについて、統計法が改変される前の二〇一一年度と二〇一二年度の二年分の統計を整理して、「上位都市」と「中位都市」に分けてみる。ただし、名古屋のみは二〇一二年度と二〇一三年度のデータである。

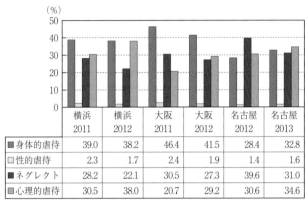

「上位都市」のうち横浜と大阪では、虐待のうちで身体的虐待がともに第一位となった（図4-3）。いうまでなくこれは児童への直接的な暴力であり、投げる、蹴る、落とす、やけどをさせるなどを含む。とりわけ大阪の身体的虐待の比率が高く、データを入手した二年とも四〇％を超えている。横浜も四種類の虐待の中では、身体的虐待が二年ともに第一位ではあったが、大阪のように四〇％を超えるには至らなかった。ただし、第二位には横浜の場合言葉の暴力である心理的虐待が登場するが、大阪ではネグレクトの比率がやや高い。

これには一般論としては離婚率が絡んでくると思われるが、その比率が高い大阪で心理的虐待が第三位であることは、同じく離婚率の高い札幌での心理的虐待の低さとともに、離婚率の高さと心理的虐待との間に特定の相関がない

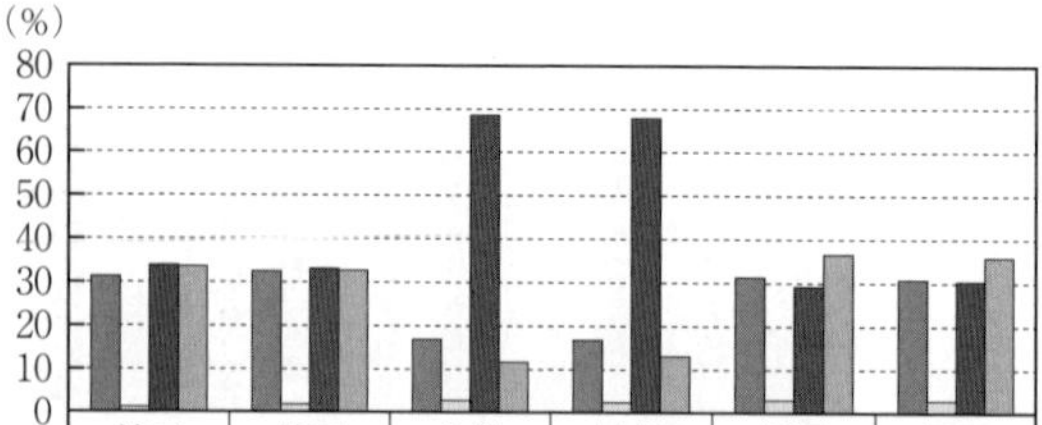

	神戸 2011	神戸 2012	札幌 2011	札幌 2012	福岡 2011	福岡 2012
■身体的虐待	31.3	32.5	16.9	16.8	31.3	30.8
□性的虐待	1.1	1.7	2.7	2.3	2.9	2.8
■ネグレクト	33.9	33.1	68.6	67.8	29.2	30.4
■心理的虐待	33.6	32.7	11.7	13.1	36.6	35.9

図4－4　児童虐待の内訳中位3都市

ように感じられる。

政令指定都市の人口集積が第三位の名古屋では、二〇一二年の第一位がネグレクトであったが、二〇一三年では心理的虐待に第一位となり、二年ともに身体的虐待が第一位になることはなかった。むしろ名古屋は以下に述べる「中位都市」の傾向と類似しており、横浜と大阪との傾向とは異なっていた。なぜなら、第一位をネグレクトと心理的虐待とが競う傾向は神戸と福岡に似ていたからである。

「中位都市」のうち神戸と福岡では基本的に名古屋と変わらない児童虐待の類型を示したが、札幌のみがネグレクトが著しく高い比率を示すという特徴が得られた（図4－4）。すなわち神戸と福岡とでは性的虐待を除くと、この二年間のデータでは残りの三種類はほぼ均衡していた。しかし、札幌ではネグレクトが七〇％に近く、身体的虐待と心理的虐待は非常に少なく出たのである。

ネグレクトに特化した札幌

周知のように、ネグレクトは児童の日常生活に不可欠な食事の提供、着替え、洗濯、排泄の世話、入浴、通園通学の支援、住まい・安全の確保・

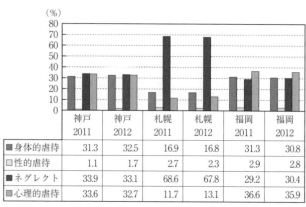

身体的および情緒的養育などを親が怠ること、すなわち「育児放棄」を意味する。札幌でなぜネグレクトがこれほどまでに高率なのか。おそらく、他都市に比べて歴史的経緯からくる家族規範の弱さが、次世代育成にマイナスの影響を及ぼしているのであろう。図4－4からも残りの政令指定都市と比べると、その個性ははっきりしている。同時に、二・二％というような三世代世帯率の低さ、二・一人程度の平均世帯人員の少なさ、離婚率の高さ、生活保護率の高さなどの相乗効果もその原因として推計される。

ネグレクトは、「子どもの身体的、知的、情緒的な能力の発達に不可欠であると考えられているものを子どもに提供しないこと」（ヘルファーほか、前掲書：六五九）である。次世代としての子どもを社会化するための諸領域でこのような機能がネグレクトされれば、子どもの健全な成長は望めない。それは次世代が社会システムの中心を占める三〇年後に甚大な負荷を与えることになる。かつて二〇世紀末に森嶋通夫が危惧した事態が到来した[11]。

「上位都市」「中位都市」の主たる虐待者

次に、主たる虐待者について、「上位都市」と「中位都市」でまとめておこう。取り上げた六都市全てで、全国的動向と同じく実母が主たる虐待者であった[12]。ただし、「上位都市」ではやや実父の比率が高く、二〇一二年の横浜では四〇％を超えた。この年、横浜での主たる虐待者としての実母は五〇％であったので、他の都市に比べると両者がかなり接近したことが分かる。

大阪における実父が加害者の比率は二五％程度であったが、名古屋では二年連続で高率の三五％前後になった（図4－5）。主たる虐待者だけで見ると、実母が高率になるのは西日本の政令指定都市であり、これから外れる横浜と名古屋では、実父の比率が目立って高くなるとまとめられる。

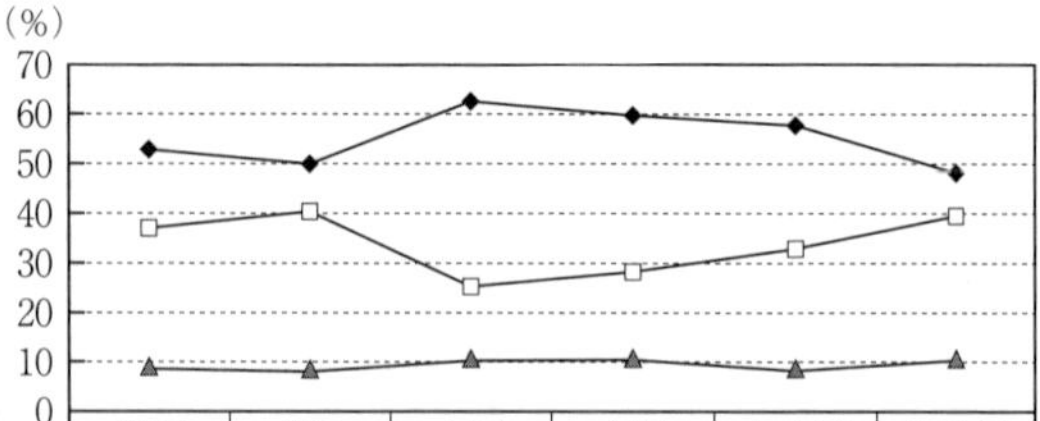

	横浜 2011	横浜 2012	大阪 2011	大阪 2012	名古屋 2012	名古屋 2013
◆ 実　母	53.2	50.5	62.8	60.0	58.0	48.8
□ 実　父	37.3	40.2	25.5	28.4	33.0	39.4
▲ その他	9.5	9.4	11.7	11.6	8.9	11.8

図 **4－5**　主たる児童虐待者上位 3 都市

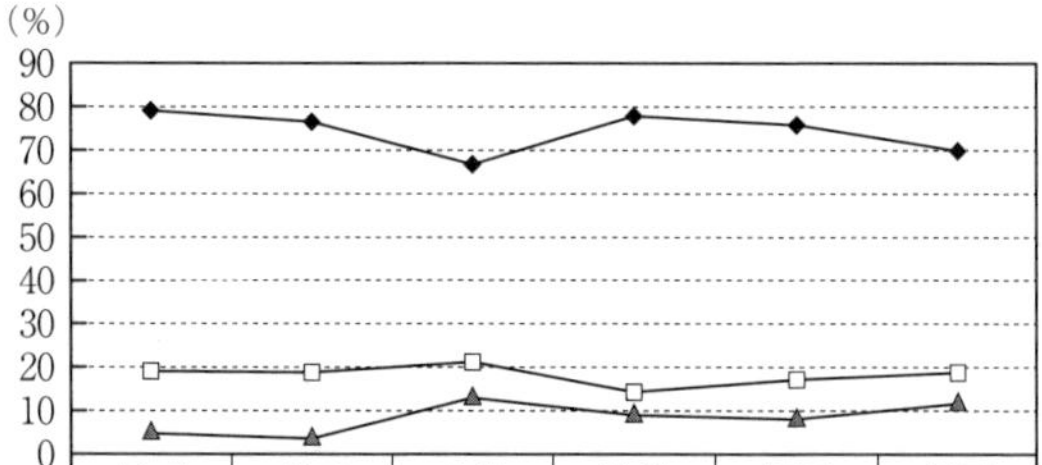

	神戸 2011	神戸 2012	札幌 2011	札幌 2012	福岡 2011	福岡 2012
◆ 実　母	78.9	77.3	66.8	78.2	75.7	69.8
□ 実　父	18.2	18.2	20.8	13.1	16.5	18.1
▲ その他	4.8	4.5	12.4	8.7	7.7	12.1

図 **4－6**　主たる児童虐待者中位 3 都市

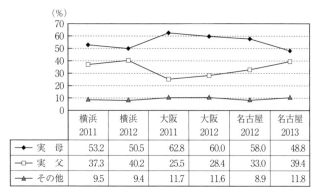

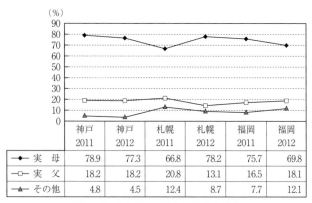

反面、虐待者が実母である比率は二〇一一年の神戸の七八・九％を最高に、「中位都市」では軒並み高い（図4－6）。二〇一一年と二〇一二年でどちらも七〇％を超えていたのが神戸であり、どちらかが六〇％台であったのが札幌と福岡であった。しかし、それでも限りなく七〇％に近い方であった。その分だけ実父が少なくなるが、二〇一一年の札幌を除くと全て二〇％には届かない。その他は義理の父母を軸とする。これは神戸では五％を超えず、札幌と福岡ではどちらかの年が一〇％を上回っていたが、その年は実母が少なくなっている。

4　児童虐待の通告経路

六大都市の通告経路

児童虐待の類型別の集計と主たる虐待者に関するまとめを行い、大都市における児童虐待のあらましが判明した。次は、児童虐待を予防するうえで不可欠な児童相談所への通告経路について六都市の現状を比較しながらまとめてみる。警察庁による統計法の改変の後では、どの都市でも警察からの通告経路が六割程度になるために、都市間比較が無意味となったので、二〇一二年度や一三年度までのデータ比較のほうが都市の特性を把握できる。その点でも、DVを心理的虐待に算入させた警察庁の通達が、学術研究にもたらした負の影響を感じ取ることができる。

政令指定都市では自治体主導の二四時間対応の虐待ホットラインは児童虐待の発見や予防にもちろん成果を上げているが、機関や個人による電話その他の連絡通報もまた機能している面がある。まず調査票で項目化された指標を分類整理すると、「家族・親族」「近隣・知人」「福祉事務所・施設」「医療機関」「学校・警察その他」に分けられる。

「家族・親族」には虐待される児童の祖父母、親戚、虐待される児童本人、虐待する両親などが該当する。虐待者本人または被虐待者である児童が通報することは絶無なので、通常この比率は低いままで推移する。「近隣・知人」とは、同じ町内や地域社会に住む人々が児童の虐待される姿や声や音を見かねて、児童相談所や警察や市区役所に通報するものの総称である。とりわけ札幌では、冬の期間にマンションのベランダに放置されている児童を近隣・知人・通行人などが発見して、児童相談所などに通報する事例は多い。しかし、駆けつけた児童相談所専門員に、その親はしつけのためと回答することが多々ある。

「学校・警察その他」はコミュニティとしての近隣とともに通報の多いアソシエーションである。その他のアソシエーションには「福祉系の機関」と「医療系の機関」がある。DVが心理的虐待に算入され、「学校・警察」では不正確になったので、ここでも二〇一四年度以降の比較は行えない。

横浜、大阪、名古屋の特徴

では、上位都市の比較から始めよう。横浜、大阪、名古屋ともに通告経路で一番多かったものは「学校・警察その他」であり、ほとんどが過半数となった(図4-7)。

とりわけ二〇一三年度の名古屋ではその比率が六二・八%にも達した。「学校・警察その他」が半数を占める点では大阪と名古屋は同じだが、横浜は二年間連続で「福祉事務所・施設」が二〇%台を超えていたところにも特徴がある。さらに横浜の「家族・親族」からの通告の多さもまた特筆される。横浜ではアソシエーションルートが顕著であり、家族ルートも他の大都市よりも多く出た。

大阪は「家族・親族」からの通告が多い半面、「福祉事務所・施設」が少なかった。「学校・警察その

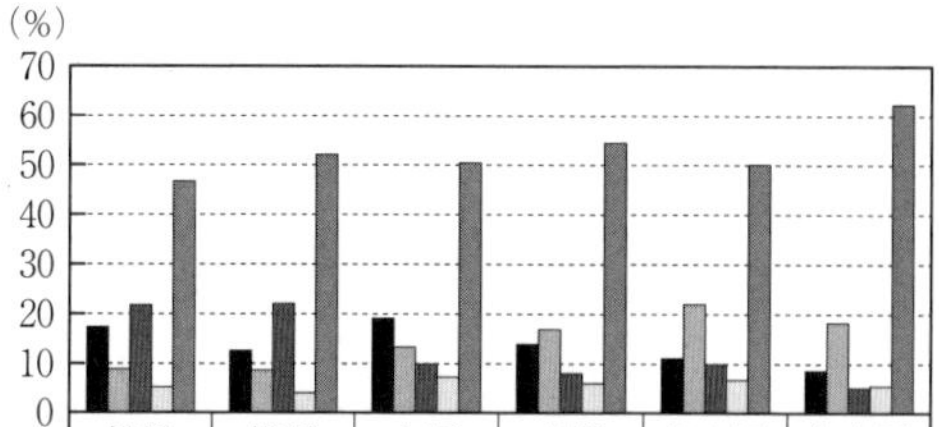

	横浜 2011	横浜 2012	大阪 2011	大阪 2012	名古屋 2012	名古屋 2013
■家族・親族	17.3	12.7	19.3	14.0	11.0	8.6
■近隣・知人	8.7	8.5	13.2	17.0	21.9	18.2
■福祉事務所・施設	21.8	22.1	9.6	8.1	10.1	5.1
□医療機関	5.1	3.9	7.1	5.9	6.6	5.3
■学校・警察その他	47.0	52.7	50.9	54.9	50.5	62.8

図4－7　児童虐待の通告経路の内訳・上位3都市

他」が半数を超えたのは他の二都市と同じである。「近隣・知人」ルートもそれほど活用されていない。しかし、名古屋では「近隣・知人」からの通告が二〇%前後あり、横浜と大阪とは異なる。「家族・親族」からの通告も少なく、「福祉事務所・施設」の比率も低い。「医療機関」からの通告は上位三都市ではいずれも五%前後であり、目立った経路にはなっていなかった。

アソシエーションルートが優位

要約すれば、「上位都市」の通告経路ではアソシエーションとしての「学校・警察その他」が完全に優位であり、とりわけ横浜では「福祉事務所・施設」の活用度が高く、虐待の通告経路に関する限りは典型的なアソシエーションルートの都市であった。反面、横浜でも大阪でも「近隣・知人」というコミュニティルートは、「中位都市」と比較するとあまり活用されていなかった。むしろインフォーマルな「家族・親族」ルートが横浜と大阪でも健在であり、コミュニティルートよりも多かった。

コミュニティとしての「近隣・知人」が少ないのは「上

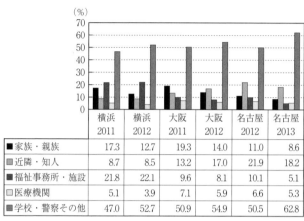

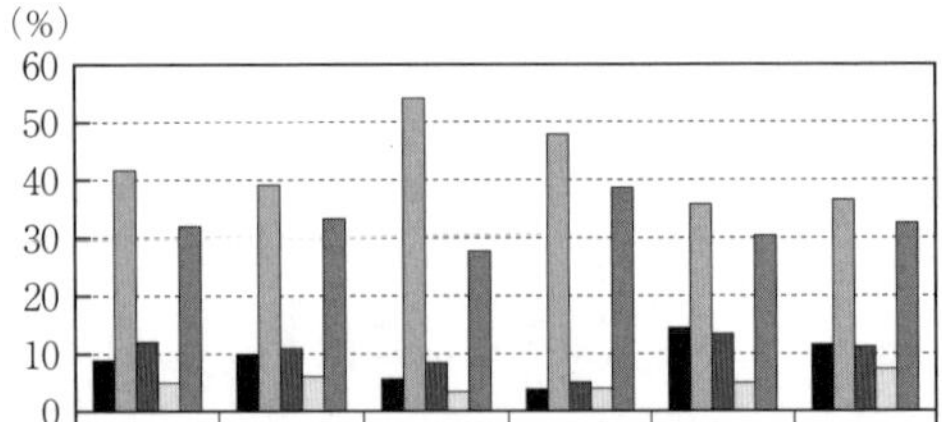

	神戸 2011	神戸 2012	札幌 2011	札幌 2012	福岡 2011	福岡 2012
■家族・親族	8.9	9.8	5.6	3.7	14.7	11.5
■近隣・知人	42.0	39.5	54.8	48.4	36.0	36.9
■福祉事務所・施設	12.0	10.9	8.3	5.1	13.6	11.3
□医療機関	5.1	6.1	3.4	3.7	5.0	7.4
■学校・警察その他	32.1	33.7	27.9	39.0	30.7	32.9

図4－8　児童虐待の通告経路の内訳・中位3都市

位都市」の三都市であり、人口の多さが隣人への無関心を育てるというアーバニズム効果としても理解可能な傾向が読み取れる。代わってそこではアソシエーションとしての「学校・警察その他」からの通報が目立っている。

神戸、札幌、福岡の特徴

名古屋ではアソシエーションとしての「学校・警察その他」が第一位であったことは他の二都市と同じであるが、第二位は「近隣・知人」のコミュニティルートであったところに「中位都市」との関連性を読み取ることができる。なぜなら、神戸、札幌、福岡の三都市の通告経路では二年間ともに「近隣・知人」が第一位であったからである（図4－8）。とりわけ札幌のようにコミュニティとしての「近隣・知人」が五〇％前後に達する都市では、アソシエーションとしての「学校・警察その他」とともに通告の二大基盤をなしていたことが分かる。「中位都市」ではむしろ「家族・親族」は少なく、「福祉事務所・施設」でも一〇％程度に過ぎず、「医療機関」は五％前後に終始した。

以上の比較検討から、横浜と大阪に見るアソシエーショ

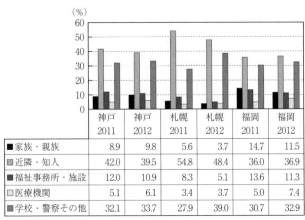

ンとしての「学校・警察その他」と「福祉事務所・施設」、それにインフォーマルな「家族・親族」ルートが、児童虐待の通告に使用されている大都市の現状が浮かび上がる。

他方、神戸、札幌、福岡に典型的なコミュニティルートとしての「近隣・知人」からの通告機能が優位で、アソシエーションとしての「学校・警察その他」がこれに次ぐという大都市モデルが得られたことになる。名古屋はいわばこれらの中間に存在する大都市である。

このように、同じく政令指定都市でも人口数や産業構造の違いによって、市民文化にも相違がある。第2章で見たように、児童虐待通告の電話連絡としての「総入電数」のうち児童相談所につながる「正常接続率」は二〇一七年度で一二・四％であり、一八年度でも一九・五％だから、八割以上が未接続であることを知る。その「正常接続率」を上げるためにも、児童相談所の児童福祉司一人が受け持つ現在の対象者数を下げたい。なぜなら、通告電話の応対も込み入った内容になると、児童福祉司に回されるからである。現状の一人当たり受け持ち平均数八〇人では多すぎるので、「児童虐待防止改正法」で触れられた四〇人への引き下げを速やかに達成することは、児童虐待防止にとっても緊急のテーマになる。

注

（1）社会学の立場から、私は日本社会を「少子化する高齢社会」と認識して、健常な高齢者に関しては、その社会参加、ソーシャルキャピタル、健康づくり、生きがいなどを二〇年来の研究テーマとしてきた（金子、一九九三：一九九五：一九九八：二〇〇七）。一方、要介護高齢者については、自助、互助、共助、公助、商助という五種類のサポート形式を分類整理して、その介護支援の問題を解明してきた（金子、二〇〇六a：二〇一一）。また、日本一長寿県である長野県のいくつかの都市でその長寿要因を探りながら、高齢社会における一人当り高齢者医療費の社会的要因分析を通して、厚生労働省「健康長寿二一」に有益と思われる情報を提供してきた（金子、二〇一四）。

（2）私なりの子育てフリーライダー論（金子、一九九八：二〇〇三）は、アメリカのクーンツ（一九九七＝二〇〇三）とドイツのカウフマン（二〇〇五＝二〇一一）とは無関係に構築したものである。

（3）例外は、社会病理学の全盛期と「都市化とコミュニティ」という問題設定の時代のみに、そのような思考方法が顕在化していた。

（4）「児童虐待相談対応件数」の増加が必ずしも「児童虐待認定数」増加を意味しないという指摘はもちろんあるが、児童虐待死と無理心中による児童の死亡の合計が毎年一〇〇人前後に上っていることは大人の一員としても無視できない。

（5）児童虐待の加害者を追跡すると、無縁社会や粉末社会と関連が深いので、犯罪社会学というよりも現代社会研究の一部になる。

（6）なぜなら、「社会生活の型式を破壊する力が天災であれ人災であれ、これらの力は、結局、社会の成員に対して解決すべき課題を突きつけており、しかもその対策の性質は社会学の原則としてその社会の構造によって、その社会の制度や価値によって大いに影響を受けるからである」（マートン、一九六六＝一九六九：四二一）。

（7）六五％の心理的虐待というデータから、児童相談所は「ヨコの暴力」である夫婦のＤＶを仲裁して、解決することを最優先の課題にしなければならないが、もとよりそれは不可能である。正しくは「タテの暴力」としての親による子どもへの身体的暴力と性的暴力、そしてネグレクト対応が主軸になる。なぜなら、児童相談所は夫婦問題相談所ではないからである。

（8）無縁社会では、つながりが失われ、絆がなくなり、「血縁（中略）が薄らいで（中略）、機能しなくなっている」（ＮＨＫ「無縁社会プロジェクト」取材班、二〇一〇：七七）。

（9）本章で意図的に二〇一三年度までのデータを用いるのは、一四年度以降のデータではＤＶが心理的虐待に算入されていて、取り上げる政令指定都市の正確な現状が分析できないからである。

（10）　これは本書全体の課題でもある。

（11）　森嶋の方法は、「現在の人口を観察、分析し、そのような現存の人達が、今後の教育によってどのように変化するかをも考慮に入れて」（森嶋、一九九九：一四）将来を予測した。結論は、「土台の質が悪ければ、経済の効率も悪く、日本が没落するであろう」（同右：一四～一五）であった。これは高田保馬の人口史観の見事な応用である。

（12）　二〇一四年以降、ＤＶをすべて心理的虐待に算入させてからの傾向は、実父と義父それに実母の交際相手の男を加えると、六〇％を超えるようになり、実母の比率は三〇％台に急落した。これでは時系列的研究が不可能になり、そこからの知見を今後の児童虐待予防に使えなくなった。

第5章　児童虐待解決の補助線

1　児童虐待死の無念さと無策を超える視点

続く児童虐待死に心が痛む

社会学の立場から長らく「少子化する高齢社会」の研究に従事してきた。学問なのでその現状解明が主な仕事であったが、一〇年ほど前から少子化なのに生まれてきた幼児がこともあろうにその親から殺されるという児童虐待死に心を痛めて、その原因の追究と背景ならびに対策についても考えてきた（金子、二〇一三；二〇一四；二〇一六b；二〇一八b）。虐待死の専門家などはどこにもいないが、それに近い複数の専門分野からならある程度の有益な情報発信は可能である。全体としては素人談議になる危険性を承知したうえで、少子化研究の観点から児童虐待死にどう立ち向かうかを具体的に論じれば、他の分野での研究にも役立ててもらえるかもしれない[1]。

三五〇人という推計も

この分野における最終的な目標は児童虐待死がなくなる「少子化する高齢社会」の探求であるが、この大問題の一部にある小さな課題だけでも切り取って、その問題点と解決策を具体的に示しておきたい。以下はそのような立場からの試論である。

さて、日本には限らないが、幼気な子どもがその親により一方的に虐殺される現状が続いている（へルファーほか、前掲書：ミラー＝ペリンほか、一九九九＝二〇〇三）。日本で統計が完備した二〇〇三年から厚生労働省や警察の統計でも、毎年一〇〇人前後の児童（多くは幼児）の虐待死が伝えられている。ただし日本小児科学会有志による二〇一一年の五〇〇〇人の死亡カルテの精査からは、実にその七％に当たる三五〇人の虐待死が推計された（溝口ほか、二〇一六：六六八）。

凄惨な虐待死

二〇一八年三月に亡くなり、そのあまりの凄惨さで六月に警察が公表した目黒区五歳の結愛ちゃん虐待死（義父は傷害容疑で逮捕、実母は保護責任者遺棄致死容疑で逮捕、東京地裁は懲役八年の実刑判決を下した）、二〇一九年一月に発生した野田市一〇歳の心愛ちゃんの言語に絶する虐待死（実父は傷害致死容疑で、千葉地裁は懲役一六年の実刑判決、実母は障害幇助容疑で、懲役二年六月、保護観察付き執行猶予五年）、そして二〇一九年六月に札幌市で発生したわずか二歳の詩梨《ことり》ちゃんへのきわめて残忍な虐待による死（実母は傷害容疑で逮捕、交際相手の男も傷害容疑で逮捕）など、マスコミがその続報にも熱心な事案もある。

全国的に見れば、ほぼ同時期の六月一二日にも二つの虐待死が起きている。一つは静岡県富士市の父親による一歳女児への暴行死（傷害致死容疑で逮捕）、もう一つは新潟県長岡市の母親によるわずか三か月の女児の殺人（殺人罪容疑で逮捕）であり、これら目を覆いたくなる事件も同時に発生した。

さらに七月一日には仙台市で二歳一一か月の長女を自宅に三日間放置して殺害した実母が保護責任者遺棄致死の容疑で逮捕された。三歳前の幼児に三日間食事も水も与えず、おむつの取り換えもしないのなら、命の危険性があることは誰もが予想できる。

ほぼ毎日発生する

八月三一日には、同居する四歳の女児・璃愛来ちゃんを殴ったとして母親の交際相手で二一歳の男を暴行容疑で鹿児島県警が逮捕した。女児は死亡しており、虐待の疑いもあり、事実経緯を調べている。二九日午前〇時過ぎに、出水市内の病院から「風呂場で溺れたという女児が死亡した」と通報があり発覚した。司法解剖の結果、溺死と判断され、身体には複数の傷があった。県警によると、加害容疑者は四歳女児の二〇代の母親の交際相手であった。薩摩川内市に居住していた二〇一九年三月一八日、市から県警薩摩川内署に虐待が疑われると情報が寄せられ、同日と一九日に署員や児童相談所の職員らが自宅を訪問した。

三月下旬～四月上旬には同市内で「夜間に児童が一人で外出している」との通報が同署に計四回あり、署員が自宅近くで女児を保護した。ネグレクトの疑いで児童相談所に二回通告した。当時、女児には太ももに薄いあざが一つあったが発育状況に問題はなかったという。女児は母親と出水市に転居し、管轄署に情報は引き継がれた。

児童虐待死に見る共通項

これらの簡単な事件要約を全国での事例研究と照らし合わせると、いくつかの共通項が浮かんでくる。まず、この事件の直接的加害容疑者は虐待死児童の母親の交際相手の男であること、ネグレクトで警察に四回通報があり、児童相談所に二回の通告があったにもかかわらず、虐待対応を両機関が行っていなかったこと、その後に引っ越しをして居住地移動をしていること、そのまま引っ越し先でも虐待が続いていたこと、の三点が指摘できる。

母親の連れ子を交際相手の若い男が殺害する事件は、札幌の事件と同じ構造をもつ。そして計六回の通報が警察と児相に寄せられていたにもかかわらず、結果的にこの児童が殺害されてしまったこと、事件発生前に必ず引っ越していることもこれまでの児童虐待死事件と同類である。

ここから虐待家族の祖父母は何をしていたか、警察と児相は本当に連携などできるのか、警察に児童虐待の判断知識があるのか、引っ越し前と先での地域社会の無関心などを克服して、児童虐待防止策を超えた地域社会づくりを課題とできるのかどうかなどが問われる。

児童相談所と警察との連携不足

このような連日の虐待死の連鎖を受けても、司法関係者をはじめ政治家もマスコミもその視聴者も研究者も異口同音に「アセスメントが不十分」「児童相談所と警察との連携不足」「四八時間ルールを守っていない」「組織間の情報共有が課題」などを連発して、少子化のなかでせっかく誕生した幼子の命がその親によって奪われた不幸な事実に正対していないように考えられる。なかでも警察と司法関係者は、全く無力な児童への虐待死は相変わらず「殺人」ではないというスタンスで、「傷害致死」や「障害幇助」や「保護責任者遺棄致死」に止めたいのかという疑問さえも生まれる。

「連携不足」には、たとえば「各機能集団には批判拒否症的性格がある」ので、「一般的コミュニケーションは成立しえず、機能集団間の機能的紛争（functional conflict）の発生と深刻化は必然的となる」（小室、一九七六＝一九九一：六一）という解釈があてはまるであろう。連携や協同を妨げる「批判拒否症」はどの組織にもある。したがって、無数の組織を包摂する社会システム全体にまたがる自己組織化などは不可能になる（金子、二〇一九a：一一三〜一一七）。

不十分な緊急総合対策

社会全体が児童虐待死に正対していない象徴の一つに、目黒区の結愛ちゃん虐待死を受けて二〇一八年七月に政府が発表した「緊急総合対策」が挙げられる。

これは、⑴居住地からの転居者に関する児相間の情報共有、⑵子どもの安全確認の徹底、⑶児相と警察の情報共有、⑷適切な一時保護や施設入所、⑸未受診者、未就園児、不就学者の緊急把握、などを含んでいた。いずれも重要だが、現有の職員数ではほとんどできない対応でもあった(2)。

なかでも最大の売りになった対策は、二〇二二年の児童福祉司二〇二〇人増員である。しかしこれは全く「緊急」の体を為していないために、五年後の政策効果も疑わしい、とその発表直後に私は疑問を呈した（金子、二〇一八c）。ただし「本方針を率直に評価しつつ早期に実現するよう求めたい」（川崎、二〇一九：二〇〇）と評価する人もいる。ここには緊急性の捉え方への考慮が示されず、五年後の二〇二〇人増加が結果として「焼け石に水」になるとの予想もない(3)。

政府により打ち出された「緊急総合対策」が無力なまま、それから一年で多くの幼子が同じような酷すぎる親からの虐待により命を落としてきた。これを「傷害致死」で済ませてよいか。そして本章第3節で詳論するように、二〇二〇人程度の増員で児相の児童福祉司の仕事が軽減されることはない。したがって「配置された職員が意義と価値を見いだし、長く働き続けたいと思えるような仕組みとサポート体制」（同右：二〇〇）にも程遠いと考えられる。

「児童虐待防止法の改正案」

その後、二〇一九年三月末に児童虐待防止対策に関する関係閣僚会議「児童虐待防止対策の抜本的強化について」が発表され、六月の国会でこれに沿った「児童虐待防止法の改正案」が可決成立した。そこでは、わが子を虐待死させた保護者に対し、児相が再発防止に向けた医学的または心理的な指導をすることを努力義務とした。また、子どもが管轄外に引っ越しても切れ目なく支援できるよう、移転先の児相に必要な情報を提供することも盛り込まれた。このための増員と

表5－1　改正案の主な付帯決議

- 体罰によらない子育てのためのガイドラインの作成
- 乳幼児健診などでの定期的な子どもの安全確認の実施
- SNS を活用した子育て相談窓口の開設
- 児童福祉司１人の対応が40件を超えないための財源確保
- 地方自治体への人事異動の配慮
- 一時保護について，受け皿の早急な整備と子どもの生活環境に配慮した環境改善
- 要保護児童対策地域協議会の効果的な運営方法に関するガイドラインの作成
- 中核市と特別区への児童相談所の設置を目指した十分な支援
- 転居時に地方自治体間の引き継ぎ徹底に向けた情報共有システムの構築
- 児相と警察の合同研修の実施や，警察の虐待対応専門の部署設置
- 心理的治療や相談援助を行う児童心理治療施設の整備
- 児童養護施設内における暴力や性暴力を防ぐための効果的な対策の検討
- 子どものアドボケイト制度の導入に向けた検討

（出典）『福祉新聞』2019年６月３日より。


予算はどう配慮されたかは不明である。

　児童福祉法については、虐待相談件数や人口などに応じた児童福祉司の数を増やすよう修正して、さらに政府は五年をめどに、施行状況を踏まえて児童虐待の予防や、保護者支援などのあり方について検討を加えるとされた。

　表５－１は、「改正案」の主な付帯決議をまとめたものである。たとえば、一人当たり児童福祉司の対応上限が四〇件は、後述するように現在の三割程度にまで減少する案なので、この「付帯決議」には期待が高まる。しかし、一定以上のレベルの専門家の養成はやはり五年先になるであろうし、現段階での予算的な裏づけも十分とはいえない。この五年間はどのように「緊急対応」するのだろうか。ここには、家族研究者のクーンツがいうように、「問題は、アメリカに家族を援助するお金があるかどうかではなく、そうしようとする価値観を持っている

かどうか」（クーンツ、前掲書：二六六）にあり、日本でも等しく当てはまる指摘である。[4] 少子化対策でも環境問題でも学校教育問題でも、このようなこの指摘の仕方こそが汎用性に富む。

いずれにしても改正案の今後の行方を見ておきたいが、見るだけでは不十分なので、ここではやや迂遠ながら児童虐待防止にとっての数本の補助線（cofactors）を引きながら、問題の根底を見つめ直す。いわば「急がば回れ」（More haste, less speed.）の発想で、虐待問題とその解決へのアプローチを模索してみたい。

2　行政改革は定員問題ではない

児相職員の業務と「働き方改革」　根底にある仮説の一つは、三〇年近い日本的「行政改革」の付けが全国二一〇か所余りの児童相談所の職員数にも影響してきたのではないかという命題であり、同時にこれが解決のための一本の補助線になる。[5]

児童相談所を管轄する厚生労働省は、二〇一九年四月から「働き方改革」（work style reform）の一環として新しい「働き方改革関連法」の趣旨を国民各層に作為的に説き始めた。働く立場での一般論からすれば、この改革内容は支持できるところが多い。なぜなら、「労働時間法制の見直し」として、健康管理の観点から、「働き過ぎ」を防ぎながら、「ワーク・ライフ・バランス」と「多様で柔軟な働き方」を実現しようとしているからである。

多様で柔軟な働き方

そのために、(1)残業時間の上限を規制して、原則月四五時間、年三六〇時間を上限とする、(2)「勤務時間インターバル」制度を導入する、(3)年五日の年次有給休暇の取得を、職場に義務づける、(4)月六〇時間を超える残業は、割増賃金を引き上げる、(5)労働時間の状況を客観的に把握するよう、職場に義務づける、(6)フレックスタイム制を拡充する、など盛り沢山な課題が並ぶ。[6]

すなわち「改革」(reform)として、休みを増やす、残業時間を減らす、年次有給休暇の取得率を上げるなど、「増減」を使いこなした正しい判断が組み込まれている。

これはもちろん外勤だけではなく、内勤も行う児相職員である児童福祉司にも当てはまるが、この観点は「働き方改革」を推進する厚生労働省に十分にあるのだろうか。一般論では作為的な「働き方改革」を主張しながら、救急病院や児相など人の命に直結する職場では例外扱いするようなことがあってはならない。「働き方改革」を行いつつ本来の業務をきちんとこなすように、財源を伴う「改革」を実行することが厚生労働省にも期待される。それを放置したまま、人手不足により現場で働く個人の過労を横目で見たままの無作為による負のコストを、救急病院の医師や看護師、あるいは児相職員に押し付けるだけでは普遍的な「改革」などは不可能であり、国民もこれを支持しない。なぜなら、そのような職業従事者の過労は周知の事実になってきたからである。[7]

行政改革は定員削減ではない

その成否は、現代日本における長年の通弊であった「行政改革＝定員削減」という勘違いの克服ができるかどうかにかかっている。[8] 確かに現段階では前記の(1)から(6)はいずれももっともな改革案だが、勘違いしたままの発想では、厚生労働省をはじめとする政府官庁、都道府県庁、市役所の部局、そして県庁や市役所の児童相談所、そして民間企業ですら、「働き方改革」の実行が絶望的に困難になる。

なぜなら、「行政改革」と称する「公務員減らし」の成果として、必要な行政部局にはあまりにも人手が少なくなったからである。これは過去三〇年にわたり行われてきた「行政改革＝定員削減」の負の成果といえるであろう。たとえば、一九九〇年代からの「定員削減」は依然として現在も進行形のようである。

一般行政職員数の推移　表5－2は、行政改革がいわれ始めた時代の政令指定都市における「人口一万人当たりの一般行政職員数」の推移である。データベースには各年度『都市データパック』（東洋経済新報社）を使い、そこに掲載してある「一般行政職員総数」を住民基本台帳記載の全人口数で割り、私が算出して、「人口一万人当たりの一般行政職員数」とした。そのために、表5－2では小・中学校教育職、高等学校教育職、技能労務職、警察職などは含まれていない。また、表5－3でも最近の政令指定都市の動向を押えているため、当時はまだ政令指定都市ではなかった都市には表5－2では★を付けている。

表5－2の詳細については（注）を参照していただくことにして、内容をまとめておこう。一九九九年度から二〇〇二年度を経由して二〇〇五年度までの「人口一万人当たりの一般行政職員数」の推移を見ると、札幌市から福岡市までの当時一一の政令指定都市すべてで、着実な減少が起きていることが分かる。たとえば札幌市では、三八・六人から三五・二人になり、三四・四人に減った。川崎市は五七・八人から四三・五人を経て四〇・九人まで落ち込んでいる。大阪市は一九九九年度の六三・三人が二〇〇五年度には五〇・七人にまで極端に低下した。その他の都市もまた同様であり、政府主導による総定

表５－２　政令指定都市の人口と「人口１万人当たりの一般行政職員数」の推移（1999，2002，2005年）

	(A)		(B)		(C)	
	1999年人口（人）	人口１万人当たり職員数(人)	2002年人口（人）	人口１万人当たり職員数(人)	2005年人口（人）	人口１万人当たり職員数(人)
札幌市	1,792,167	38.6	1,822,992	35.2	1,856,442	34.4
仙台市	971,291	46.6	986,713	36.7	997,199	34.9
さいたま市	★		★		1,164,898	34.8
千葉市	858,638	51.9	880,167	43.6	899,438	42.2
横浜市	3,351,612	36.9	3,433,612	31.0	3,518,095	30.1
川崎市	1,209,845	57.8	1,245,780	43.5	1,280,480	40.9
相模原市	★		600,386	34.4	650,490	35.2
新潟市	★		★		★	
静岡市	★		★		★	
浜松市	★		★		★	
名古屋市	2,096,778	48.1	2,109,681	38.9	2,130,983	38.0
京都市	1,388,786	43.9	1,387,264	39.9	1,392,072	39.3
大阪市	2,472,294	63.3	2,484,326	54.0	2,497,208	50.7
堺　市	★		★		★	
神戸市	1,453,731	58.4	1,478,380	48.4	1,493,841	44.0
岡山市	★		★		★	
広島市	1,102,808	58.9	1,113,786	45.2	1,135,647	42.9
北九州市	1,008,186	54.1	999,806	49.0	990,878	47.9
福岡市	1,270,725	44.8	1,302,454	41.5	1,336,666	40.1
熊本市	★		★		★	

（注）★印はこの段階では政令指定都市ではなかったことを意味する。
一般行政職員総数を全人口数で割り，「人口１万人当たりの職員数」とした。そのために，小・中学校教育職，高等学校教育職，技能労務職，警察職などは含まれていない。

（出典）（A）総人口数は1999年３月末の住民基本台帳，職員数は1998年４月１日の「一般行政職員」『都市データパック　2000年版』（東洋経済新報社）。
（B）総人口数は2002年３月末の住民基本台帳，職員数は2001年４月１日の「一般行政職員」『都市データパック　2003年版』（東洋経済新報社）。
（C）総人口数は2005年３月末の住民基本台帳，職員数は2004年４月１日の「一般行政職員」『都市データパック　2006年版』（東洋経済新報社）。

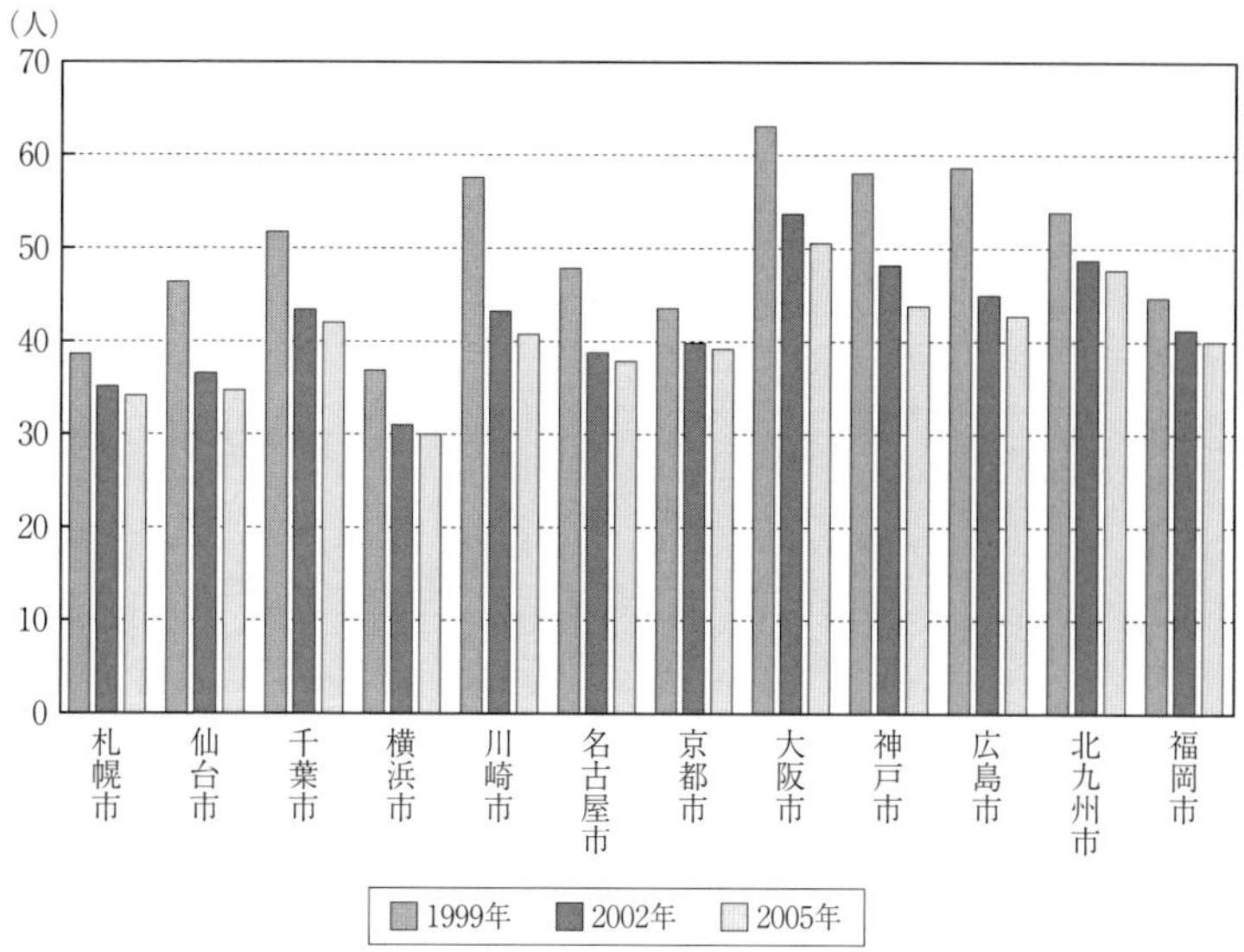

図５－１　政令指定都市の「人口１万人当たりの一般行政職員数」の推移（1999，2002，2005年）

員抑制が自治体でも効果を示し始めた時期であったことがうかがえる。もちろん児童相談所職員もこのなかに含まれていたはずである。

表５－２を図５－１のグラフにまとめ直すと、「一般行政職員数」の削減はもっと鮮明に読み取れると思われる。

市役所職員数の推移

次に表５－３では、政令指定都市の二〇一〇年と二〇一五年の国勢調査による人口数、人口千人当たりの市役所職員数（二〇〇九年と二〇一六年）の二時点比較を行った。データの質が表５－２と表５－３では異なるから注意が肝要である。この理由は今回データベースとした『都市データパック』の計算方法が違ったからである。表５－３の「人口千人当たりの市役所職員数」は一般行政職、教育職、警察職、公営企業関係

表5-3　政令指定都市の人口と「人口千人当たりの市役所職員数」の推移（2010年，2015年）

	2010年人口（万人）	人口千人当たり職員数(人)	2015年人口（万人）	人口千人当たり職員数(人)
札幌市	191.4	7.71	195.2	7.47
仙台市	104.6	9.49	108.2	8.99
さいたま市	122.3	7.68	126.4	7.27
千葉市	96.2	8.09	97.2	7.94
横浜市	369.0	7.65	372.5	7.62
川崎市	142.6	10.15	147.5	9.21
相模原市	71.6	6.59	72.1	6.64
新潟市	81.2	9.45	81.0	9.29
静岡市	71.6	8.99	70.5	8.49
浜松市	79.2	7.48	79.8	6.83
名古屋市	226.4	12.33	229.6	11.44
京都市	147.4	11.23	147.5	9.96
大阪市	266.6	15.82	269.1	12.34
堺　市	84.2	8.00	83.9	6.59
神戸市	154.5	10.98	153.7	9.71
岡山市	71.0	8.7	71.9	7.61
広島市	117.4	10.27	119.4	8.15
北九州市	97.7	9.15	96.1	8.62
福岡市	146.4	9.41	153.9	6.5
熊本市	73.4	9.11	74.1	8.72

（注）この「人口千人当たり職員数」は一般行政職，教育職，警察職，公営企業関係等を含む全職種の合計であり，この数を住民基本台帳人口で除して算出した。表5-2と表5-3ではデータの質が違うことに留意してほしい。

（出典）『都市データパック 2011年版』（東洋経済新報社）と『都市データパック 2017年版』（東洋経済新報社）。

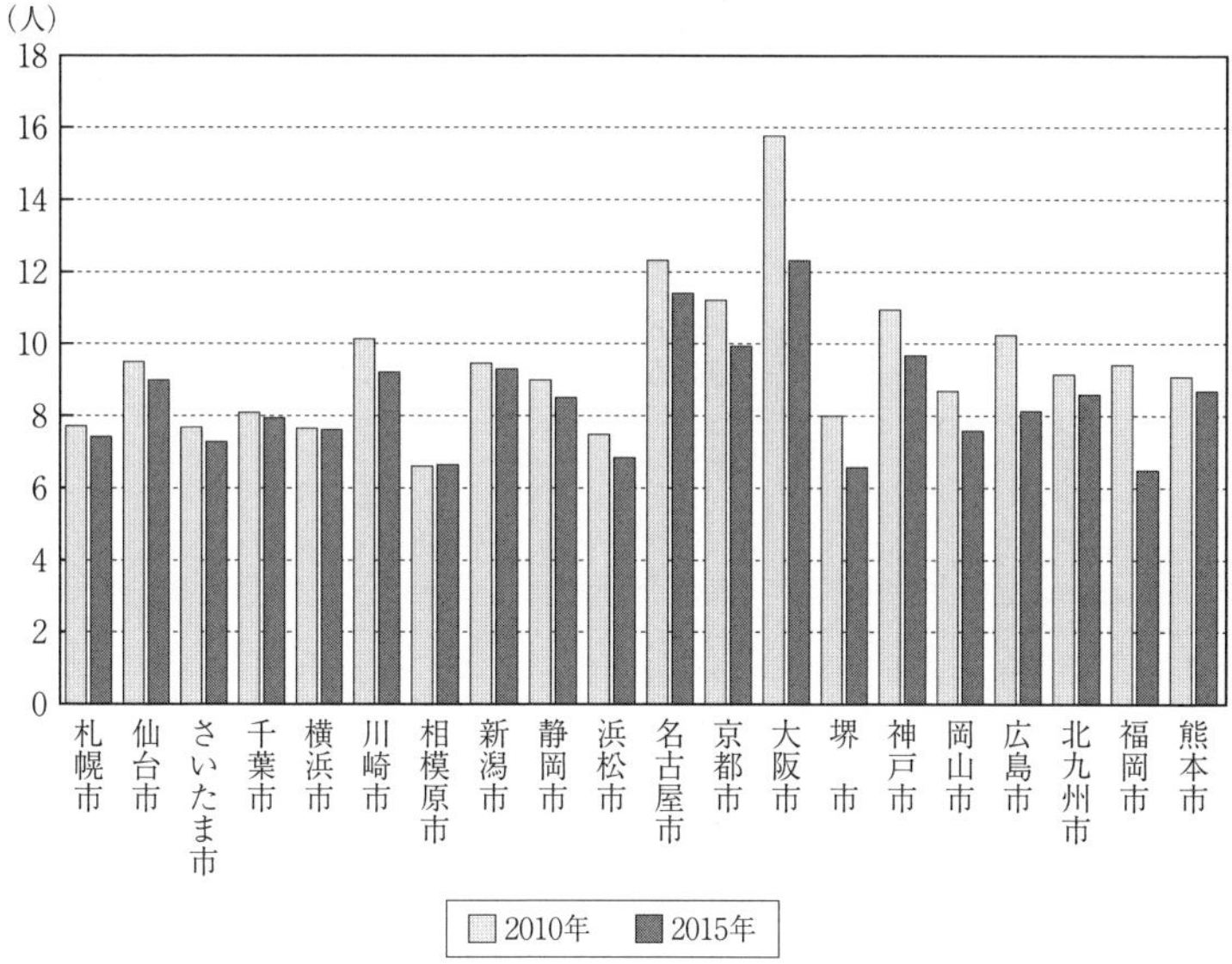

図5-2　政令指定都市の「人口千人当たりの市役所職員数」の推移（2010年，2015年）

等を含む全職種の合計であり、この数を住民基本台帳人口で除して算出した。表5-2と表5-3ではこのようにデータの質は違うが、その示す傾向は一貫している。

二時点間の七年だけの地方公務員数の推移を比較しても、「行政改革＝定員削減」という公式は今日までまだ健在のように思われる。同じく図5-2のグラフとして示せば、二〇一〇年度と二〇一五年度の「人口千人当たりの市役所職員数」減少もまた容易に理解可能になる。

まず、二回の国勢調査で人口減少を示した政令指定都市は、新潟市、静岡市、堺市、神戸市、北九州市の五市のみであり、残り一五市は日本社会全体が人口減少する中で、周辺地域からの人口吸収により増加を示した。

しかし注目したいことは、「人口千人当たりの市役所職員数」では、相模原市の六・五九人が六・六四人に微増した以外の一九政令指定都市では、軒並みそれが低下したという事実である。人口増加が認められた一五の政令指定都市すべてでも、「人口千人当たりの市役所職員数」が七年間で減少したことは、それだけ定員削減による行政サービスもまた低下したことの傍証にはなるであろう。児童相談所職員もまたこの例外には含まれてこなかった。ただし、派遣や任期付きなどの「非正規雇用」の人数は現状のデータでは不明であり、表5-3ではその判別ができない。

以上の二つの簡単なデータによる三時点と二時点における比較研究でも、自治体レベルでも住民当たりの職員数の実質的削減が見事に進んできた事実が浮かび上がった。二〇〇三年以降の児童虐待死の統計の背後に、事案に直接向き合い担当できる児童福祉司など専門職員の連続的削減が存在するという仮説を改めて提示しておきたい。

「行政改革」をめぐる国語辞典の差異

『広辞苑』(岩波書店)ですら「行政改革は主として合理化・簡素化や定員削減を行い、行政の効率化と行政費用の抑制を図ること」(第五版一九九八年、第六版、二〇〇八年)と解説するくらいに、「公務員減らし」は日本語のなかにも定着してきた。

ちなみに手元にある『広辞苑』の初版(一九五五年)、第二版(一九六九年)、第四版(一九九一年)ではいずれも「行政改革」は項目として存在せず、見出しにもない。この点では、日本の英和辞典も同じようであり、総収録項目二六万を超える『新英和大辞典』(研究社　第六版二〇〇二年)では取り上げられてはいない。「社会改革」(social reform)、「税制改革」(tax reform)、「教育改革」(educational reform)は掲載されているが、「行政改革」(administrative reform)はない。また、総収録項目三六万を収めた『グランドコンサイス英和辞典』(三省堂、初版二〇〇四年)でも同様に、「行政改革」(administrative reform)は収録されてはいなかった。

『広辞苑』が「行政改革」を項目として独立させたのは第五版からだが、「行政改革」なのだから「定員削減」だけではなく、「定員増」もあり得ることへの配慮が絶無であった。これは『広辞苑』辞書編集者の単なる不注意による結果か、政府やマスコミによる「行政改革」の狙いが「定員減らし」にあったので、それをそのまま無批判に使ったのか。

行政改革は組織機能の効率化

なぜなら、「行政改革」の項目がない『広辞苑』（第四版一九九一年）と同じ頃に出た大型辞書『日本語大辞典』（講談社　初版一九八九年）では、「行政改革」がすでに独立しており、そこでの説明は、「膨張した行政の組織と機能を再調整し、組織と権限の統廃合による簡素化・効率化をはかること」とされていたからである。通常の理解でも、「改革」は「定員削減」だけを意味するのではなく、「再調整」された機能次第では組織の「定員増」もまた同時にあり得るであろう。この増減を視野に含んでこそ現代国語辞典になる。

その他たとえば『大辞泉』（小学館、第二版二〇一二年）では「組織の簡素合理化、事務の効率化、職員数や給与の適正化」とされていて、現在でも「定員削減」は使われていない。また、小型の国語辞典でも取り上げ方にばらつきがあり、『新明解国語辞典』（三省堂、第七版二〇一七年）では「行政改革」が独立していないが、『学研現代新国語辞典』（改訂第三版第三刷二〇〇四年）では、「時代の流れにそって能率よく働けるように、行政制度や運用を改めること」という中庸の解説になっている。「改革」なのだから、「効率化」「適正化」「改めること」は正しいが、その手段には「定員削減」もあれば「定員増」もまたありえる。

「意図せざる効果」としての非効率化

その意味で、政府主導の「行政改革」は、『広辞苑』と同じく「定員削減」の意図が明瞭で作為的であった。たとえば二五年かけて行われた「定員削減」により、国立大学をはじめ行政組織でも効率化の行き過ぎによる本来の機能が低下して、各種の機能不全が生み出された。すなわち定員削減による非効率化が各方面で顕著になってきた。これは社会学でいう「意図せざる効果」(unintended effect) の典型例として理解しておきたい(9)。

国立大学が法人化する前から、教員は教育研究以外の雑多な文書書きや無駄な会議が多く、本来の研究成果が出しにくい状況が三〇年以上続いている。文科省は大学の世界ランキングの上位に日本の大学が登場するのをよしとするようだが、三〇年に及ぶ定員削減の結果、大学内もまた効率化とは逆に適正な教育研究機能を発揮できないようになってきた。

私が一九八四年から二〇一四年まで勤務した北海道大学文学部・文学研究科の社会学(社会システム科学)関連講座では、当初は教員が六名、助手が三名、講座事務官が一名であったが、二〇年間で教員五名、助手ゼロ、事務官ゼロになってしまった。さらに学生定員は変わらず、大学院生定員は倍増したのに、教員定数は近々四名に減員されるようである。文部科学省はもとより与野党問わず国会議員の見識を疑うに十分な事実であろう。これは「行政改革＝定員削減」の負の断面の一つであるが、国立大学法人のみにそれが顕著になったわけではない。

公的業務従事者も削減

先ほどの政令指定都市における「人口千人当たりの市役所職員数」はいわば公務員だけの母集団であったが、行政が委嘱する公的業務に携わる人間もはっきりと少なくなっている。たとえば、『社会生活統計指標』で継続的にデータを掲載されてきた「知的障害者相談員

表５－４　人口10万人当たりの知的障害者相談員数と身体障害者相談員数

年　度	知的障害者相談員数（人）（人口10万人当たり）	身体障害者相談員数（人）（人口10万人当たり）
1995	3.91	9.3
1998	3.73	9.4
2000	3.61	9.1
2005	3.30	8.1
2008	2.98	6.9

（出典）総務省統計局『社会生活統計指標　都道府県の指標』2000年・2010年版。

数」（人口一〇万人当たり）と「身体障害者相談員数」（人口一〇万人当たり）の動向を見てみよう。ただし管見の限りではこの二種のデータはなぜか二〇一三年版以降の『社会生活統計指標』には見当たらない。以下の解説は二〇一〇年度版『社会生活統計指標』の巻末資料による。

知的障害者相談員数とは、知的障害者福祉法第一五条の二に基づく知的障害者相談員の数をいう。相談員は、知的障害者の家庭における養育、生活等に関する相談に応じ、必要な指導、助言、施設入所、就学、就職等について関係機関への連絡、また知的障害者に対する援護思想の普及に努めるなどの業務を行っている。人格識見、社会的信望、知的障害者の福祉増進に熱意を有する者で、原則として、知的障害者の保護者のうちから適当と認められる者に委嘱される。公務員ではないが、それに準じる公務労働を行う。

また、身体障害者相談員数とは、身体障害者福祉法に基づく身体障害者相談員の数をいう。相談員は、都道府県知事から身体に障害のある者の福祉の増進を図るため、身体障害者の相談に応じ更生のために必要な援助を行うことを委託された者で、社会的信望があり、身体障害者の更生援護に熱意と識見を有する者とされる。

どちらも法的には公務員ではないが、行政改革が本格的に始まった一九九五年あたりから、人口一〇万人当たりの相談員数が漸減し始めている（表5－4）。ちなみに知的障害者数も身体障害者数も全体としては減少したわけではなく、むしろ増加している。その反面で、人口一〇万人当たりの相談員数が減少しているという傾向は、「定員削減」の効果でしかない。一三年間に人口一〇万人当たり知的障害者相談員数が三・九一人から二・九八人へと減少した。しかし、身体障害者相談員数の減り方はもっと激しく、九・三人が六・九人まで急減したのである。

これは、委託者である都道府県知事が身体障害者相談員を不要と考えたからというよりも、政府主導の総定員の抑制という行政改革に合わせた形で定員削減を進めた結果と見ておきたい。なぜなら、選挙に際しては、国会議員も知事も市町村長でも福祉削減を公約に掲げることは皆無であり、建前だけでも福祉の充実を叫んできたという歴史的事実があるからである。

しかし結果としては、いくつかの表で示したように、「定員削減」は福祉分野でも着実に進められてきたのである。その延長線上に、今日の児童相談所児童福祉司の「定員未満」も位置づけておきたい。

3　児童相談所の定員未満問題

児童相談所職員の業務量の多さ

全国二一〇か所あまりの児童相談所職員、とりわけ児童福祉司の抱える業務量の多さは、全国の自治体首長はもとより児相関係者でも周知されている。虐待死が発生すると、必ず児相の対応の遅れ、見逃し、非介入などが取り沙汰されて、多くは批判の対象となる。二〇一九年六月の札幌市児相の対応にも、二〇一八年三月（公表は六月）の目黒区の結愛ちゃん事件や二〇一九年一月の野田市の心愛ちゃん事件でも、地区的に担当する児相の対応ミスについては各方面から批判や非難が集まっていて、私も同感するところがある。ただし、「四八時間ルール」の不徹底などの批判や非難をするにしても、その仕事量の多さについても比較の方法により正確な認識をしておきたい(10)。

表5‐5によれば、札幌市の二〇一五年度の養護相談件数だけでも三三四六件であり、この時点で札幌市の児童福祉司は四二人であったから、一人当たりの受け持ち件数は八〇件になる。なお、二〇一六年度の札幌市では養護相談件数が三四五一件に増えたが、児童福祉司も四三人になったので、一人当たりの受け持ち件数は前年度の八〇件と変わらなかった。

異常な受け持ち件数

政令指定都市の中では、最初からの政令指定都市である人口約一五〇万人の福岡市の一人当たりの受け持ち件数一一〇件を筆頭に、人口一〇〇万人の北九州市の八七・九件や一九五万人の札幌市の八〇件が特に際立つ。一方、新しい政令指定都市のうち浜松市の二一・〇件や熊本市の二八・二件の少なさが鮮明である。どちらも総人口が七〇万人台であった。

表5‐5における政令指定都市の児童福祉司総数は七五二人であり、養護相談件数は四万四二〇六件であったから、一人当たりの受け持ち件数平均は五八・八件となる。全体としてこれはやはり多いといわざるを得ない。なぜなら月間二〇日の勤務ならば、毎日三人に面会することになり、不可能に近いからである。

事情はかなり異なるが、アメリカ児童福祉連盟が打ち出している「職員一人当たりの担当する子ども

表5－5　2015年度政令指定都市の養護相談件数と児童福祉司の数

	一人当たりの受け持ち件数	児童福祉司(人)	養護相談件数
札幌市	80.0	42	3346
仙台市	82.6	19	1570
さいたま市	60.3	35	2110
千葉市	59.3	22	1305
横浜市	60.5	85	5141
川崎市	45.8	45	2059
相模原市	62.3	18	1122
新潟市	64.5	17	1096
静岡市	51.7	17	879
浜松市	21.0	26	546
名古屋市	42.5	94	3992
京都市	38.3	57	2181
大阪市	65.9	113	7450
堺　市	65.6	28	1836
神戸市	35.5	39	1384
岡山市	37.9	21	795
広島市	65.0	25	1625
北九州市	87.9	17	1495
福岡市	110.0	32	3512
熊本市	28.2	27	762

(出典) 札幌市『第2次札幌市児童相談体制強化プラン』2017年。

件数を一二～一五家族」に制限する基準も紹介されてはいるが、場合によってはその二倍、三倍、四倍にもなるという（ドワイヤー、二〇一一＝二〇一七：一〇三八）。

したがって、政令指定都市のうちで養護相談件数だけを取り出しても、浜松市と熊本市を除く一八の都市の児相では、一人の児童福祉司能力の限界を超えた受け持ち人数であると考えられる。なお、受け持ち件数八〇件以上は二〇の政令指定都市のうちで福岡市、北九州市、仙台市、札幌市のみであったので、全体として札幌市の児童福祉司の業務量は特に多く、多忙な日常が想定される。

この定員問題解決のために、もっと多くの社会資源の投入は可能か。二〇一五年度養護相談三三四六件数のなかで虐待相談は一四八〇件（四四・二％）が該当し、二〇一六年度では三四五一件中一七九八件（五二・一％）になり、虐待相談件数は養護相談件数の過半数を占めた（札幌市児童相談所、二〇一八：五七）。

児童相談所の相談業務件数

この傾向は他の政令指定都市でも近似的なのだが、児相の相談業務にはこれ以外にも、障害相談、非行相談、育成相談などがある。これらを合計すれば、二〇一五年度の札幌市「相談種別受理件数」は、実に六五七四件となる。したがって三三四六件の「養護相談件数」が全体の相談件数に占める比率は五〇・九％になり、「児童虐待相談件数」だけを取り出せば全体の二二・五％になった。これは多いか少ないか。

全体として見ると、身体的虐待、ネグレクトなど四種類の児童虐待相談件数も増加はしているが、急上昇した正確な理由は別にある。すなわち、既述のように二〇一三年度から子どもがいる家庭でのＤＶでは、子どもの数だけの心理的虐待も発生したと数えるという警察の作為的な統計手法の改変が指摘で

表5-6　札幌市の児童虐待相談件数の推移

年　度	2010	2011	2012	2013	2014	2015	2016	2017	2018
児童相談件数	7150	7192	7024	7720	8674	9360	9321	9859	10761
(A)児童虐待分	686	869	699	653	1391	1640	2030	2092	2117
(%)	9.6	12.1	10.0	8.5	16.0	17.5	21.8	21.2	19.7
(B)児童虐待分					855	954	1214	1159	1214
(%)					9.9	10.2	13.0	11.8	11.3

(注) (A)児童虐待分のうち2014年度からの分は，警察庁の指示による「DV」件数を「心理的虐待」件数に入れた統計。
(B)児童虐待分のうち2014年度からの分も，従来方式の方法でまとめた統計。
(出典) 札幌市子ども未来局児童相談所。

きる。すなわち、DVが一度あったとして、そこに一八歳未満の児童が二人いれば、心理的虐待が二件とされるような統計手法への変更をこれは意味する（金子、二〇一八a：二〇一八b）。

この結果、二〇一四年度からそれまでは三割程度であった心理的虐待件数が大幅に増加して、全国的にも政令指定都市だけを取り出しても、心理的虐待件数が六割近い比率を示すに至った。札幌市での二〇〇六年度から二〇一七年度までの推移は別に指摘したことがある（金子、二〇一八c）。

DV事案に関して警察で調書が作られ、それが文書で児相に送られて、心理的虐待として認定される。この対応もまた、児相の職員の仕事になるが、その分だけ外勤や訪問面談の時間が奪われる。二〇一四年以降の警察担当者は、この事実にどこまで気が付いているのだろうか。

DVを心理的虐待に算入した功罪

表5-6では、札幌市児童相談所で行われてきた通常の集計方法と二〇一三年度からの改変された集計方法を比較した。なお図5-3は、それを折れ線グラフ化したものである。このうち「(A)児童虐待分」が二〇一三年の警察庁指示により二〇一四年度以降の変化を反映した

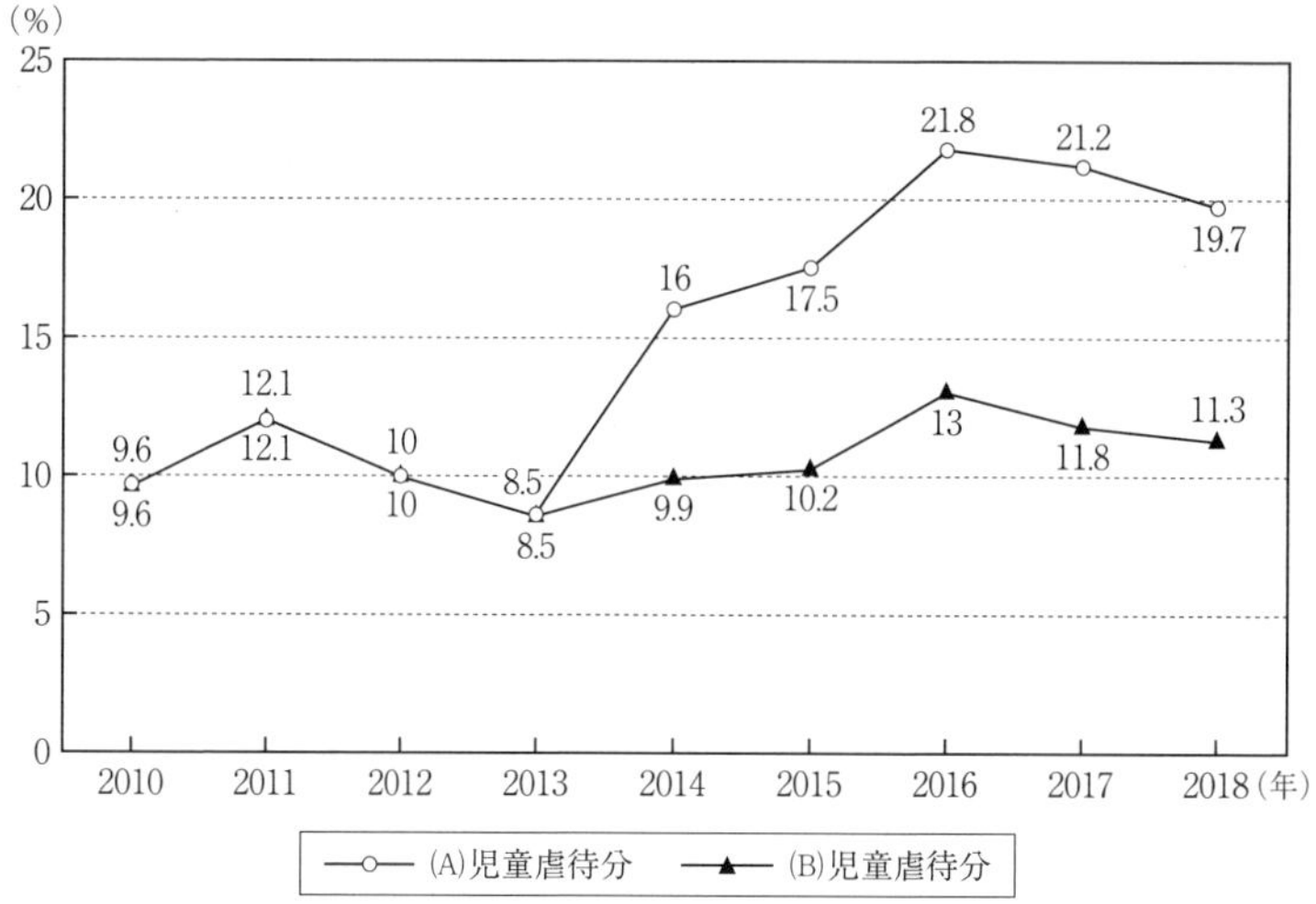

図5-3　札幌市の児童虐待相談比率の推移

（注）(A)児童虐待分のうち2014年度からの分は，警察庁の指示による「DV」件数を「心理的虐待」件数に入れた統計。
(B)児童虐待分のうち2014年度からの分も，従来方式の方法でまとめた統計。
（出典）札幌市子ども未来局児童相談所。グラフは金子が作成。

データである。

二〇一四年度以降の札幌市では虐待相談件数が毎年増加していて、平均でも二〇%前後に達している。何も知らなければ札幌市では児童虐待者が増大した印象を受けるが、しかしこれは完全な統計的誤謬である。実際には二〇一三年度までと同じ方式での統計が「(B)児童虐待分」であり、こちらでは毎年の比率は今日までほぼ一〇%前後で推移してきた。そしてこちらが時系列的な傾向を把握して、札幌独自の対応にも有効なデータになっている。

児童虐待相談件数の伸びも四三人の児童福祉司が吸収しているとすれば、一人当たりの受け持ち件数は一五七件になり、二〇一九年六月六日以降札幌の二歳児虐待死関連で新聞が連日報じる百数十件は正しい情報といえる。そして、ほとんどの政令指定都市でも似たような状態にあるから、一人当たりの「養護相談件数」の二倍が全体としての受け持ち人数になるとほぼ仮定してよい。したがって、札幌の八〇人は実際のところは約一六〇人になるという具合である。

多忙な児相職員

また、社会保障審議会『第一四次報告』(二〇一八年)では、「平成二八年度に把握した心中以外の虐待死事例が発生した地域における児童相談所の当該事例担当職員の平成二八年度の受け持ち事例数は、『二〇一～一五〇件』が一四例(二八・六%)と最も多く、平均事例数は一二九・七件であった」(同:一一五)とまとめられている。そのなかの「虐待相談件数」を取り出せば、受け持ち件数の平均が八〇・八件であった(同:一一六)。要するに、多忙さはどこの児相職員でも変わらないということである。

このような事実はすでに一〇年前に指摘されていた。「いま児童相談所の児童福祉司一人が抱えているケースは、だいたい一〇〇件ぐらいだと言われています」(川崎、二〇一一:一六二)という現状を、当時からの厚生労働大臣や事務次官や局長は知っていたか。知っていて何かの策を講じたのか。

「働き方改革」などできない

このような状況下で、「働き方改革」に準じて札幌市児相の児童福祉司が土日を休み、仮に毎月二〇日間働くとして、「養護相談件数」も含むすべての相談業務件数一五七件の関係者に月に一度面会・面談すれば、毎日八人を相手にすることになる。市内全域に散らばった対象者宅をどのように巡回するのか。徒歩ではなくクルマによる移動でも、一五七件という数をこなすのは全く不可能であろう。この数の多さは、自動車販売、保険の勧誘、新聞の勧誘、NHKの受信料契約、デパートの外商、食品や学習教材訪問セールスなど職種を問わず営業担当であれば、たちまち理解されるはずである。

「個別ケース検討会議」

さらに児童福祉司は、これら外勤とは別に、適宜開かれる内勤の「個別ケース検討会議」への参加と説明が求められる。二〇一八年三月に公刊された『児童虐待防止ハンドブック』（札幌市児童相談所）では、五段階の会議の進め方が紹介されている（同：一九）。(1)導入、(2)情報の共有、(3)課題の明確化、(4)対応と役割分担、(5)今後の支援の確認がそれである。[11] 会議では児童福祉司が説明資料を用意して、報告して、課題を明らかにし、リスク軽減の優先順位を決めて、誰が何をするかの役割を確認する作業は短時間で終了するとは思われない。

ちなみに、社会保障審議会の『第一四次報告』では、「要対協」の「進行管理会議」における平均検討事例は一一〇例を超えていて、会議の平均時間は三時間程度なので、一事例につき一・六分の検討時間しかなく、「本来の会議目的を果たしきれていない」（同：一〇五）との反省がある。[12]

この流れの中で、「働き方改革」を主導する厚生労働省は、現状の児相職員にどのような「働き方改革」を期待しているのだろうか。もとより長時間労働は避ける方向にあるから、今回の札幌の児童虐待死事案で、一部のマスコミや一般の声として批判が集まる「児相職員は日勤」（六月の児童虐待死を受けての記者会見で、札幌市児相所長の説明）を実際のところどう判断すればいいか。

いい換えれば、現在の児相で厚労省が指導するような作為的な「働き方改革」をするには、何をどうすればいいか。ある意味で、その答えは簡単であり、「日勤」が批判されるなら、児相の職員は土日や夜間の対応が可能なように人数を調整した三交代制にして、全国の児相がそれだけの専門職員を少しずつ増やせば済むことである。これもまた一〇年前に「三交代でことに当れるよう、単純に計算して職員を現在の三倍する以外に方法はない」（川崎、二〇一一：一六四）といわれていた。
この常識を前提にして、二〇年に及ぶ「行政改革＝定員削減＝公務員減らし」を先導してきたマスコミや政府与党野党そして国民の大半もまた心から反省したうえで、制度改革を開始したい。すなわち「定員削減」を明記した『広辞苑』とは逆に、「行政改革とは効率化のために必要な定員の増加もある」と決断すればよい。

「四八時間ルール」も困難

このような思考を抜きにして、多くの識者が札幌の虐待死事件で強調した「四八時間以内に安全確認を行い確認できない場合には立ち入り調査を行う」は、それほど簡単な業務ではない。一方で「働き方改革」を主導する厚生労働大臣や局長は、土日の勤務も夜間の残業時間も大幅に増える「臨検」を、「働き方改革」の観点からどのように把握しているのかを国民の前にまず明言することである。「臨検」（official inspection）とは注意深く念入りに厳密に調べることであるから、時間がかかる。この観点で、どの程度の増員が必要であるかの私案をそれぞれが公表することにより打開のための議論が進むであろう。

4　児童相談所への通告と介入

少ない虐待通告件数

このように現代日本における児童福祉司の絶対数が少ない現況で、実際に児童虐待死に結びつくような通告数はどれくらいあるのだろうか。社会保障審議会児童部会による過去一一年分の六一三件のデータを見ると、興味深い事実に遭遇する。

表５－７から、現実に発生した児童虐待死でさえも「虐待通告なし」が七五％を超えていて、死亡に至った事件の発生以前になされた「通告あり」はわずか二一％にすぎないことが分かる。しかも、児童相談所への通告は全体の一五％に止まっていた⒀。

この結果は、児相が児童虐待死事件の全てを事前に把握していたのではないことを教えてくれる。虐待死事件に際していわれる「社会の力で虐待を食い止める」は正しいが、それは幻影にすぎない。なぜなら、児相がすべての虐待死事故において関与する力量はないからである。

表５－７　児童虐待死の虐待通告の有無と通告先

（％）

1. 通告なし		76.2
2. 通告あり		21.2
	①児童相談所	15.0
	②市町村	5.4
	③その他	0.8
3. 不明		2.6

（出典）社会保障審議会児童部会児童虐待等要保護事例の検証に関する専門委員会『第14次報告』から。「第３次報告」から「第14次報告」までの合計（613件）。

事例収集から分析へ　一般的にいえば、「科学は、諸物を適切に表現する概念を要求する」（デュルケム、一八九五＝一九七八：一一四）。対象とした社会的事実を判断するには客観的な指標が望ましいが、たとえば医学の世界でも、レントゲン写真や血液検査結果そのものは医学ではない。事例や資料からその内容を読み取り、解読する力量こそが科学の領域になる。

ただし科学は、「諸原因からどのようにその諸結果が生じるかを教えることができるが、いかなる目的が追求されるべきかについては語ることができない」（同右：一二二）。これはもちろん真理であり、事実の観察から、原因と結果、事実間の相関や因果関係を解明はするが、どうしたらよいかという指針を直接与えることはない。それは社会的事実を取り扱った研究者による判断しかありえない。私もまたこの線に沿っていくつかの判断をすることになるが、むしろ児童虐待死の予防は、児童相談所の活動だけではきわめて困難な現実を日本国民はどう考えるのか。この予防のために、社会全体からの「社会の力」を得るには何をすればよいかという国民共通の問題に転換することになる。

それには、児相とともに虐待家族を取り巻く親族、地域社会、学校、警察などの事前介入（prevention）、同時介入（intervention）、事後介入（postvention）の可能性を模索する必要性がどうしても生じる。そこにも社会学者の出番は多い。

札幌市の場合では、一〇区の区役所すべてに児童相談担当者が三名常駐しているから、仮にそこに通告があったら、速やかに一か所の児相と区役所の児相担当が通告内容を共有できる。そこで児相へは一五%ではなく一一年間の平均のように二一%の通告があったとして、現在の札幌児相における児童福祉司の受け持ち数は一五七人であったから、通告ありがもっと増えれば、受け持ち数も増加する。『第一四次報告』を精査するまでは、私も児童相談所への児童虐待死関連の通告数はもっと多いはずだと勘違いをしていた。

児相介入には通告が前提

一般論からすれば、児相や地域社会、学校、警察による虐待家庭への事前介入や同時介入にとっては、児童虐待ありという通告こそが前提になる。なぜなら、通常の家庭生活は市役所をはじめ各種の行政機関や民間機関からは覗けないからである。そしてそれはきわめて正常なことである。

そのために、子どもの泣き声、悲鳴、あざ、けが、マンションベランダへの放置、通園しない、コンビニでの菓子パンの盗み、通学しないさせないというような個別状況を誰かが発見して児相や警察に通報して、それは初めて事案となる。しかし平均的な児相通告比率はわずか二一％であり、残りの七六％あまりは他者の目線が欠落した状態に置かれており、虐待死が発生することを意味している。この事実のもつ意味は虐待家族だけではなく、それを取り巻く地域社会や社会全体の側にとっても大きい(14)。

もう一つの心中虐待死のケース（三六一件）では、児童相談所への通告はさらに減少する。表5－8から「虐待通告なし」が八五％を超えて、「通告あり」をはるかに凌駕していることが分かる。さらに児童相談所への通告はわずか五・五％しかない。これでは児童相談所が心中虐待死防止のために事前介入を行うことは不可能である。警察も含めて、心中しそうな虐待家族を取り巻く親族、地域社会、学校などの事前介入と同時介入の可能性を探せるかどうかに、今後の予防活動の柱もあるのではないか。

表5－7と表5－8から、児童相談所への虐待通告がない場合が圧倒的に多いことが分かった。通告がなければ、児相も虐待の事実を把握できないから、結局はその家庭における児童虐待死の阻止に関与することもできない(15)。

表5－8　親子心中虐待死の虐待通告の有無と通告先

（％）

1. 通告なし	85.6
2. 通告あり	10.2
①児童相談所	5.5
②市町村	3.6
③その他	1.1
3. 不明	4.2

（出典）社会保障審議会児童部会児童虐待等要保護事例の検証に関する専門委員会『第14次報告』から。「第3次報告」から「第14次報告」までの合計（361件）。

虐待死への児相の関与

図5－4は統計が取られ始めてから一四年間の六八五件の「心中以外の虐待死」に、児相による関与の有無をまとめたものである。「関与あり」が二四・七％、「関与なし」が七三・六％というデータは、表5－7の「通告あり」二一・二％、「通告なし」の七六・二％とほぼ整合する。これもまた蓄積された統計から

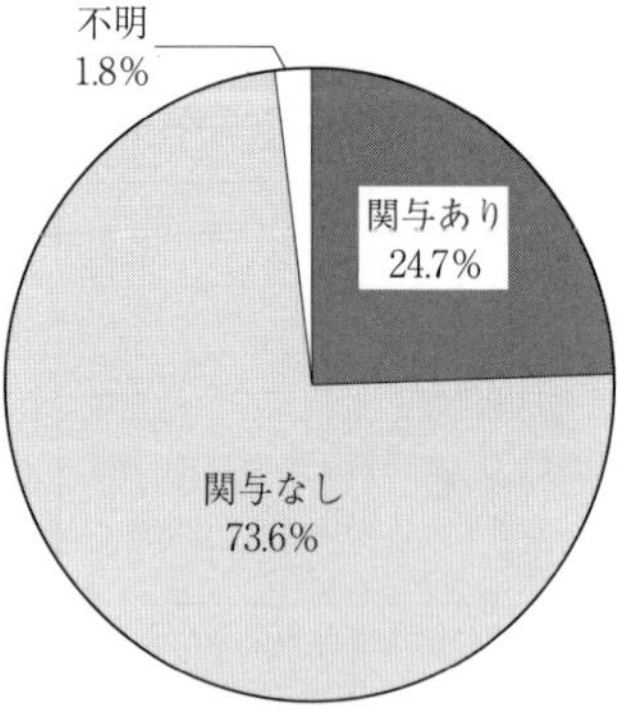

図5-4　児童相談所の関与の有無
（虐待死）

（出典）社会保障審議会児童部会児童虐待等要保護事例の検証に関する専門委員会『第14次報告』から。「第1次報告」から「第14次報告」までの合計（685件）。グラフは金子が作成。

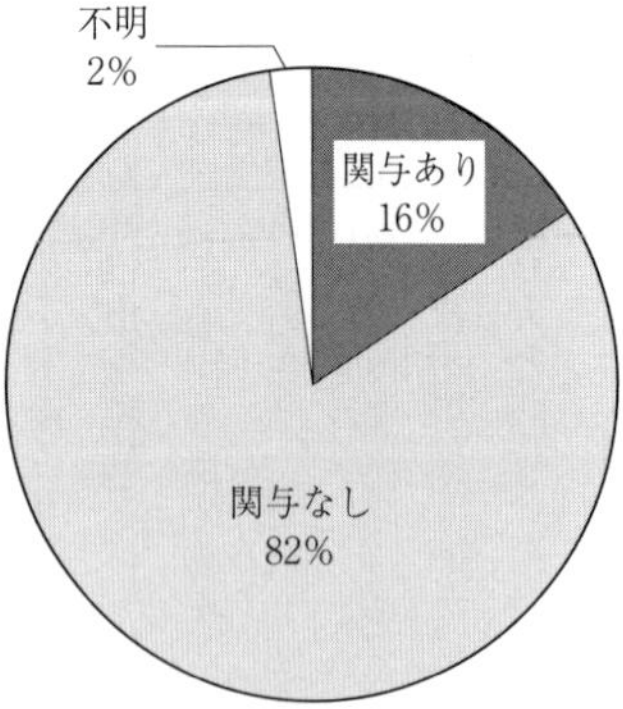

図5-5　児童相談所の関与の有無
（心中による虐待死）

（出典）社会保障審議会児童部会児童虐待等要保護事例の検証に関する専門委員会『第14次報告』から。「第1次報告」から「第14次報告」までの合計（372件）。

学べるし、過去からの正確なデータの蓄積の重要性を教えてくれる。

また、図5-5の「心中による虐待死」でも児相による「関与あり」が一六%、「関与なし」が八二%であったが、これらも表5-8の「通告あり」一〇・二%、「通告なし」八五・六%と合致する傾向にある。親がわが子を殺して自らも死を選ぶという親子心中は、決して江戸時代の近松門左衛門の世界だけに完結しているのではない。

要するに過去一四年間の統計のまとめからは、虐待通告があれば児相はほぼその事案に対処してきたが、なければ対処できない。すなわち「関与なし」にならざるを得なかったことが読み取れる。その意味で、二五%程度しか虐待通告がなされない現状で、通告があった二〇一八年三月まで目黒区の結愛ちゃん事件での香川県児相と品川区児相、二〇一九年一月まで野田市の心愛ちゃん事件での千葉県児相、二〇一九年六月まで詩梨ちゃん事件での札幌市児相などの不十分な対処の数々に批判と非難が集まることは仕方がない。

七六％が児相に通告されない現状で、前記の三件はかなり早い時期から児相への通告があったにもかかわらず、三人の子どもの命が救えなかった。そこには過去二〇年以上にわたる「行政改革＝定員削減」がらみの現場における決定的な人手不足、二〇一四年度からＤＶを心理的虐待に強制的に算入させて、児相の業務をわざわざ肥大化させた警察庁の見通しの甘さ、虐待家族に身近な親族の非関与など、ここでいう「補助線」の共通因子を、未来ある幼子の命を奪った原因の一端として位置づけておきたい。

一般的にいえば、近隣や学校などからの「虐待通報」のうち、通報者の勘違いや誤った通報も少なくない。いわば玉石混交の情報なのであるが、石であってもそれにより児童の命が救えるかもしれないところから、積極的な通報が期待されている。ただしここでも、それを精査する仕事も児相にあり、業務のなかでは大きな比重を占めるという難題は変わらない。だからこそ必要な増員でもある。

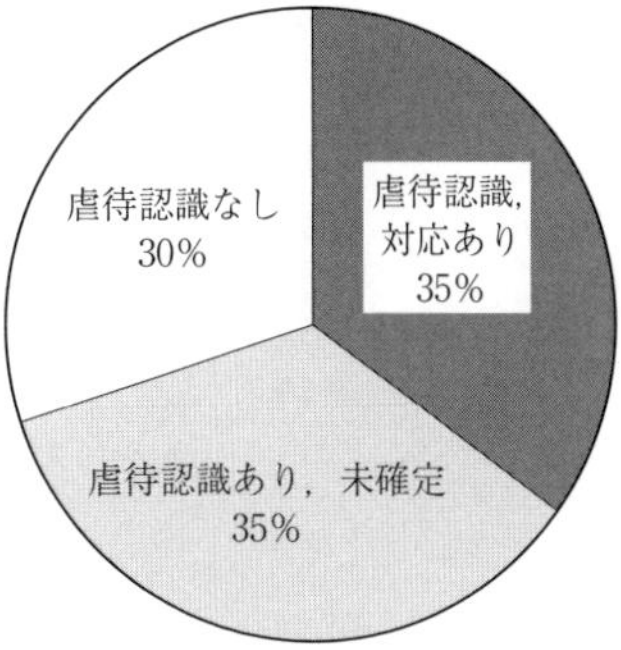

図５－６　児童相談所の虐待認識（虐待死）

（出典）社会保障審議会児童部会児童虐待等要保護事例の検証に関する専門委員会『第14次報告』から。「第３次報告」から「第14次報告」までの合計（143件）。

虐待認識と対応は通告の三五％

図５－６は過去一一年分一四三件についてのまとめであるが、児相への通報により「虐待認識が得られ、対応が開始される」事案は三五％であった。一方で「虐待ではない」とされた通報も三〇％あり、中間の三五％が「虐待の可能性を認識していたが、対応は未確

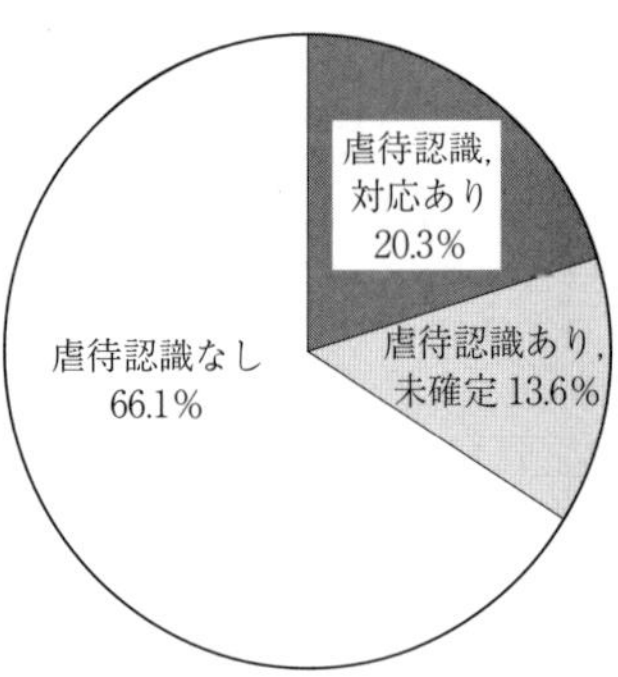

図5－7　児童相談所の虐待認識
（心中による虐待死）

（出典）社会保障審議会児童部会児童虐待等要保護事例の検証に関する専門委員会『第14次報告』から。「第３次報告」から「第14次報告」までの合計（N＝59）。

定」であった。すなわち、このようにほぼ三等分の実績が積み上げられてきている。したがって、通報者もまた「せっかく通報しても、児相はなにもしない」という感想を七割程度が抱くことになり、「それならもうしない」という態度決定に進むことが予想される。

社会全体でわずか七％の対応

電話による児童虐待相談の「正常通告率」が二〇％として、そのうちの三五％しか虐待認識と対応がなされていないのであれば、かりに日本社会全体の児童虐待に関しては、わずか七％（0.2×0.35＝0.07）しか児童相談所は関与していないことになる。それがマスコミ経由で国民に知らされる比率はもっと少ない。

このままでよいという判断もあり得る。逆にそれならば通告率を上げて、児童相談所の児童福祉司を増員して、もっと迅速な対応をしようという選択肢もある。虐待通告が二一％のなかで、児相でそれを「虐待認識、対応あり」とする比率が三五％でも、札幌では一人当たり受け持ち人数が一五七人に上る児童福祉司の業務は限界を超えてきた。虐待通告が増え、「虐待認識、対応あり」の比率が今よりも上がれば、もっと児童福祉司の業務は膨大になる。そこではとても伝統的な「行政改革＝定員削減」の公式が使えるとは思われない。

この傾向は「心中による虐待死」ではさらに顕著になり、図５－７に見るように、「虐待認識、対応あり」は二〇・三％に止まり、「虐待認識なし」が六六・一％になっている。心中原因の多くは生活基盤の不安定や将来設計への不安であり、それぞれに異なる事情があることから、家族の外部からはうかがえないところが多い。もちろん児童相談所だけでの積極的対応には限界がある。ここにも心中家族を取り巻く親族、友人、地域社会の協力が望まれるのではないか。

見直したい補助線

以上、今後の児童虐待死を減らすための緊急補助線として、「行政改革＝定員削減」の見直し、「働き方改革」に合わせた救急病院の医師や看護師などの増員、あわせて児童相談所の児童福祉司をはじめとする職員の増加、虐待通告数の増加の工夫とその対応の仕方の問題などを概観した。

社会学の良さは制度の変更、創設への提言が可能なところにある。国民全体で緊急な対応を迫られた今日の児童虐待死問題解決のためには、子育て全般に関わる社会資源すべての活用は当然だが、ここで示したのは本論というよりもその前提となる補助線であり、「未来形で物事を考え」る（クーンツ、前掲書：二六八）議論のきっかけとなるにすぎないものである。

注

（1）児童虐待死を受けて市長がその検証委員会を立ち上げる際の専門家としては、札幌市の場合では小児科医、精神科医、リスク研究者、発達心理学者、社会心理学者、社会学者、弁護士などであり、過去四回の委員会でもこのような人々が依頼された。

（2）一人当たりの受け持ち人数の限界については、本章第３節で具体的に論じる。

（3）この「緊急総合対策」が発表された二〇一八年七月下旬の新聞各紙の社説では、「児童虐待に特効薬などない」が連発されたが、五年先の二〇二〇人増員が「緊急総合対策」になるのかという疑問を掲げることは全くなかった。

（4）国民の価値観を変えるには全国的な制度改革が効果的である。

（5）児童相談所は専門組織ではあるが、政令指定都市では市役所の一部局であり、都道府県庁でも同じく一つの組織にすぎない。人員の採用はすべて市役所や県庁の公務員採用試験の結果次第である。だから「行政改革＝定員削減」が児相でも貫徹したはずである。ただし、諸事情により積極的な増員はなかったが、かろうじて大幅な人員削減を免れたというべきであろう。

（6）二〇一九年当時私が勤務していた神戸学院大学でも、五月になってから九月までに五日の有給休暇予定日を提出させられて、その有給休暇を消化した。

（7）職場の過労を放置して、制度面での対応を怠り、職業従事者の気合や善意だけで仕事をやりくりする時代は終わったというべきであろう。

（8）なぜなら、「改革」には「良くすること」（make better）が根底にあるから、不要な人員を削減することと同時に、必要な増員を行うことも合わせて含まれているからである。

（9）当初予定した目標達成ができないだけではなく、その真逆の目標が達成されたり、問題解決というより問題が拡散してしまい、解決の見通しが得られなくなることを表す。少子化対策でも、児童虐待対応でも、ゆとりある教育の弊害でも、二酸化炭素地球温暖化の誤謬でも、具体的な事例を通して「意図せざる効果」の実質的内容が学べる。

（10）とりわけこのような批判をする厚生労働省の局長や事務次官は、全国二一〇余りの児童相談所で、相談業務に追われる児童福祉司の現在数と相談件数の正確な数字を知っているのだろうか。あるいは知っていて、もっと働けとでもいいたいのだろうか。知らないのであれば、職務怠慢であり、知っていてのその発言ならば、「働き方改革」との整合性を自ら示してからでも遅くはない。

（11）札幌市では一九年三月に『改訂版　児童虐待防止ハンドブック』を出したが、この五段階の会議の進め方の変更はない。

(12)　これもまた、「行政改革＝定員削減」の「意図せざる効果」であるが、社会保障審議会児童福祉部会には社会学者が含まれていないので、このような分析には至っていない。

(13)　ということは、一五％の通告の現状ですら、現有の児童福祉司が抱えている「虐待相談件数」受け持ち平均件数が八〇・八件であったので、三〇％や五〇％の通告率になれば、このままの児童福祉司では天文学的な相談件数になることは必定である。目黒区の結愛ちゃん事件の反省から出された一八年七月の政府による「緊急総合対策」では、通告率が一五％という事実への配慮はなかったように感じられる。なぜなら、それが考慮されていれば、五年先に二一〇か所の児童相談所に、合計で二〇二〇人しか増員しないという「緊急総合対策」にはならなかったはずであるから。

(14)　政府による政策のうち、家庭や職場は必ず含められるが、第三の地域社会の柱は抜け落ちることがよくある。「ワーク・ライフ・バランス」もまた典型的な地域社会抜きの政策である。「ワーク」が職場、「ライフ」は家庭を意味して来た歴史において、地域社会はせいぜい通学途上の小学生が事件に巻き込まれた際に、「地域のみんなで防止しよう、見守ろう」という扱いであった。そこには専業主婦を選択した女性の一〇〇〇万人や二八％の男女高齢者が日常的に暮らしている事実が忘れられ、「一億総活躍社会」の主力は「ワーク・ライフ・バランス」の対象年齢層である「二〇歳から七〇歳」までが該当することが暗黙の了解として語られている。

(15)　これはいわゆる社会的ジレンマを構成する問題である。児童虐待予防や事前介入にとっては通告率の上昇は望ましいが、そうすると現在の児童福祉司が三倍程度に増員されなければ、まともな対応や介入業務ができないからである。ただし、政府が本気であれば、簡単に解決する。

第6章　児童虐待防止策と「子育て共同参画社会」

1　児童虐待防止対策の強化に向けた政府の「緊急総合対策」

学問を通して虐待死予防に貢献する

二〇〇三年以降の警察や厚生労働省からは、毎年八〇人から一〇〇人前後の児童虐待死があると発表されてきた。実の親がわが子を殺害するのだから、その数字の背後には凄惨な光景が想定される。

ただ、二〇一八年七月末に政府が重い腰を上げて「児童虐待防止の緊急対策」をまとめたのは、そのような社会的事実を把握したからではない。六月初めに警察が公表した目黒区の結愛ちゃんのあまりにも無残な虐待死（三月に死亡）により、国民の大半が大きな衝撃を受けて、ネットを通して政府に「何とかせよ」と迫ったことが直接的な契機になった。

遅きに失するとはいえ、もちろん何もしないよりはずっといい。いたいけな五歳の子どもが残した「ひらがなの文章」に号泣した国民は数多い（資料6－1）。同時にこの子が二度と書けない世界に旅立ったことで、続報に接するたびにやりきれないというネットでの書き込みが急増する。私もその一人である。

資料6－1　東京・目黒区で，虐待で亡くなった船戸結愛ちゃん（5歳）が両親に宛てて書いたノート

> ママ，もうパパとママにいわれなくてもしっかりと　じぶんからきょうよりか　もっともっとあしたはできるようにするから　もうおねがいゆるしてゆるしてください　おねがいします　ほんとうにもうおなじことしません　ゆるして
> きのう　ぜんぜんできてなかったこと　これまでまいにちやってきたことをなおす
> これまでどんだけあほみたいにあそんだか　あそぶってあほみたいだからやめるので　もうぜったい　ぜったいやらないからね　わかったね　ぜったいのぜったいおやくそく　あしたのあさは　きょうみたいにやるんじゃなくて　もうあしたは　ぜったいやるんだぞとおもっていっしょうけんめいやって　パパとママにみせるぞというきもちで　やるぞ

この児童虐待死こそは、高齢期の研究で最近話題になってきた「ウェル　ダイイング」（well dying）とは真逆の「ワースト　ダイイング」（worst dying）の象徴である。この言葉は私の造語であるが、前者が、患者の残された人生の価値やQOLをいかに高め、いかに穏やかで幸せな死へ導くかについての内容（well の比較級 better に届かない）であれば、後者は親が無力で無心な自らの子どもを殺害するという最悪の最上級（bad の最上級 worst）の言葉である[1]。

大人の責任である「緊急の重点対策」

児童虐待死では無力な子どもには何の罪もなく、親の責任は当然としてすべては周囲の大人の責任でもある。それを社会全体で反省して、直接の加害者である親を厳罰に処すべきという主張も当然である。ただ、曲がりなりにも社会学からの「少子化する高齢社会」の研究を正業としてきたわが身であれば、その反省だけに止まらずに、学問を通して児童虐待死の予防に貢献できる途を探求したいと願い、九年が過ぎた。

本書全体で繰り返してきたように、政府による「緊急の重点対策」のうち組織面については、児童虐待に関連が深い二つの組織間の情報共有や連携、および専門担当者の増員が謳われた。すなわち政令指定都市間や都道府県を超えた各地の児童相談所（これまで通り、児相と表わすことがある）間の情報共有が課題とされ、そしてもう一つは児相と警察との情報共有を打ち出し、児相の専門性の強化を優先するとされた。都道府県を越えた広域的な児相間の協力関係の強調に加えて、児相と警察との連携も目黒事件の反省に基づくのであろう(2)。

ただし、児童虐待予防や解消にとって、児相と警察が機能的等価（functional equivalents）といえるかどうかは保証の限りではない。これまでも強調してきたように、組織の目的がかなり異なるからである。その証拠には、二〇一八年六月に公表された結愛ちゃん事案の際に示された香川県警と香川県立児童相談所間の食い違いや、二〇一九年六月に発生した札幌の詩梨《ことり》ちゃん事案の際の道警と札幌市児相間の対処方法のずれなどが挙げられる。

日本社会と文化の伝統からすると、信号機設置にしても食品添加物規制にしても、対応に時間がかかりすぎてしまう傾向が各領域で認められる。結局のところ、誰かが犠牲者になり、世論が過熱しないと、政治家が動かず、マスコミも騒がない。それらを受けてようやく政治も含めた社会システムの改変が始動する。この流れは児童虐待対応だけではなく、かつての水俣病への取り組みなどでも示された日本の社会特性ですらある。

児童福祉司の増員

専門担当者として児童福祉司については、確かに二〇一六年度〜二〇一九年度の現行プランでは五五〇人程度の増員しか計画されていなかったから、二〇一九年の緊急対策ではその四倍程度の増員になる。二〇一七年度の配置実績は三二五三人だから、二二年の完成年度には五二〇〇人ほどの児童福祉司が業務を担うと予想される。

前章までに詳論したように、「児童相談所の体制強化」として児童福祉司の二〇二〇名の増員があると仮定すれば、その費用は一人の年間給与を五〇〇万円、保険などの支払いや業務費用の増加を五〇〇万円とすれば、二〇二〇人で一人当たり費用が一〇〇〇万円として、その予算合計は年間二〇二億円程度である。これで年間一〇〇人程度の児童虐待死という殺人が減少して、次世代の一人としてきちんと社会化され、成長すれば、国民の大半は納得しよう。

何しろ効果が疑わしい少子化対策の年間予算は二〇一九年度で五兆一〇〇〇億円（『令和元年版　少子社会対策白書』一八三頁）であり、他にもたとえば地球温暖化対策と称した無意味な「低炭素社会づくり」を軸とした環境保全経費予算は、二〇一五年度で実に一兆七九九七億円（『平成三〇年版　環境白書』二四〇頁）も計上されているからである。[3]

児童福祉司の専門性

費用よりも危惧されるのは、児童福祉司が大学の心理学や社会学の課程を修めれば得られる資格ではなく、児童福祉法にいう任用資格となっている点にある。各自治体が毎年実施している通常の公務員試験に合格し、一般行政職採用後に児相へ配属されるか、市民課や環境課などから定期の人事異動で児相に勤務して、一定期間の職務経験を経なければ、児童福祉司になれない。このルート以外には、医師、社会福祉士、精神保健福祉士の資格所持者もいるが、児童福祉の実務経験が必要になることは同じである。

任用資格条件が制約となり、「緊急総合対策」の目標である二〇二二年までに児童福祉司二〇二〇人

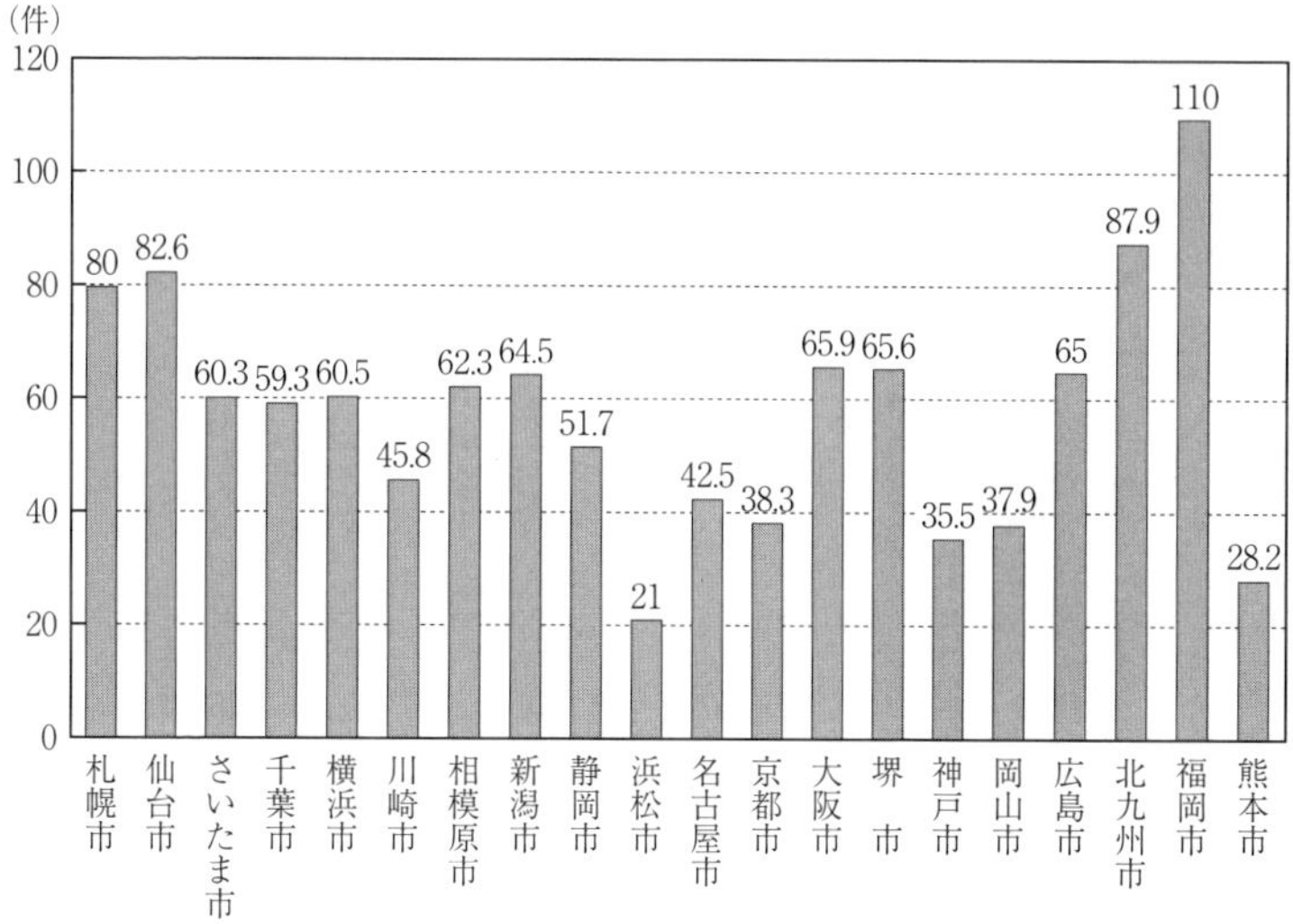

図6－1　政令指定都市における児童福祉司一人当たりの相談件数（2016年8月）

（出典）札幌市子ども未来局児童相談所地域連携課『第2次札幌市児童相談体制強化プラン』2017年4月：10頁から金子が算出した。

の増員は困難と思われるが、全国に都道府県の児相と政令指定都市の児相合計で現在約二一〇か所あるので、たとえ増員できても一か所平均では一〇人しか増えないことになる。これでは膨大な業務を抱える児相にとっては焼け石に水に近い。このような実情を知ったうえでの「緊急総合対策」なら、その本気度が疑われる。これもまた、前章までに繰り返し指摘してきた。

なぜなら、政令指定都市のデータで作成した図6‐1のように、現在でも児童福祉司一人当たりの受け持ち相談件数は飽和状態に近いからである。福岡市の一一〇件は論外としても、北九州市、仙台市、札幌市が八〇件を超えている。中央値は六〇件くらいであろうが、一人で毎月六〇件の相談、実態調査、児相チームでの情報共有、アセスメント作成などの業務は一日に三件ずつこなすことになり、今ですら専門家としての仕事の限界を超えている。そしてこれは都道府県の児相でも同じ現状にある。

「早期発見と早期対応」

その他、児相内での児童心理司と保健師の増員でも事情は変わらないから、専門職員の増加は簡単ではない。たとえば二〇一六年厚生労働省の「児童相談所強化プラン」では、二〇一九年度には児童福祉司二人につき、児童心理司一人以上を配置するとされていたが、未達成に終わったようである。ただし日本全体で数的に余裕のある弁護士に関しては、報酬次第で配置が可能かもしれない。

このように、各種専門家の養成は短期間には無理なことは承知の上での「緊急総合対策」なのであろうが、その目標設定の姿勢は一応評価できる。

「要保護児童対策地域協議会」

その他、たとえば一時保護に関しては、「保護所の個室化」や「里親委託」など「個別性を尊重した一時保護」が強調された。また児童虐待の「早期発見と早期対応」の重要性が繰り返され、今まであまり機能していなかった自治体の「要保護児童対策地域協議会」（要対協）の役割が特に強調された。

しかし「要対協」の構成機関には児童虐待の専門性に欠けるところも多い。たとえば厚労省が想定する構成機関は、「児童福祉関係」が一一機関、「保健医療関係」が七機関、「教育関係」二機関、「警察司法関係」が二機関、「人権擁護関係」が七機関、「配偶者からの暴力関係」が一機関となっており、総計が二五機関にもなる（厚生労働省ホームページ二〇一八年七月二五日閲覧）。そのうえ、「地域の実情に応じて幅広い者の参加」が可能であるとしている。

いくら集まってもほとんどの機関がもつ児童虐待事案への対応能力は、児相の高水準とは比較にならない。また二五機関の代表者が一堂に会するための日程調整の雑務は膨大なものになるはずである。「緊急対策」ではそのあたりの配慮は皆無のままである。そのために、「要対協」はこれまではほとんど開店休業状態にあった。(4)

その実態として、『北海道新聞』の「子どもを守ろう」連載記事によると、道内で二〇〇八年度から二〇一七年度の一〇年間で少なくとも二七人の子どもの虐待死があったとしていて、そのうち検証報告書は四件しかないと報じた。このうち札幌市児童虐待関連で三件の報告書があり、うち一件は私がほとんどを執筆して、他の一件も最終的な取りまとめの責任者となった。(5) いずれでも「要対協」の会議はなかった。それ以外の二件の報告書作成でも「要対協」は開かれなかった（『北海道新聞』二〇一八年七月二四日）。「緊急総合対策」では「要対協」強化が謳われているが、ここで指摘した問題点にどう応えるのかは書かれていない。

立ち入り調査、警察との連携　「緊急総合対策」では、組織面とは別にもう一つの運用面での重点として、虐待通告を受けても「四八時間以内に子どもに会えない場合、立ち入り調査を実施」することを明記して、さらに必要に応じて警察などの「援助要請」ができるとしたところに工夫の跡が見える。同時に、「保育所などに通っていない子どもの情報を自治体が集約し、所在の確認」を目視により速やかに行うことも挙げられた。

しかし、この警察との情報共有、協力、連携は言うに易しく、行うのは非常に困難である。なぜなら既述したように組織目標が異なるからである。児童虐待に関する警察業務は、虐待が疑われる全事案を児相に通報することであり、児相では独自の判断で警察に情報提供する事案を決めてよいからである。これまでにも多くの場合、警察への通報情報には「重大な案件」しか選ばれていない。

このギャップに加えて、警察の本来の業務は事件化した児童虐待の捜査と加害者の逮捕になるが、児相では子どもの家庭復帰や家族支援を優先する傾向をもつ。そのため、私は児相から児童虐待関連の業務のみを警察に移して、「子ども交番」を提起した（金子、二〇一八b）。

可及的速やかな取り組みの開始

一番の根拠には、法的には二〇〇八年から可能になった強制的な「臨検」（問答無用の立ち入り検査で子どもの安否確認を行う）は、北海道内でも一〇年間全く行われてこなかったことが挙げられる。児相がこれをやると、虐待家庭の親との関係が修復不能になるからという理由による。これは分かるが、その結果、虐待死が繰り返されてきたことを思えば、そろそろ制度変更も視野に入れたほうがよいと考えている。

しかし、作文した限りでも政府が「緊急総合対策」を行うのであれば、いずれも結愛ちゃんをはじめ、毎年一〇〇人前後（既述したように、二〇一六年に発表された小児医学会による二〇一一年度の推計では三五〇人）も虐待死させられた児童の無念を考えると、年内といわず行政得意な表現の「可及的速やかに」、すべての取り組みを開始してほしい。

二〇一八年七月の政府「緊急総合対策」に対して、当時の新聞各社の反応は好意的だったが、軒並み次のような判で押した結論を社説に書いていた。「児童虐待の防止に即効薬はない」（『毎日新聞』二〇一八年七月二三日）、「特効薬はない」（『朝日新聞』二〇一八年七月二五日）、「児童虐待防止に、何か一つの特効薬はない」（『日本経済新聞』二〇一八年七月二六日）、「児童虐待対策に即効薬はない」（『京都新聞』二〇一八年七月二六日）。もちろん、「要対協」問題への視線もなく、新聞社独自の対策などは何も書かれていない。

これでは新聞特有の口癖である「国民の知る権利」を満たしていない。「特効薬」や「即効薬」がないことは、これまでの数多くの事件で証明されている。だからといって、言論機関としてその程度の「結論」は社説に書くには値しないであろう。科学的な研究成果への目配りがもう少しあれば、「特効薬」の断片くらいは見えるはずである。(6)

2　科学の力で虐待防止の「特効薬」成分を見つける

毎日一人が虐待死する現実

マスコミ人は「取材」というが、私たちが「調査」と呼ぶ一連のデータ収集と分析をきちんと行えば、新しい事実が浮き彫りになる。すでに示したように、日本小児科学会の細かな分析で年間虐待死が警察や厚生労働省の一〇〇人前後ではなく、三五〇人程度という新しい数字が確認されている（溝口ほか、二〇一六：六六八）。三五〇人では、毎日一人の子どもがその親から殺害されたことになる。この事実を報じただけでは不十分であり、その方法と内容にまで踏み込んだ解説がマスコミでもほしい。そしてこのレベルに届いてこそ、購読する国民は知る権利を満喫できるであろう。

私も社会学の方法により、一四年以上の全国統計データ分析と札幌市での一四年を超える時系列的調査を通して、いくつかの新しい動向をまとめたことがある（金子、二〇一三：二〇一四：二〇一六b：二〇一八b：二〇一九b)。これらも共有しつつ、マスコミもまた独自の情報源を通して、科学調査以外の「特効薬」の成分の一部になるような新事実を報道してほしい。

私は四〇年にわたり、理論と学説を学ぶ傍ら、実証的な方法で「少子化する高齢社会」と命名した日本社会のいくつかの断面を調査して、分析して、提言する手法により、社会学の教育と研究に微力を尽くしてきた。その経験からの児童虐待死研究なので、少子化研究における一つの応用問題になる。したがって、家族論だけではなく社会調査法と地域社会研究も融合させた総合的観点を堅持するしかない。

たとえば、週刊誌でも新聞各社の報道や社説でも全く触れられないテーマの一つに、第2章で強調した「虐待統計」の変容問題がある。具体的にいえば、「DVを心理的虐待に算入する」とした二〇一三年の警察庁通達がもたらした全国的な混乱について、マスコミも含めた社会全体の無理解がある。部分的にはこれまでに繰り返してきた問題だが、重要なことなので全体としてまとめておこう。

「虐待統計」の変容

なぜなら、札幌市でも通達以前は全体の一五％だった心理的虐待が、一四年度以降は六〇％を超え、時系列の比較が不能になったからである。全国統計の心理的虐待でも、一三年度は三八％だったが、一六年度が五二％に急増したという結果があり、ここにも同様の問題を感じ取れる。社会調査を行う社会学からすると、「DV＝児童の心理的虐待」という変更はあり得ない。

具体的にいえば、これまでの心理的虐待とは、「タテの加害行為」だけを取り上げて、「親からの子ども」に対する暴言（「生まれてこなければよかった」など）、言葉による脅し、子どもから親に向けての言葉の無視、親による兄弟姉妹間での差別などを含んでいた。ところが夫婦間のDVは「ヨコの加害行為」

である。このようなデータの質の違いに配慮しないままに、警察庁が「ＤＶ目撃」を心理的虐待として統計に加えた結果、それまで合計では六割を超えていたネグレクトと身体的虐待の実態が見えにくくなった[7]。子どもの命を直接奪う行為はこの両者に含まれていて、新しい統計法では過半数となった心理的虐待で、児童が命を落とすことはほとんどない。そのために、虐待数が増えても児童相談所は虐待家庭への緊急介入としての「臨検」は行わず、虐待がうわさされる親との関係構築を最優先する道を選択する。その結果として、「意図せざる効果」としての手遅れが繰り返されてきた[8]。

ただし、もちろんＤＶは放置されていい問題ではない。速やかに警察などが介入して解決するか、警察や行政が独自の相談施設を作るしかない。

ネグレクトと身体的虐待予防を最優先に

要するに、児童虐待研究の最大の課題は虐待死を出さないために大人社会に何ができるかの解明にある。従来の統計方法によるデータを活用すれば、虐待死につながる可能性が高いネグレクトと身体的虐待を予防するための事前介入こそが最優先される対応ではないか。

札幌市の事例で、両者間の相違を細かく見ておこう。新方式の統計方法では、二〇一七年度札幌市の身体的虐待は一五％程度になる（図６－２）。この数字は二〇一二年度の一六・八％、二〇一三年度の二一・九％と比較しても、大きな違いはない。最大の違いはネグレクト率にある。旧方式の一三年度のネグレクト率は六〇・二％であったが、一四年度は三〇・五％にまで半減した。代わりに一三年度一五・九％の心理的虐待が一四年度では五五・六％になり、単年度で実に三・五倍増になった。

事情が分からなければ、二〇一四年度以降の札幌市では、「タテの加害行為」であるネグレクトをやめた虐待親が多くなり、言葉の暴力と「ヨコの加害行為」としてのDVによる心理的虐待が急増したと考えるはずであるが、これは完全な誤りである。それはなぜか。

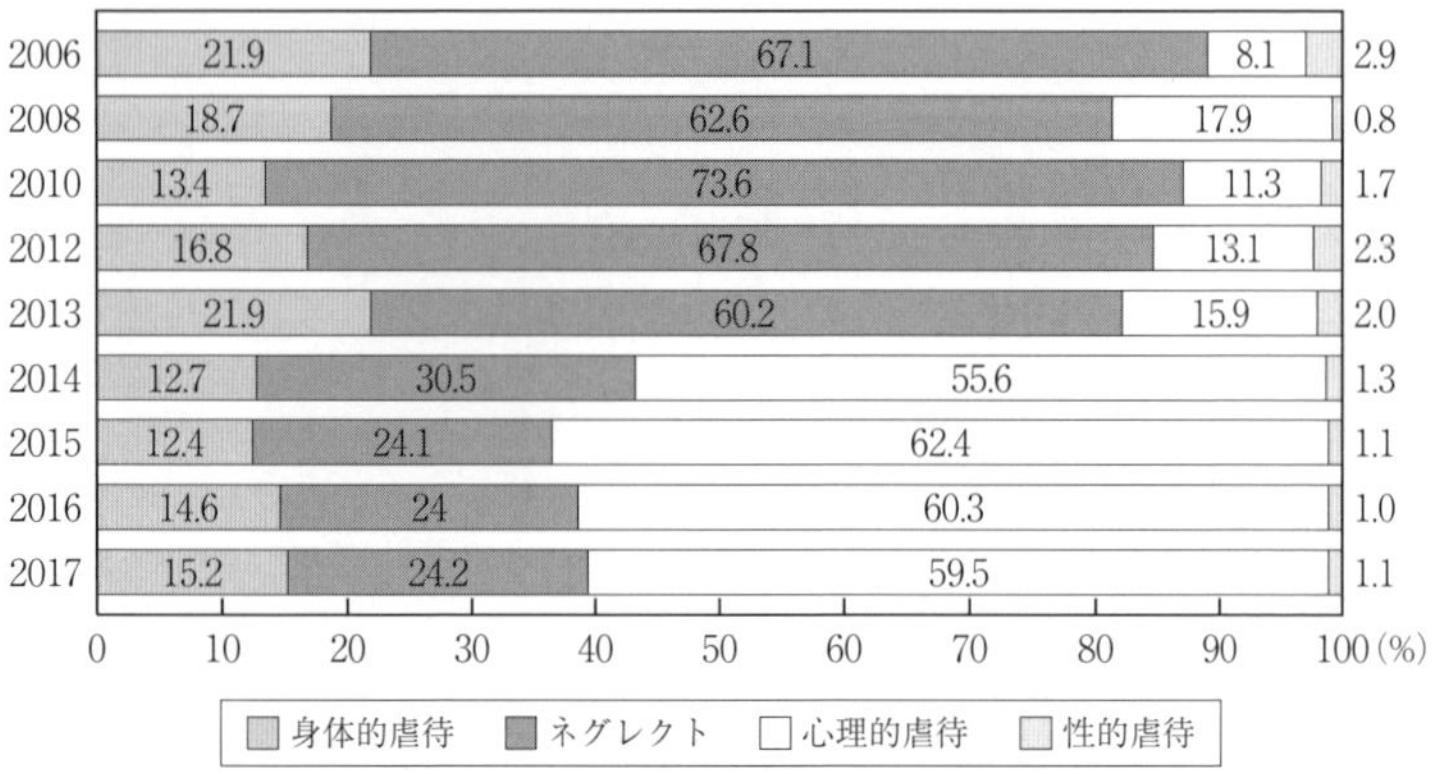

図6－2　札幌市虐待割合の推移（DVを含める）

（出典）札幌市児童相談所各年度資料より金子がグラフ化。

従来の方法でも同じ傾向に

幸いなことに、札幌市児童相談所では従来の方法での統計も作成してきたので、それを使って明らかにしておこう。図6－3では、ネグレクトが依然として過半数であり、児童虐待死の原因として八割を占める身体的虐待が一七年度も三〇％に上り、身体的虐待とネグレクトの合計が八〇％に近いことが分かる。新旧どちらのデータに依拠すれば、最終目的である児童虐待死予防の効果を高める議論の素材が獲得できるか。

科学の根源は事実の正確な把握にあるから、恣意的な統計手法の改変は科学的営為を妨害することにもなる。

従来方式の統計結果を使えば、ネグレクトが半数を超えているので、コミュニティレベルで高齢者中心のネグレクトに対処する防止活動を継続する意義は依然として存在する。ネグレクトが非常に目立っていた札幌市では、民生委員をはじめ町内会、子ども育成会、まちづくり推進協議会

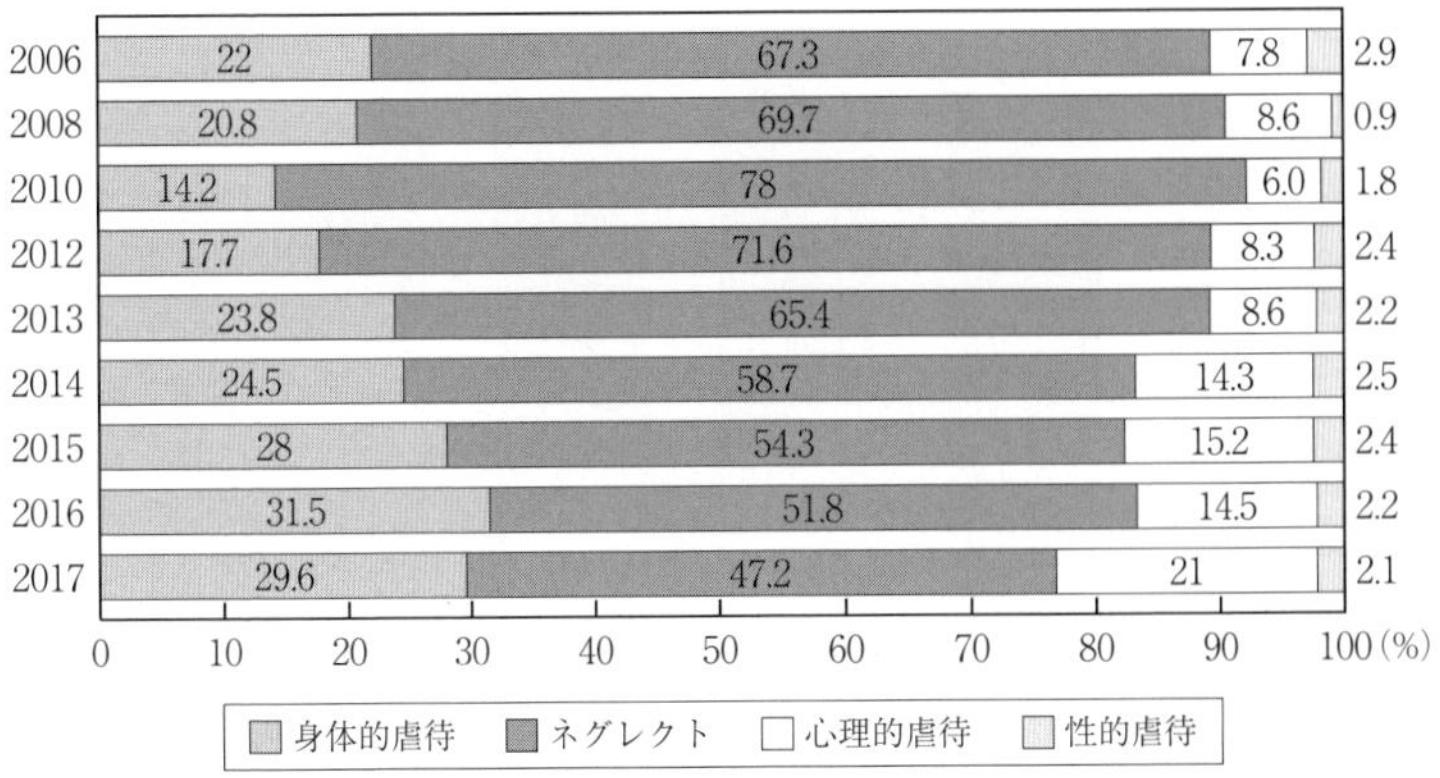

図6－3　札幌市虐待割合の推移（DVを除く）

（出典）札幌市児童相談所各年度発表資料より金子がグラフ化。

などの主力である高齢者によるネグレクト防止のコミュニティ活動を長い間展開してきたが、この意義は今でも大きいと評価していい。その意味で新方式での心理的虐待が六割となった札幌市でも、従来同様ネグレクトの発見とその防止こそが最優先される児童虐待予防になる。

主たる虐待者として「父親」が急増

次に、四種類の児童虐待において、「タテの加害者」である虐待者の内訳はどうか。

図6－4は四つのカテゴリー、実父、実父以外の父親（以下、義父と略称）、実母、その他（義母を含む）間の推移である。念のために札幌市児相の提供による各年度の被虐待者数を記せば、その合計は二〇一一年度が四三七人、二〇一二年度が四三五人、二〇一三年度が四〇二人であり、DVが新規に加算された二〇一四年度になると一一五九人に急増して、以降は二〇一五年度が一四八〇人、二〇一六年度は一七九八人、二〇一七年が一九一三人である。

何も知らずにこの合計数だけの変化を追うと、札幌市では二〇一四年度から児童虐待が三倍増になったとまとめざ

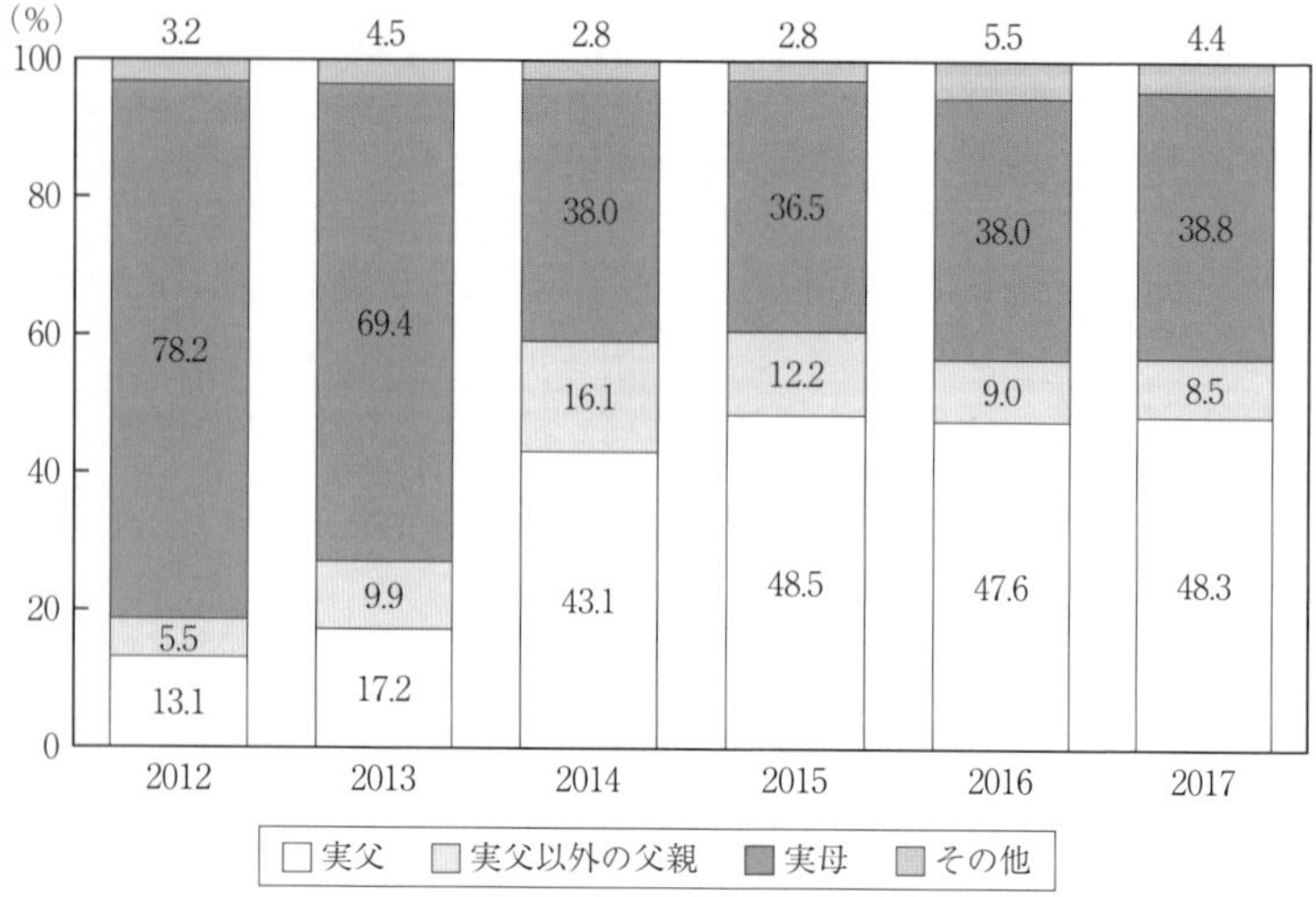

図6－4　札幌市の児童虐待における主な虐待者

（出典）札幌市児童相談所各年度発表データより金子がグラフ化。

るをえない。統計の誤りの恐ろしさを講義で示すにはいい素材だが、現実的な児童虐待防止の現場では混乱だけしか残らない。警察ではDV一件ごとに書類作成して児相に送付するが、その細かな作業による労力の代償として、大きな過ちを引き起こした。なぜなら、児童虐待総数とともに加害者像までも変えてしまったからである。この反省もまた警察をはじめどこからも聞こえてこない。

図6‐4から、一四年度から加害者像が変容して、それまで一〇年以上七割を占めていた「実母」犯人像が壊れて、「実父」と「義父」（実父以外の父親）の合計が六割を超えたことが分かる。児童虐待も都市文化の歴史の一翼を占めるから、たった一年で実質的な加害者像が劇的に変わることはない。繰り返してきたように、ネグレクト中心で虐待者が確認されていた一三年度までは、主たる虐待者である「実母」の比率は七〇％を超えていた。しかし一四年度以降は、それまで一五％

前後しかなかった「実父」が四五％に急伸したうえに、「義父」でさえも一〇％前後を占め、合計で「父親」が主たる加害者の比率が六〇％前後に増加した。

この結果からも、一般市民はもとより、児相に人事異動してきた職員でも理由が分からないまま、札幌市の「母親」は急におとなしくなり、逆に「父親」が狂暴になり、児童虐待の主犯になったと勘違いをするはずである。もとよりそれは統計上の誤りなのだが、この全国的な混乱について警察庁は無言のままで七年が過ぎようとしている。何を狙った統計手法の改変だったか。その混乱により、児童虐待の現実と統計データとの間で齟齬をきたすようになった。そこから効率的な予防や解決のための児相による介入が難しくなった。

DVと心理的虐待の統計

警察が確認したDVは一件ごとに書面で児童相談所に送り、それが心理的虐待に算入されるから、素材としてはその個票しかない。今回札幌市児相の地域連携課地域連携担当係の特別のご協力により、すべての個票を個別分析していただいた結果、図6－5が得られた。なお、実数的には図6－2の「心理的虐待」（五九・五％）にほぼ対応する。

まず、「心理的虐待」はDVという「暴力目撃」を含むか含まないかに大別される。一七年度の札幌市の一一三九件の「心理的虐待」は、児童虐待総数一九一三件のうち五九・五％を占める。このうち「暴力目撃」を含む実数が九三三件でその比率が八一・九％、一三年度までは「心理的虐待」であった「暴力目撃以外」数は二〇六件（一八・一％）となる。警察庁通達がなければ、札幌市の「心理的虐待」は二一％にとどまり、一七年度の児童虐待総数でも一二一三件に減少する。

その二〇一七年度個票分析からは、いくつかの重要な統計的事実が確認できる。一つは、従来の「心

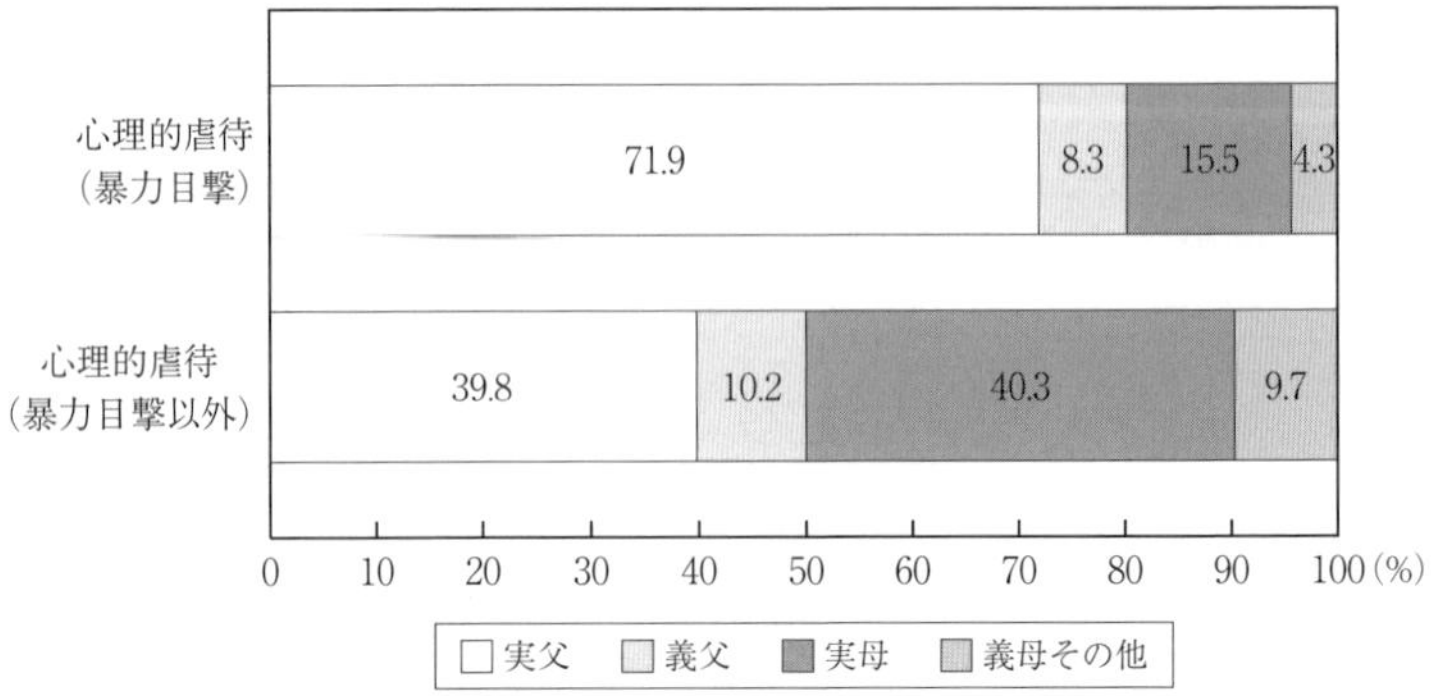

図6－5　2017年度札幌市の「心理的虐待」の主たる虐待者

（出典）札幌市児童相談所提供データより金子がグラフ化。

理的虐待」に属するＤＶ「暴力目撃以外」（子どもへの暴言、差別、子どもの発言の無視など）では、「実父」と「義父」の合計が五〇％、「実母」と「その他」（義母を含む）も五〇％となり、全くの互角の結果となった。

しかし、ＤＶ「暴力目撃」ではＤＶ加害者のうち「実父」が七一・九％を占めて、「義父」八・三％を加えると、実に「父親」の加害者率は八割に達した。俗にいう「親父がおふくろをなぐる、ける、引きずり回す」などのイメージにこれは合致する。

反対に、ＤＶ加害者のうち「実母」が一五・五％からは、何が浮かんでくるか。包丁や刃物を使って亭主に迫る様子か。手もとの物を投げる行為か。「その他」（義母を含む）を加えると、警察が把握したＤＶ全体では、男から女への一方的な加害行為だけがＤＶなのではなく、逆方向の加害行為が二割ほど存在していた。これもまた、正しい統計的分析結果による事実であり、これまでの警察発表でもマスコミ社説でも皆無の情報である。

統計情報は科学的な論理に合致して初めて有効であるが、

これまで見てきたような異質のデータが混在していれば、時系列のデータが使えず、その統計情報の適切な活用は不可能になる。

虐待通告の構造が激変

さて、児童虐待予防の筆頭は早期発見に尽きるが、そのための基本情報として「児童虐待通告経路」のデータがある。当然ながらここでも時系列データに混乱が生じており、二〇一四年度以降の激変にとまどう。データ収集に際しては、通告経路の選択肢自体に家族、親族、近隣、知人、福祉施設、医療機関、警察、学校が含まれるので、統計的分析を行うには少しまとめたうえで、総合的な判断を行うことになる。

札幌市の場合、各年度の通告件数は、一一年度が七一〇件、一二年度が九四〇件、一三年度が九九八件であったが、これまでと同じく一四年度は一二五六件と急増した。そしてこの総数の増加は一五年度も続き、総数は一三六六件、一六年度が一三九八件、一七年度が一四九四件と増加の傾向が鮮明である。(9)

一四年度以降の内訳は図6-6で示した。DVを心理的虐待として児相に通達する警察は「通告経路」でも断然第一位になった。要するに二〇一三年度までの統計手法では、札幌市の通告経路は「近隣・知人」の「コミュニティルート」の経路と「警察」と「学校」を一緒にした「アソシエーションルート」の経路に大別されていたのであるが、DVを統計に含むようになって「近隣・知人」からの「通告経路」が細くなり、「警察」からの通告ばかりが肥大してきた。そしてこの傾向は全国の児童相談所で顕在化した。

警察が児童虐待通告経路の筆頭になったとして、それが児童虐待防止に何を残したか。これが次の問題になる。警察からの通告ルートが肥大しても、児童虐待死の予防とは直結しない。むしろ現場の混乱

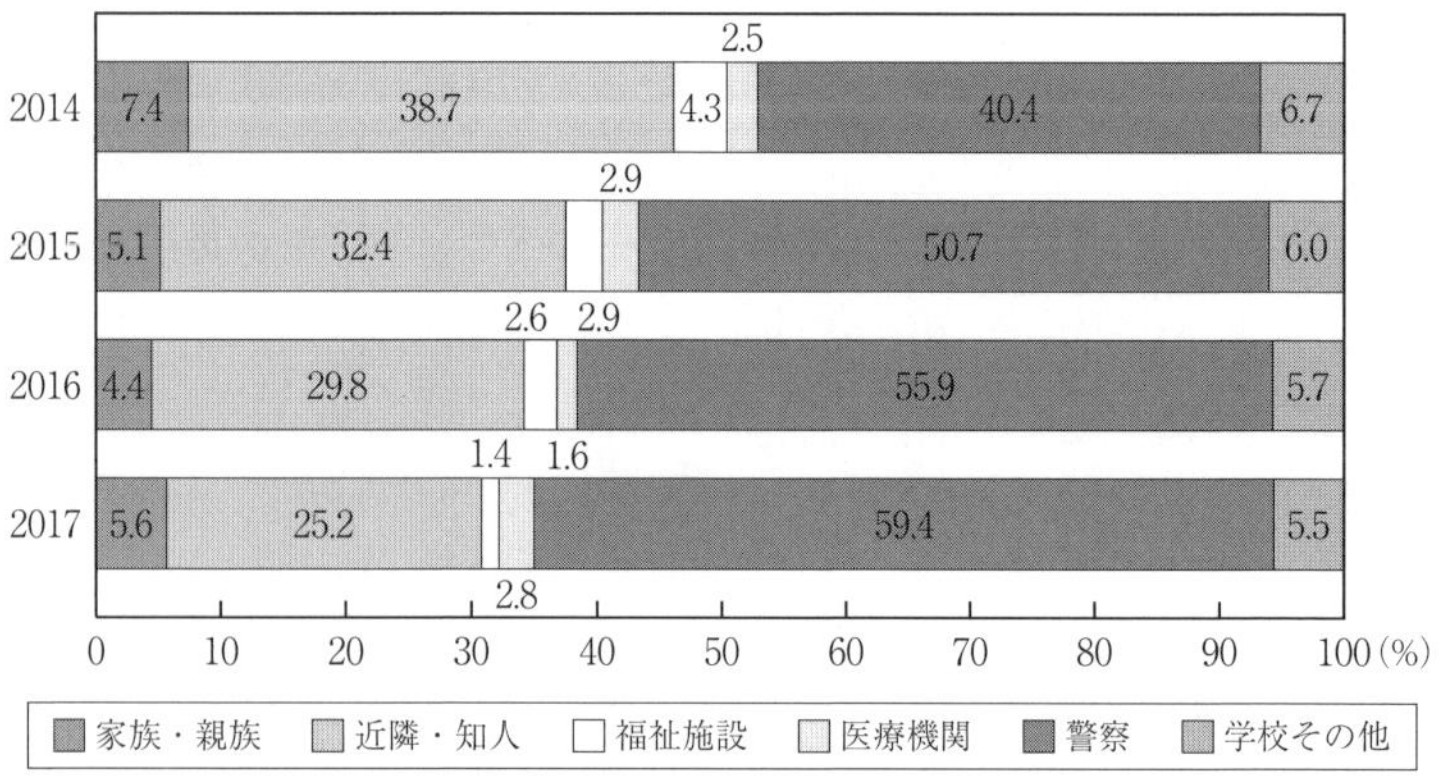

図6－6　児童虐待通告経路

（注）福祉施設は福祉事務所，児童委員，保育所，児童福祉施設の合計。医療機関は保健センターと医療機関（開業医，病院など）の合計。数字は%。ただし，四捨五入しているので，合計が100%にならない場合がある。

（出典）札幌市児童相談所各年度発表データより金子が再集計。

と時系列的研究を不可能にさせるという「意図せざる効果」を引き起こした。このデータのもつ意味を、警察庁担当者も「特効薬がない」と言い切るマスコミ社説執筆者も熟慮してほしい。

「児童虐待の通告経路」を市民経由で増やすには、「近隣・知人」からの通達である「コミュニティルート」の掘り起こしが不可欠である。

従来の通告経路が有効

元来、札幌市の通告経路は、類似の神戸市と福岡市と比較しても分かるように、「コミュニティルート」が半数を超えており、「学校・警察その他」としては三割程度しかなかった（本書：一一七～一一八）。すなわち、政令指定都市人口でいえば、横浜市、大阪市、名古屋市の次に位置する札幌市、神戸市、福岡市では、四割から五割の「コミュニティルート」が筆頭にあり、三割程度の「学校・警察その他」という「アソシエーションルート」が第二位という分布が二〇一三年までの傾向として続いてきた。

データ全体を総合的に判断すると、どこの政令指定都市でも「コミュニティルート型」（家族・親族、近隣・知人の合計）と「アソシエーションルート型」（学校・警察、福祉施設、医療機関の合計）に大別されてきたという歴史がある。その意味で、児童虐待死予防には警察だけのルートよりも、「コミュニティルート」でも「アソシエーションルート」でも可能な限りの児相への通告を期待してきたのである。警察庁による一片の通達により、これが二〇一四年度に突然大幅に変容したまま現在に至っている。

3　児童虐待の背景に家族機能の消滅

家族変容への対処が必要

現代日本における児童虐待の防止には、虐待親（「毒親」とも表現される）への非難に止まらず、「コミュニティルート」と「アソシエーションルート」の通告経路の拡充を含めて、社会全体での虐待防止の取り組み方を作り直すことが先決である。その前提に現代日本の家族変容への対処がある。

本来家族には、固有の子育て機能として「子どもの社会化」がある。生まれた子どもは、定位家族の中で言葉を覚え、規則を知り、多くの知識を身につけて、大きく育ち、社会的な存在になる。それを最初に導くのは、基本的には親とその家族である。

ところが、日本社会ではこの数十年間で徐々に小家族化が進行した。本書六七頁「表3-1」で示したように、平均世帯人員は、住民基本台帳レベルで見ると一九五五年の四・九〇人が、二〇一九年では二・一八人にまで低下している。国勢調査でも国民生活基礎調査でも類似の傾向にある。

構造が変化すれば、並行して機能も変わる。家族には、「稼ぎと消費」という経済機能だけではなく、「高齢者や子ども、病人や弱者の保護機能」「子どもを育てあげる社会化機能」「家族全体での娯楽の機能」「宗教機能」などがあったが、小家族化はこうした家族機能を縮小させ、消滅させた。(10)

家族機能も変化

この延長線上に児童虐待の背景が浮かんでくる。「家族が必要なのは何よりもまず、人間のパーソナリティは『生まれる』ものではなくて、社会化過程を経て『つくられ』なければならないからである」（パーソンズ&ベールズ、前掲書：二三五）。しかし、児童虐待では「子どもの社会化」が破壊される。その加害者としての「親のパーソナリティの安定化」も消えている。この家族の二大機能は、日本家族でもこの七〇年間、かろうじて残ってはきたが、児童虐待死を出した家族ではもはや残骸すらもない。

その中で失業、貧困、病気、離婚などが複合原因になり、家族がもつ社会システムとしての企業や職場、学校、地域などとの結びつきを切断された親の一部が、児童虐待に走るようになったのである。

揺らぐ「親のパーソナリティの安定化」

離婚したあと、女性が別の男性と子連れ再婚して悲劇が起きる例も多い。いわゆるステップファミリーを含めて、「親のパーソナリティの安定化」は一定の収入の下、夫婦間でも親子間でも親密な相互作用が続かなければ、実現できないことである。

また、「子どもの社会化」は、その親が祖父母世代から、時代の文化や規範、道徳や伝統を受け継いで、次世代の子どもに伝えるという三世代間に関連する機能である。

たとえば、母国語や社会の規範や規則を子どもに教える。それらを学びながら子どもは社会的存在へと成長する。しかし虐待家族では、そういう過去からの伝達が切れ、その子の未来までも奪ってしまう。

児童虐待死は、システムとしての家庭が壊れ始めていることの象徴だと考えることができる。「子どもの社会化とならぶ家族の基本的機能の第二は、家族の男女成人メンバーのパーソナリティの均衡調整に関するもの」（同右：三九）であったが、親同士の「均衡調整」もないままに、自分の子に対して養育放棄をして、食べさせない、病気なのに医者に連れて行かない。この代表的ネグレクトは身体的虐待とともに、児童虐待死の二大原因になっている。

道具的役割と表出的役割

パーソンズが、家族内の役割構造について「道具性」と「表出性」を用いて、理論的にその内容を要約している（同右：一四七）。既述の通り道具的役割とは、端的には働いて収入を得るということである。パーソンズの時代は父親の役割といっていたが、現代は働く母親も増えて父親とは限らない。いずれにしても、家族には道具的役割が必要である。一方、表出的役割とは、食事の世話や入浴や看病などの行為全般である。

育児に際しては、道具的役割と表出的役割がともに不可欠である。実際、時空間を超えてどこの親でもこれを連綿と行ってきた。最も大切な親役割は「子どもを育てる」ところにあり、つまりネグレクトしないことである。ところが、虐待家族ではそれが逆になる。

ネグレクトは、家庭の外からは見えにくい。それでも幼児が暗くなってマンションのベランダに放置されていれば、通行人や近所の人が気づき、児童相談所や警察に通報するであろう。そこで虐待を止められるかもしれない。つまりネグレクトの発見と予防が、深刻な虐待防止につながると私も含めて多くの専門家が判断してきた。

従来からも、児童虐待の原因と背景について、親の貧困や疾病、家庭内暴力の連鎖などさまざまな論点が出されている。これらはいずれも正しいところがあるが、その他として私が札幌市で検証報告の際に気づいた虐待要因が二つある。

一つは繰り返し指摘してきたように、本来は「ヨコの加害行為」であるDVを、従来は「タテの加害行為」のみだった心理的虐待に強制的に算入させたことによる混乱がある。

もう一つは、二〇歳未満の妊婦を「特定妊婦」とする行政用語はあるが、同じく二〇歳未満出産者には特段の命名がなされていなかったので、私はこれを「早母」と定義した。その全体像は、第1章第3節で詳述した通りである。

虐待する「早母」率の高さ

厚生労働省の社会保障審議会がまとめた日本全体で集計された検証報告を読むと、いくつかの動向が把握できる。すなわち、第一次報告（二〇〇三年）から第九次報告（二〇一三年）までの統計で、虐待死者総数二一八人のうち一〇〇人が〇日・〇か月、つまり生まれて一か月も経たずに亡くなっている。その加害者実母のうち早母は、全体の二六・三％を占めていた（社会保障審議会児童部会『第九次報告』二〇一三）。また第一〇次から第一三次までの累計虐待死者一四一人中、表6-1のように早母率が二七・〇％になっている（『第一三次報告』二〇一七）。

統計的に見ると、明らかに「早母」のほうに虐待の可能性が高い。目黒区での被害者である結愛ちゃんの母親は一九歳で出産していたし、六月の札幌市での被害者である詩梨ちゃんの母親も一九歳での出産であった。私が二〇一三年に検証報告した札幌市の母と長女がともに一七歳の出生経験を持ち、この連鎖が家族での児童虐待死を引き起こした。

もちろんくれぐれも注意しておきたいが、「早母」になる人が全て子どもを虐待しているわけではなく、数年から一〇年くらいの時系列の統計結果から、その比率が高いと分析しているだけである。

一方この六〇年間で男女ともに初婚年齢は五歳以上高くなっているが、日本全国の二〇歳未満出生の比率は一・二%前後で推移してきた。この期間の「早母」率は不変だったのである。この一・二%を「〇日・〇か月児の加害者実母の年齢内訳」の表6－2の「早母」率二七・〇%と比較すると、違いは歴然としている。

こうしたデータ比較を踏まえて、児童虐待予防には、可能な限り「早母を控えよう」という提言ができないものか。データを揃えて、このことを中高校生の前で繰り返し紹介するのは、児童虐待予防として意味があると考えられる(11)。

一八歳になれば結婚が認められる。ただ、本人が十分に社会化されていない段階で子どもができると、俗にいう「子どもが子どもを産む」ことになり、子育てに行き詰まって、虐待に走ることになりかねない。そうしたことも考慮したうえで、結婚や出産を長い人生の中で描こうと、大人が中・高生を相手に反省や経験を語ってもいいのではないか。

「緊急総合対策」や「新聞社説」では見落とされている重要なデータから、「特効薬」に近づくための予防方法も工夫される。本節では、その手がかりがいく

表6－1　0日・0か月児の加害者実母の年齢内訳

年齢	人数	比率（%）
20歳未満	38	27.0
20-24歳	25	17.7
25-29歳	22	15.6
30-34歳	20	14.2
35-39歳	25	17.7
40歳以上	11	7.8

（注）第10次から第13次報告までの累計。
（出典）社会保障審議会児童部会『子ども虐待による死亡事例等の検証結果等について第一三次報告』（2017年8月）：233。

つかのデータ分析から得られた。

4　虐待死を防ぐための提案と「子育て共同参画社会」づくり

少ない「社会的養護費用」

まずはお金の問題から始める。周知のように児童虐待に関連が深い予算である「社会的養護費用」において、日本はその割合が非常に低い。すなわち、社会的養護を「虐待を防止・対応・自立支援をする」と理解して、「社会的養護費用／名目ＧＤＰ」（Ｐ：protection）をいくつかの国と比較してみると、表６－２が得られる。

ＧＤＰの総額は国によっての違いはあるが、それでも日本におけるＰの比率の低さは著しいものがある。Ｐをいくつかの国と比較してみると、アメリカやカナダは二・六％、ドイツは〇・二三％だが、日本はわずか〇・〇二％である。実際の金額も一〇〇〇億円程度しかない。合計した少子化対策費用年間四兆六〇〇〇億円、生活保護費用年間四兆円と比較しても少ないことが分かる。

目黒区の事件をはじめとした直近の児童虐待死事案の教訓として、施設の充実とともに人材を増やすべきという意見も多く出ている。既述したように、児童福祉司一人が平均で六〇件の事案を担当すること自体の深刻さもある。「緊急総合対策」では「児童福祉司」二〇二〇人が打ち出されたが、政治もマスコミも日本人全体も、行政改革とは公務員を減らすことだと理解してきたために、二〇二億円程度の増員に止まるのならば、現今の事態の改善は容易には進まない。

表6-2　「社会的養護費用／名目 GDP」の比較

	日本	ドイツ	デンマーク	ルーマニア	アメリカ	カナダ
P	0.02	0.23	0.75	0.09	2.6	2.6

（注）P：「社会的養護費用／名目 GDP」（%）
（出典）日本社会事業大学社会事業研究所編『平成26年度厚生労働省児童福祉問題調査研究事業：社会的養護の国際比較に関する研究』2016年7月。

「子ども交番」の設置を

児童虐待に関して、機能的等価性に劣る警察と児相との連携や情報共有は簡単にはできないという見通しの中で、それに代わる方式として専門職が常駐する単一組織としての「子ども交番」の設置を主張した（金子、二〇一八b）。具体的には児童相談所から虐待対応業務のみを切り離して、警察にそれを移管して「子ども交番」を設け、警察官の常駐とともに児童福祉司や児童心理司などの専門家を増員するという計画である[12]。

さらに、虐待の通報を受けて確認のために家庭訪問をする際も、児相からよりも警察職員として訪問した児童福祉司や児童心理司のほうが親と話しやすいし、効果が高いだろうという判断からである。児相の「臨検」が実行されないままに、各地での虐待死させられた児童の無念を思うと、しかも事実としては殺人事件であるから、児相よりも警察が動いたほうがいいと考えたのである。

ただし強調しておきたいが、「子ども交番」には警察官だけではなく、児童福祉司、児童心理司、心理カウンセラー、ソーシャルワーカーなど子どもに対応できる専門家に常駐してもらう。これもまた正しい行政改革であり、次世代の軸となる子どもを虐待から守るためならば、一〇〇〇億円単位の予算増も国民から支持され、意味のある組織改編になるはずである。

「適切な親役割モデル」

虐待死につながるネグレクトの原因には、大都市特有の小家族化、家族規範の弱さ、離婚率の高さもまた複合的背景として挙げられる。だから、ネグレクトの補償因子である「適切な親役割モデル」「十分な収入が得られる就労状況」「適切なサポートシステムの存在」なども児童虐待予防政策の基幹になる。札幌市では、「適切な親役割モデル」や「適切なサポートシステムの存在」に有効な三世代同居率が、政令指定都市では最低ランクの二・二%しかなかった(図6-7)。

その状況下では「適切な親役割モデル」の家族内継承と「適切なサポートシステム」が社会的に見ても不十分であった。そのため、札幌市ではそれらの機能を地域社会のネットワークや行政やNPOなどで代替させる政策が優先されてきた。これもまた機能的等価性の考え方の応用であり、三世代同居率が低下傾向にある政令指定都市全体にも通用する対応になる。ネグレクトの予防対策として、家庭内では「適切な親役割モデル」、職場での「十分な収入が得られる就労状況」、近隣と児童相談所や「子ども交番」からの「適切なサポートシステムの存在」などより具体的に考えられよう。

もちろん、三世代世帯であれば全てうまくいくというわけではなく、祖父母が虐待に加担している事例もある。それでも祖父母世代が近居か同居していたほうが子育てノウハウを子ども夫婦に伝えられるし、子育て支援ネットワークも広がる。可能性として救いの手が多くなり、全体としても「子育て共同参画社会」が見えてくるのではないか。

「子育て共同参画社会」

開始されてちょうど二〇年になる介護保険は、要介護高齢者を家族だけでは支えきれないため、社会全体で支援する仕組みとして国民からは高く評価されている。この理念を活かして、私は子育てのための仕組み作りを二〇年前から主張してきた。

家族が小さくなり、弱くなる傾向を変えるのは難しい。それを受け入れながら、今の子どもたちが次

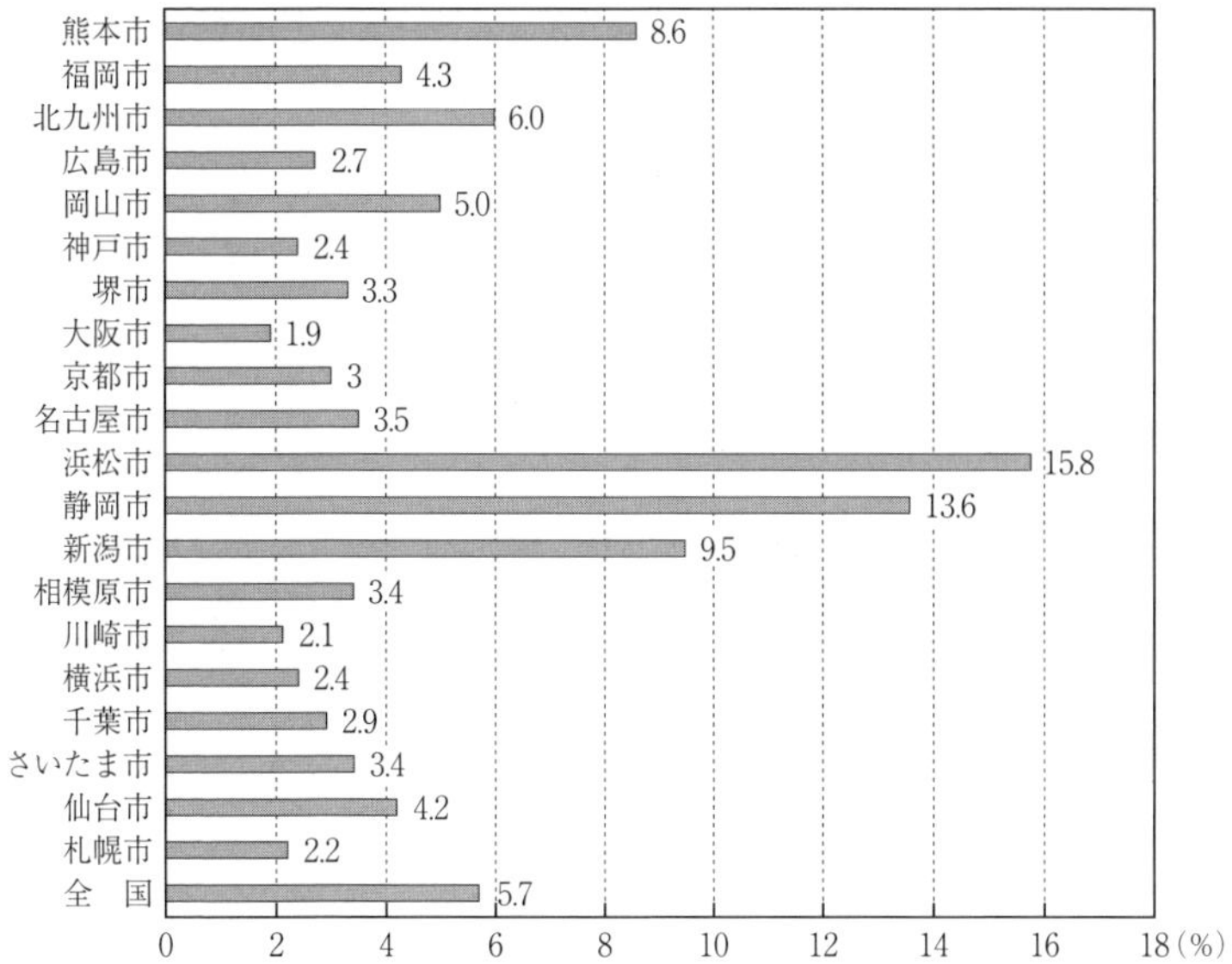

図６－７　三世代世帯比率（2015年）

（出典）2015年国勢調査結果より金子が作成した。

の世代をどう育てるか。皆の力で育てるならば、それは確実に「子育て共同参画社会」になる。

そこでは介護保険に類するような仕組み、「子ども保険」と呼ぶ人もいるし、私は「子育て基金」と呼んでいるが、そういう仕組みを内在化した社会を「子育て共同参画社会」と呼んできた（金子、二〇一六b）。そして子育ても介護も社会全体で担っていくことが、実は児童虐待や高齢者虐待の予防ないしは減少につながると考えている。

ただし、子どもの有無により、負担の問題の格差が大きくなることへの配慮は欠かせない。私が「子育て基金」と「子育てフリーライダー」論を始めたのは金子（一九九八）からであったが、「社会保障のシステムの下では、子供のいない人は子供を持つ人に『ただ乗り』する」（クーンツ、前掲書：二一九）というように、立場も分野も違うアメリカのクーンツが同じ意見を一九九七年（二〇〇三年訳）に述べていたことに驚いた思い出がある。

目黒区の児童虐待死をはじめ虐待死の報道に接するたびに、その凄惨な光景が浮かぶ。多くの国民が同じ気持ちであろう。もちろん虐待をした親をただ「毒親」だと責めるのではなく、親が置かれた状況をしっかりと認識しておきたい。ただ私たち大人は、涙の次にこのような不幸をなくす努力を始めないと、結愛ちゃんをはじめとした虐待死させられた子どもの無念さに応えられない。[13]

虐待死を防ぐために

川崎は自らの経験を活かして、虐待死を防ぐために次のような提案をしている。要約的に箇条書きで整理すると、(1)子どもの権利が尊重される文化を育む、(2)社会全体で虐待問題に取り組む、(3)「微力だけど、無力ではない」（川崎、二〇一九：二〇四）ことに勇気づけられて、虐待死を克服する。

いずれも総論としてはその通りだが、(1)の子どもの権利は自治体レベルではかなり前から基本目標に掲げられている。たとえば札幌市では二〇〇八年段階で「子どもの権利に関する推進計画の基本方針」を発表して、その実現に努めてきた。この姿勢は、二〇一五年から二〇一九年までの『新・さっぽろ子ども未来プラン』でも一貫している。そこでの子どもの権利は「子どもが毎日を生き生きと過ごし、自立した社会性のある大人に成長・発達するために欠かすことのできない大切なもので、子どもの基本的人権」とされ、①安心して生きる権利、②自分らしく生きる権利、③豊かに育つ権利、④参加する権利、に大別されている（札幌市、二〇一五：四七）。

川崎が提言した(1)はすでに実行されているにもかかわらず、全国で毎年一〇〇人前後の児童虐待死が発生してきたという事実がむしろ問題であると考えられる。

(2)「社会全体」は無定義なので、いかようにも拡張できるし縮減も可能になる。これは少子化対策と同根であり、社会全体で少子化対策に取り組むといいつつ、せいぜいそこでの社会全体とは、繰り返し述べてきたように、政府、自治体、産んだ親、その親が働く会社や職場、その親子が暮らす地域社会、子どもが通う保育園、幼稚園、小・中学校くらいしか含まれてはこなかった。少子化対策では、未婚者や子どもがいない家族は多くの場合、社会全体に含まれてこなかった歴史がある。児童虐待における社会全体とは何を指すのか。「子供のいない人は、子育てにかかるコストを一切負担することなく、他人の子供たちから利益を得ることができる」（クーンツ、前掲書：二一九）という考え方は、日本社会における「社会全体」にどのような効果をもちえたか。

(3)「微力だけど、無力ではない」分野はもちろんあるが、徹底して国民のそれぞれが「無力」である分野が多いことを忘れたくない。中央政治、外交、地方政治、司法、行政、経済、教育、医療、福祉、介護などの分野に対してわれわれの大半は「微力」ではなく「無力」なのではないか。

児童虐待予防への九項目の提案

私は、社会全体で取り組むべき児童虐待予防に直結する対応として、次の九項目を「特効薬」の成分として提唱して、国民各層での議論のたたき台になることを願ってきた[14]。

(1)　児童虐待死は「致死罪」ではなく、すべて「殺人罪」とする。

(2)　二〇歳未満で出産する「早母」、その相手の「早父」の危険性について、時系列データを示しなから義務教育段階で周知徹底させる。
(3) 就学前の児童の小児科検診を三か月おきに国費で行う。
(4) 児童虐待対応のみは児童相談所から警察に移管して、究極的には現在の交番の三割程度に虐待防止担当を新設して、「子ども交番」として虐待対応に専念する体制を整える。[15]
(5) 「子ども交番」の職員には、警察官とともに児童福祉司、児童心理司、心理カウンセラーやソーシャルワーカーなどの有資格者も含めるとする。
(6) 「子ども交番」は、予防介入を通して被虐待児の救出に全力を尽くす。
(7) 虐待されている児童の一時保護期間を二か月から五年間に延長して、その育児施設を国費で速やかにつくる。
(8) 延長判断は家庭裁判所ではなく、「子ども交番」が中心になり、学識経験者その他の専門家の意見を聞いて、行う。
(9) 立法、司法は、虐待死させられた児童の人権を最優先の判断軸として、加害者には厳罰を科す。

漱石『草枕』の中に「住むに甲斐ある世」という言葉がある。社会学という学問は、「住むに甲斐ある」社会をつくるためにあると私は考えて、微力を尽くしてきた（金子、二〇一八a）。

二〇一八年の六月に公表された目黒区の結愛ちゃんの虐待死によって、そして一九年九月からの裁判で明らかにされた虐待記録を読んで、何とかしなければならないと考えている人は多いはずである。社会の仕組み、風潮がどこかおかしいと感じる人も多いであろう。それを単に感情的にではなく、また的願いがある。

「特効薬がない」と嘆かずに、いくつかのデータ分析から具体的な提言までもっていきたいという学術

児童虐待の防止は、制度改革や地域での子育て支援とともに、やはり家族政策が中心となる。家族機能が低下してきたところに、児童虐待や高齢者虐待という問題が出てきた。「少子化する高齢社会」における家族の機能を改善するために、「住むに甲斐ある世」を現世代が次世代に贈るために、学問の無力さを感じつつも、できるだけのことをやっていきたい。

注

（1）比較級ならば、その内容は多様であり、本人の好みに合わせてピンピンコロリでも構わないし、家族に見守られての安らかな死もまた「ウェル　ダイイング」（well dying）に該当する。しかし、幼い時に実母や実父に殺害されるほど最悪の死に方が他にあろうか。「ワースト　ダイイング」（worst dying）と命名した理由もここにある。そのうえそれが、毎年少なく見ても一〇〇人前後発生する社会の異常さに、大人の私たちは慣れてはいけないのではないか。

（2）二〇一九年九月三日からの母親に対する地裁での公判でも、一〇月一日からの父親（母親の再婚相手）の裁判でも細かな事実が明らかになっている。母親は地裁で八年の実刑判決が下されたが、控訴した。いずれにしても、重い気持ちになる長い裁判が始まった。

（3）詳細は金子（二〇一二）およびモラノ（二〇一八＝二〇一九）を参照してほしい。後者では最新データにより、それらのホラー話を否定して、「炭素の恵み」（モラノ、二〇一八＝二〇一九：二八五）を強調している。面白いことに、川崎（二〇一九：一九九）では、「地球温暖化によって南極大陸の巨大な氷河の一部が海中に崩落する映像」が浮かんでくると締めくくった。この認識の是非についてもここで紹介した二冊の精

読がほしい。

（4）札幌市ではこれまで四回の検証委員会が開かれたが、私が直接関わった第一回と第二回も含めて、第四回の委員会まで、「要対協」の会議は全く開かれなかった。

（5）札幌市の四回目の『検証報告書』は二〇二〇年三月に公表された。

（6）本書でも随時引用したヘルファーら（一九九七＝二〇〇三）やジェニー編（二〇一一＝二〇一七）から、いろいろな発想と解決の糸口が見えてくるはずである。

（7）データの質に配慮しない自然科学も社会科学もありえない。一五〇年も前のベルナールの「もしも推理の基礎となる事実が、不正確に定められたり、または誤っていたりしたならば、全部が崩壊し、全部が偽りとなるであろう」（ベルナール、一八六五＝一九七〇：三二）は今でも箴言になる。

（8）なぜ学ばないかには理由がいくつかあるのだろうが、専門家でも事例のみを繰り返し紹介し、体験談のレベルに止まっていて、そこからの一般化への模索の試みが乏しかったことが特記される。

（9）通告の大半が電話を使っているために、「正常接続率」二〇％がここでも問題になる。たとえば、児相が受け付けた通告件数が一〇〇〇件であったとすると、実際には五倍の五〇〇〇件の電話が掛けられていたことになる。

（10）高齢者医療費や後期高齢者医療費の都道府県格差がいわれて久しいが、一人当たり（後期）高齢者医療費が高騰する主要な要因は、高齢化率の高さではなく、また病状の重さや有病率などでもなく、長期入院比率である。高齢者の入院期間が長くなると、一人当たり高齢者の医療費は増加する。なぜ入院期間が長くなるかといえば、三世代同居世代率が下がってきたからであり、在宅での看護や患者を世話する家族機能が喪失したからである（金子、二〇一三：一三一～一六五：二〇一四：一四四～一四七）。

（11）本書の強調点の一つが、このような事前活動を予防的介入（prevention）と理解するところにある。

（12）児童虐待に対しては警察と児相では機能的等価ではないという判断と、「通告後四八時間内の初期対応」にも身近な「子ども交番」の優位性を考慮した結果である。

(13) 社会学者としてというよりも、大人の一員として悲惨な児童虐待死を予防し、できるだけ減らすような社会づくりのアイディアを出し合う時期に至っていると判断して、本書巻頭に触れたオルテガの「哀感」に触発された結果、本書の構想が生み出された。

(14) 類似の提案は二〇一九年にしたことがある（金子、二〇一九b）。

(15) 七月二七日の『産経新聞』によれば、児相を設置している全国の七二自治体（都道府県、政令指定都市、その他の市、東京都の区）の四一自治体が、児相に現職警察官を配置していることが分かった。これには児相と警察の組織連携の一環として、「警察官の配置」と児相がもつ全虐待事案の対応概要を警察に提供する「全件共有」がある。両方実施の自治体が一五、「警察官配置」のみが二六、「全件共有」が一一、どちらも実施せずが一九であった。この延長線上に「子ども交番」が期待される。

［付記］本章での研究は「JSPS科研費　JP15K03903」の助成を受けたものである。

第7章　少子社会における児童虐待

1　研究方法と先行研究の成果

年間出生数八六万人

二〇一六年の年間出生数九七・七万人を皮切りに、一八九九年から二〇一五年まで連続してきた年間出生数一〇〇万人の壁はいとも簡単に崩壊した。なぜなら、二〇一七年のそれは九四・六万人、二〇一八年でも九一・八万人と急落してきたからである。これはもはや不可逆的な動態であり、そして二〇一九年では実に八六万人にまで落ち込んだ。

年間出生数が一〇〇万人ではなく八六万人にまで減少し、若年人口減少の加速化が四年連続続く時代が到来した。

本章では年間出生数の減少が続き、年少人口数とその比率が一貫して低下する中で、新しく生を受けた子どもが実母や実父に虐待死させられるという少子社会における児童虐待について、現状分析とその処方箋への普遍的な手がかりを示そうという試みを行う。

研究の方針と方法

このような条件を設定して、少子社会の現状分析を行い、児童虐待の処方箋を描き出すための方法論は以下のようになる。

まず、複雑性をできるだけ緩和するために対象を選定する。取り上げる社会的事実を細分化して、独自に収集した具体的なデータもしくは政府統計をはじめとした公的データ集を使って、比較分析を軸として成果の確実性を増すように努力する。

特定のイデオロギーに依拠すると、せっかく加工されたデータがもつ傾向を見逃す恐れがあるから、イデオロギー論は避けて、最終的に明らかにしたい課題を絞り込み、そのために多様な観点を取り込む。最終課題を解明する前段として、関連するテーマを一つずつ見ていくことが頂上への近道になる。(1)

異なったデータが得られたら、当初の仮説とは無縁でもその社会的事実を調べ直したい。高齢化でも少子化でも児童虐待の研究でも、過去三〇年近く私はこのような手法により、設定した課題解明に取り組んできた。具体的には、

(1) テーマを設定したら、その課題を幅広い観点から位置づけて、一般的な現象の一事例に組み直す。
(2) その後に細かなデータを基にその分野に特有の情報に焦点を合わせる。
(3) 先行研究成果と自分の仮説と比較して、社会学の用語に依拠して、得られた成果を相対化して結論を下す。

となる。そのためには研究に必要な複数のデータの探索とその入手への意欲が重要になる。同時に先行研究とのすり合わせはもちろん、並行して調査により得られた成果を踏まえた「対策」や「計画」という将来設計に関連する「作為」にも手を伸ばしておきたい。

作為と不作為

しかし多様な社会理論のうちたとえば進化論の一部には、今でも「強制と計画」を嫌い、「自ずと出現する」現象を好意的に評価する傾向がある。(2) たとえばリドレーは、「人口増加に歯止めをかけたのは、進化のメカニズムによる自発的で、計画外の現象であった。期待もされず、予測もされず、予告もされていなかったが、人々はより裕福に、より健康に、より都会的に、より自由に、そしてより教育水準が高くなった結果、より小さな家族を持つようになった」(リドレー、二〇一五＝二〇一八：三〇〇) と主張した。このように進化を擁護するリドレーは「作為の罪」(同右：三〇六) を強調するが、「不作為」ならばうまくいくとは限らない。

少子化の影響

たとえば、少子化が進み、平成後半期から大学進学率の平均が五五％にも達し、「一世帯当たり平均人員」二・二人という小家族化も達成し、平均寿命も男性で八〇歳を超え、女性では八七歳を突破し、面積的には半分を超え、人口数では、国土全体で一割程度の過疎地域の裏側で、九割程度が都市的地域になった日本社会では、各分野で社会問題が山積している。とても「自発的で計画外」のままに、これらが解決するとは思われない。

たとえば少子化によって短期的には裕福な生活が得やすいだろうが、長期的には子ども関連の商品とサービスは売れなくなり、関連企業の業績低下とそこでの失業は必至となるからである (金子、二〇〇六a)。同じく若い世代が急減することにより、高校や大学の入学定員割れが日常化して、オリンピックの金メダル獲得はもちろん困難になり、学術や文化一般のイノベーションもまた難しくなると考えられる。

その意味で、少子化をめぐっての社会的課題とは「作為」を否定するのではなく、「作為」としての具体的な「計画」や「介入」の方法と実行にあると考えられる。

それがなければ、たとえば少子化の時代に厚生労働省発表でも毎年一〇〇人前後、日本小児科医学会有志による二〇一一年の検証結果の三五〇人の児童虐待死＝殺人が発生している現実に全く対処できない（溝口ほか、前掲論文）。現在と同じように「自発的で計画外」では、児童虐待死解決への途は永遠に見えてこない。

日本の一九五〇年代は、「貧しく、飢えた、子どもの多い人々」ばかりであった。「子どもの貧困」の前に「大人の貧困」が普通にあった。その人々に「対する正しい行動は、希望、機会、自由、教育、食料と（中略）、避妊法も含めた医療を」（リドレー、前掲書：三〇六）与えることであった。

少子化の中での児童虐待の増加

その結果は正しく「より小さな家族をもつ」という二一世紀の小家族化につながったが、反面でこの結果により少子化が顕在化して、その中で逆説的に児童虐待が増加して、要介護高齢者の不安も増幅した。若い世代の四割が非正規雇用になり、その雇用形態では若い世代はもちろん中年世代さえも自らの将来像を鮮明に描けなくなった。

「作為」としての「計画」に誤りが生じることは当然あるとしても、だからといって「自発性」に期待した「不作為」だけで、「自発的現象としての人口転換」（同右：三〇六）を受け入れるわけにはいかない。それでは長期的に見ると日本の社会システムが崩壊してしまう。社会システムの崩壊ではなく、再生、創生、活性化こそが依然として課題なのではないか。私はこのような立場から長い間発言してきたが、学界ではあまり受容されなかったように思われる。しかし、社会学を正業としてきた者の責任として、今でも同じ観点を踏襲する。

「人口転換」として想定できる「自発的現象」は、私の言葉では「少子化する高齢社会」になる。「人口減少社会」もまた高齢化の側面と少子化の側面に二分される。ここでは、現段階での少子化に焦点を当てて、日本社会システム衰耗の実態を探り、その原因を明らかにして、地方日本の再生、創生、活性化を含む社会システム創新の一翼を担えればと願っている。

リスクの考え方

この補助線は三点に分けられる。一つは、「危険」（リスク）への判断である。人間が作り上げた社会システムには、日常的に発生する窃盗や交通事故などの小さなリスクから、マグニチュード9クラスの地震やときおり話題にもなる富士山噴火まで、さまざまな巨大リスクとその可能性が共存する。これらを考える手がかりとしての「リスクの公式」として、

「リスク」＝「望ましくない事象の重大さ」×「その事象が起きる確率」
（Risk＝Magnitude of Hazard × Probability）

を取り上げたことがある（瀬尾、二〇〇五：二）。ただし、「望ましくない事象」としてのリスクは無数にあるから、実際に取り上げる際には分野を決めて優先順位をつけて対象化するしかない。そのためには、対象化した事象の発生確率を勘案して、高リスクか低リスクかの決定を行うことになる。

予想される社会的リスクが現実化すれば、システムの機能不全、損傷、損失をもたらし、最終的には社会システム解体まで進むこともある。しかし機能不全に代表される小さなリスクには、システムに備わる自己組織性（self-organizing system）による適切な資源配分と人員配分で対処できることがある。とりわけ小さな範囲で、被害者が少数の人々であり、短期間で適応できるリスクならば、これで十分であ

る。

逆に「日本沈没」のような巨大リスクでは、社会システムの自己組織性で対処できない。そこでは広大な地域（large areas）が巻き込まれ、その大部分の人々（most people）が長年（many years）にわたり、その深刻な影響下で暮らすことになるし、集落移転や国外移転のように現住地で暮らせなくなる場合も出てくる。

リスクの判断要素

このように、リスクの判断要素には表7－1に示した範囲、人数、期間の組み合せがある。すなわちAは「狭小―少数―短期」、Bは「拡大―多数―長期」、Cは「全体―全員―永久」となり、リスク次第でABCが決まり、それに沿った対応が具体化する。

表7－1　リスクの3分類

	A	B	C
範囲	狭小	拡大	全体
人数	少数	多数	全員
期間	短期	長期	永久

（出典）金子（2013：221）。

いずれもその基本は「危険の意識の根源は現実にあるのではなく、未来にある。危険社会において、過去は現在に対する決定力を失う。決定権を持つのは未来である」（ベック、一九八六＝一九九八：四七）という視点に求められる。未来に向かうわれわれがそのリスクに対処するためには、手持ちの資源と知識によって「作為」としての「計画」を作り、備えるしかない。

ベックのいう「出生率は、減少している。しかし子供の意義は、高まった」（同右：二三八）は、「少子化する高齢社会」における子どもの存在をみごとに表現している。児童虐待死は「意義が高まった」子どもを実父や実母が殺害するのだから、全く悲惨な事件である。それを防止するためにも、社会構成員としての大人の一員である社会学者もまた自らの「作為」案を示す時期に来ている[(3)]。

社会問題としての児童虐待死

第二の補助線として、児童虐待死を学問としての「社会問題論」に位置づけてみる。マートンの「社会問題の社会学的診断基準」によれば、

(1) 社会的標準と社会的現実の重要な喰い違い
(2) 社会問題の社会的起源
(3) 社会問題の判定者の存在
(4) 顕在的社会問題と潜在的社会問題
(5) 社会問題の社会的知覚
(6) 社会問題の矯正可能性

などがその「診断基準」とされた（マートン、一九六六＝一九六九：四一六）。

すべてが重要であるが、とりわけ「現実の状態が社会的（社会の人びとの共有する）標準に十分に合致していないと判断されるに及んで社会問題ははじめて問題としてとりあげられる」（同右：四二〇）という視点が特に有益である。

児童虐待の加害者は「しつけ」と称して子どもを虐待し続けるが、一般化された社会化（socialization）の中心をなすその行為内容は、「社会の人びとの共有する標準」に全く合致していない。親によるネグレクトの大半も身体的暴力のすべてが「しつけ」とは無縁の行為である。二〇一八年六月に公表された「目黒区の結愛ちゃん虐待死」を知るや、多数の国民が政府に対して児童虐待死への「緊急社会対

応」を求めた理由もここにある。なぜなら、親が責任もって子どもの社会化を行うのが社会標準なのに、児童虐待はあまりにも子どもへの関与の仕方がそれとは異質に見えるからである。これは昭和から平成への流行語である「多様化」でもなければ「寛容」にも程遠い。

社会的価値への接近

この子どもの社会化という価値と児童虐待の現実のギャップを解決するためには、「価値を既存の状況に適応させるのではなく、社会的状況のほうを社会的価値にいっそう接近させなければならない」（同右：四二五）というマートンなりの処方箋も出されている。これを使えば、幼児や児童の段階での社会化の責任者は親にあり、その親に標準化された社会化の方法を守らせるという「作為」しかない。状況としての「虐待」も仕方がないというのではなく、子どもをきちんと社会的な存在に育て上げるという「価値」に向けて、子どもへの虐待や無関心という多様な「状況」を接近させるのである。

ただしそのためには、政府、自治体、企業、学校、国民全体などが総力を上げて子育てができるような社会的状況を作り出すしかないであろう。小学生六年生までの医療費の無償化や二〇一九年一〇月から始まった幼稚園費用の無償化もまた、このような子どものために合意された「作為」の一環である。これらの子ども向けの無償化事業もまた、マートンの次の指摘を裏づけている。「社会生活の型式を破壊する力が天災であれ人災であれ、これらの力は、結局、社会の成員に対して解決すべき課題を突きつけており、しかもその対策の性質は社会学の原則としてその社会の構造によって、その社会の制度や価値によって大いに影響を受けるからである」（同右：四二一）。

カウフマンの少子化研究

第三の補助線はカウフマンの少子化認識論から得られる（カウフマン、前掲書）。特に少子化による人口減少の影響を高齢社会論との接点で以下のようにまとめたことは、日本における「少子化する高齢社会」認識にとって示唆的であった。少子高齢化の趨勢についてカウフマンは、

(1)　経済圏における投資機会を縮小し、経済成長を減速させる。
(2)　後継者不足や就業人口更新の遅れが、イノベーション達成と国民経済の生産性上昇を阻害する。
(3)　高齢化は社会サービスへの需要を高めるが、その価格の高騰が他の消費財に対する潜在需要を低下させる。
(4)　就業人口と非就業人口比率のシフトは、国民所得配分上の軋轢を高める。
(5)　政治家は高齢世代の要求を優先させる。
(6)　再生産年齢女性人口の減少が、出生減退を指数関数的に加速させる。
(7)　無子割合の増加は、親族ネットワークを希薄にするとともに、高齢者単独世帯の増加をもたらす。
(8)　退職と老衰時期の間に、「人生の第三期」が新たに発生する。

と整理した（同右：一〇五）。

「少子化する高齢社会」

同じ時期に私も「少子化する高齢社会」というアイディアに到達して、次のようなまとめを行った（金子、二〇〇六a：二〇〇六b）。すなわち「少子化する高齢社会」のうち、

（A）少子化による影響

(1) 社会の中で次世代の減少が鮮明になる。具体的には文化面、学術面、スポーツ面、産業面などにおける社会的活力が低下する。

(2) 子ども用の商品やサービスの生産販売の落ち込みと、それを製造販売する企業業績が悪くなる。

(3) (2)により失業率が上昇する。

(4) 失業率の上昇は犯罪の温床を広げる。

(5) 次世代による労働力が減少する。

(6) 人口減少と年少人口の減少により、進行する高齢化への対応が困難になる（年金制度、医療保険制度、介護保険制度、就業制度、高齢者への支援制度の維持が難しい）。

(7) 高齢化への制度的対応が困難になると、高齢者だけではなく、高齢者を抱える家族もまた暮らし面で難しい問題に直面する。

（B）少子高齢化の解消策

(1) 人口減少制御に特効薬はない。しかし、

(2) 少子化指標（合計特殊出生率、年少人口数、年少人口率）の一〇年後や二〇年後をどう描くのかの合意を速やかに行う。

(3) 社会目標として少子化の緩和、抑止、阻止、反転としての増子化が可能か。

育児をする家庭としない家庭で費用負担の格差が大きい現状（子ども一人を大学卒業まで育てると、平

均で三〇〇〇万円かかる）をいかに緩和するか。

(4)　この負担をすべての家庭で等しく受け持つ制度として、二〇〇三年から「子育て基金」を提唱してきた（金子、二〇〇三）。ほぼ黙殺されてはきたが、この言葉は生き残り、違った文脈ではあるが、日本全国のいくつかの都市では「子育て基金」制度が創設されて、現在まで機能している。

(5)　結婚の自由、子育てしない自由はあるが、次世代育成は全国民の義務という常識の確認を行い、制度化する。

本節での内容は、少子化研究が停滞した時や仮説形成がうまくいかなかった際に、折に触れて確認しておきたいことである。

2　日本の少子化の動向

少子社会の誕生

児童虐待死の統計は二〇〇三年度から警察庁が始めたが、日本の少子化と少子社会は一九五〇代中期に始まり一九七二年に終わった高度成長期の結果、新しく主流となった生き方である「個人化」「私化」「粉末化」などを原動力として一貫して進んできた。一九六〇年前後から、それまでの平均的な貧しさから脱却して少し上の生活水準に手が届く時代を迎えた。さらに故郷を離れ、大都市に移動してそこで自らの配偶者を得ても、子どもの必要性を感じないＤＩＮＫＳ志向者が生まれた。同時に家族全員で支え合わなくても、大都市では単身でも暮らしていけるために、シングル生活を選択する若者も増えてきた(4)。

また、生活保護に象徴されるような社会保障制度も少しずつ改善されて、社会全体に定着したので、個人がかりに生活困難に直面しても、現在までのところ社会保障制度という共有財からの支援を受けられる。それらの制度面での改革により、三世代家族やそれに類する大家族は速やかに縮小した。同時に高度成長期に完成した核家族もまた、子どもの出生後の社会化に果たす役割を発揮した後では、親世代の介護に関しては果たす機能が小さくなった。

なぜなら、高齢の両親や本人の高齢期の介護支援には、二〇〇〇年四月からの介護保険制度が最優先され、従来からの家族機能の役割が相対的に低下したからである。福祉社会への進展に合わせて、それまでの三世代同居や大家族制を根幹にしてきた日本の家族構造は大きく変貌した。

北海道の小家族化の事例

たとえば、日本社会の変動を一〇年は先取りするといわれる北海道社会では、昭和終わりの一九八八年の核家族比率は全家族類型の中で第一位の六四・五％であったが、三世代同居などはその段階ですでに一三・七％に低下して、代わりに単身者率が二一・八％にまで増えていた。その後平成時代が終わる一年前の二〇一七年には核家族が五六・〇％と急落して、三世代同居も六・八％にまで下がった。しかし、単身者率は三七・三％へと急伸して、平成時代を通して北海道は急速に一人暮らしを基調とする社会構造へと変貌した。

ちなみに総務省統計局が毎年刊行している総務省統計局『社会生活統計指標二〇一九』によれば、北海道の「平均世帯人員」は二〇一五年の国勢調査では二・一三人であり、東京都の一・九九人に次いで少ない。同じく、合計特殊出生率が都道府県で最低の東京都に次いで低い北海道では、人口一〇万人当たりコンビニ店数は第一位の四〇・六店（二〇一四年）であり、第四位の東京都三一・一店よりもはるかに多い。単身者は二つのグループに分けられ、一つは高齢者グループであり、もう一つは学生や二〇代や三〇代の男女未婚者のグループである。とりわけ若い世代の未婚者の生活上の利便性を、北海道でも東京都でも徒歩圏内に乱立気味のコンビニ店が支えるようになった。

並行する少子化と小家族化

日本社会自体もまた、少子化と小家族化が並行してきた。同じく『社会生活統計指標』（二〇一九）によれば、少子化に関する平成時代後半の推移は表７－２のようにまとめられる。

表７－２　平成時代後半の少子化データの推移

	2010	2015	2017	2020
合計特殊出生率	1.39	1.45	1.43	1.36
年少人口比率（%）	13.2	12.6	12.3	12.0
年少人口数（万人）	1680	1589	1559	1512

（注）2020年は総務省による４月１日の推計値。また1.36は2019年の出生率である。
（出典）総務省統計局『社会生活統計指標 2019』2019。

いずれも少子社会を考える際の基本データ群であるが、いくつかの特徴が指摘できる。まず日本全体の合計特殊出生率は二〇〇五年の一・二六を最低値として、その後は一・三〇台から一・四〇台で推移してきた。都道府県では一・九〇前後で常に第一位の沖縄県と一・二〇前後の東京都が最下位を占め、それに北海道が続いてきた。

日本全体の年少人口数は一九八二年から一貫して減少傾向にあり、単年度出生数の落ち込みとほぼ並行して、二〇二〇年まで連続三九年間の減少記録を維持してきた。たとえば二〇一〇年には一〇七万一三〇六人の出生数であり、合計特殊出生率も一・三九を記録して、年少人口数は一六八〇万人であった。

表7－3　年少人口数3歳ずつの合計の推移　（万人）

年　齢	2008年	2013年	2014年	2016年	2018年	2019年
0－2	324	316	314	307	293	286
3－5	332	317	316	316	298	295
6－8	351	320	319	318	313	309
9－11	358	340	333	321	323	321
12-14歳	359	355	351	342	326	322
合　計	1724	1648	1633	1604	1553	1533

（出典）各年度の総務省統計局『社会生活統計指標』。ただし，四捨五入した結果である。

幼くなるほど少ない子ども数

だが本章第1節で触れたように、二〇一六年に年間出生数一〇〇万人を割り、それに伴い年少人口数も減少して、二〇二〇年四月段階ではそれが一五一二万人にまで落ちた。

このように一世代三〇年間を超えて減少が続いており、しかもほぼ各年度、幼くなるほど子どもの数が少ない傾向が明瞭になっている。この動向により、三歳刻みの子ども数もまた、幼くなるほど少なくなってきた（表7－3）。すなわち、次の二点が指摘できる。一つは、二〇〇八年だけではなく、二〇一三年からは一貫して三歳ずつの子どもの実数合計が減少してきた。二つには、「九～一一歳」と「三～五歳」を除く「一二～一四歳」、「六～八歳」、「〇～二歳」では、経年変化としての連続減少が鮮明であった。

「九～一一歳」と「三～五歳」では合計数が等しい二つの年があったので、連続減少とはいえないが、二〇一三年と二〇一九年を比較すれば、三歳ずつの全年齢世代の子ども数が二〇一九年には日本史上で最低を記録したことになる。特に二〇一九年の「〇～二歳」は二八六万人となっていて、単年度平均では九五万人を割り込んでいて、一八年後の大学入試の受験者総数の激減が確実に予測される。なにしろわずか一〇年で年少人口は二〇〇万人近く減少したのだから。

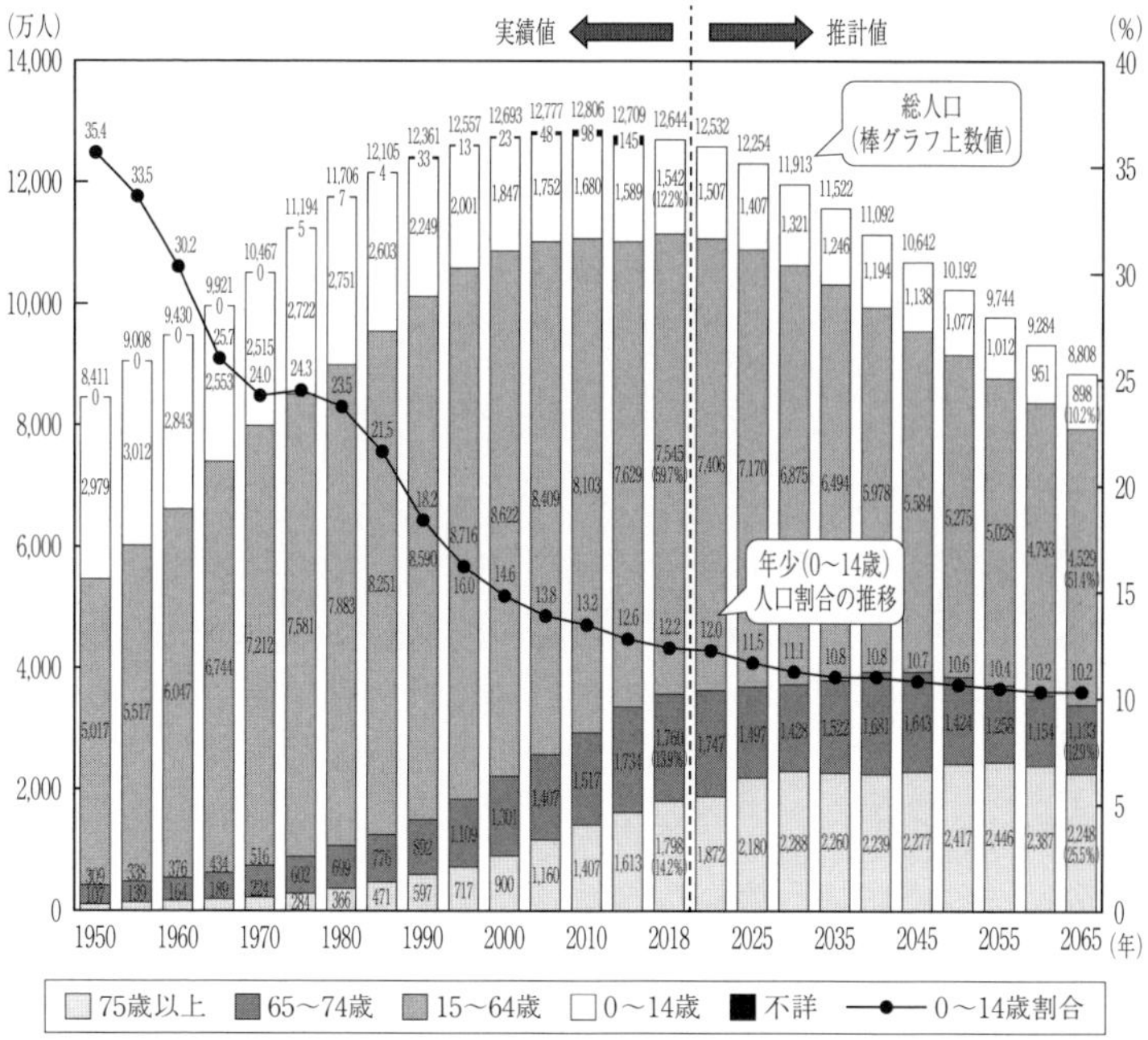

図7－1　年齢階級別人口と年少人口割合の推移

（出典）内閣府編『令和元年版　少子化社会対策白書』日経印刷，2019。

表7－3をタテ軸に沿って見ても、すべての年で「〇～二歳」が一番少なく、「一二～一四歳」が一番多い。これもまた年少人口数の推移が示す少子化の動向の一つであり、その影響は五年後一〇年後に確実に社会生活全分野に広がってくる。

同時に年少人口比率もまた、一九七五年から二〇二〇年まで、実に四六年間連続して減少してきた。これは現在の学生の母親が誕生した頃になり、昭和終盤の一五年間は少子化への助走期間であり、平成三〇年間は少子化の本番であったとも見ることができる。

図7－1によれば、一九七五年の二四・三％から二〇一八年が一

二・二%であり、二〇一九年四月現在で一二・一%となり、実数は一五三三万人に下がり、二〇二〇年四月では一五一二万となった。これは日本社会のなかで子ども数が最高を示した一九五四年の二九八九万人と比べると一四七七万人の減少であり、平成元年（一九八九）の二三二〇万人と比較しても八〇八万人もの減少である。

日独伊で強い少子高齢化傾向

二〇一七年で世界の主要国の「年少人口率」のデータを統一すると興味深いことに、第二次世界大戦で枢軸国（The Axis Powers）を構成した日本が一二・三%、ドイツが一三・一%、イタリアが一三・七%で少子化指標の「年少人口率」の最下位を占めている。この事実を加えると、社会現象の歴史性もまた理解できる。そして日独伊の三国は、高齢化率でも世界的にも高い状態にある。[5] ちなみに二〇一九年七月の国連による人口推計によれば、日本が二八・四%、イタリアが二三・〇%、ドイツが二一・六%であった。すなわち、この三国の現在は世界的に見ても「少子化する高齢社会」を体現していると判断できる。

旧連合国の高い年少人口率

同時に連合国（The United Nations）の中心だったアメリカの「年少人口率」が一九・二%、イギリスが一七・六%、フランスが一八・三%を示している現実との対比をしておこう。

さらに二〇一七年の「合計特殊出生率」でも、フランスの一・九〇、アメリカとイギリスが同じ一・七六であった事実に対して、ドイツが一・五六、日本が一・四三、イタリアが一・三二であったことも認識しておきたい。そうすると、これら旧連合国三国と旧枢軸国三国では、人口増加への政府の姿勢や国民の態度についてもかなりな異質性を歴史面からも感じ取ることができる。

要するに、同じヨーロッパでもドイツ、オーストリア、イタリアなどのかつて日本と枢軸国を構成した国々と、他のヨーロッパ諸国であるイギリスとフランスにアメリカを加えた連合国との間には、合計特殊出生率の鮮明な差異がうかがえる。七〇年前の政治体制が変貌して、大統領をトップに置くか、首相を筆頭にするかの違いはあっても、いずれも普通選挙を行う「民主国家」ではあるのだが、敗戦の三国では戦時中の「産めよ増やせよ」スローガンは七〇年後もまだ禁句になっている。対照的に、フランスに象徴的な戦勝国での「人口増加政策」スローガンは、国民に受け入れられている。

反面、旧枢軸国三国では日本がそうであるように、大戦後七〇年が過ぎても、依然として「人口増加」を政治的なスローガンにできない歴史的伝統がある。日本でひとたび「人口増加」を明言すれば、マスコミ、市民運動、NPO、一部政党などから「軍国主義」という批判の大合唱が始まるが、実態としては少子化を打開する途をきちんと明言することもなく、「子育て環境を整備しよう」というだけに止まってきた。

複数の少子化原因

世界的に見ると、いわゆる先進社会では子どもが少なくなり、家族の規模もまた小さくなったが、それぞれに原因が複数ある。日本の少子化にも昭和と平成の時代から二つの原因が指摘されてきた（金子、一九九八：二〇〇六a）。一つは既婚者が子どもを産み控える傾向が続いていることである。既婚者に欲しい子どもの数を尋ねると、三人程度という回答が多いが、実際には先行き不安、現在の所得の低さ、狭い住宅事情、高額の高等教育費用などが、子ども数を二人までに制約している。

ちなみに社会保障人口問題研究所の「出生動向基本調査」によれば、この四〇年間では一九八七年の

「理想子供数」が最高の二・六七人であり、そこでの「現存子供数」は一・九三人であった（内閣府、二〇一八：二三）。この傾向は徐々に縮小して、二〇〇二年の「理想子供数」が二・五六人になり、「現存子供数」も一・七八人に減少した。さらに二〇一五年の「理想子供数」になると二・三二人に下がり、「現存子供数」も一・六八人になった。これを正確に捉えるならば、「待機児童ゼロ」を対策の筆頭に位置づけてきた四〇年間の反省が必要になるであろう。

「待機児童」をゼロにしても、それが出生率を押し上げる原動力になるかどうかは不明だからである。くわえて、未婚率が着実に上昇してきたのに、隔靴掻痒な婚活などしか行われていない現状がある。

婚外子率の低い日本

日本の婚外子の比率は二％程度なので、婚外子による出生増加は期待できない。なぜなら、一〇〇万人の出生数の九八％が既婚者のなかで誕生するからである。すなわち八七年の二・六七人程度という既婚者の希望が満たされていないことが、数十年間続く現代日本の少子化の主な理由の一つである。

日本の婚外子率は世界的に最下位に近い状態で推移してきた。表7－4からアジアの韓国と日本の低さに驚くであろうが、同時に少子化を克服したフランスの五六・七％、福祉先進国と称されてきたスウェーデンやノルウェーの五五％にも、日本とは異なる文化の質を痛感する(6)。

北欧のデンマークやベルギーの五〇％台はもとより、合計特殊出生率が一・八〇以上のオーストラリア、イギリス、ニュージーランドなどの英語圏でもアメリカの四〇・二％に象徴されるように、婚外子率は軒並み高い。

表7-4　婚外子率と合計特殊出生率の国際比較

（%）

	OECD Family Databases (2010)		OECD Family Databases (2017)	
国　名	婚外子率	合計特殊出生率	婚外子率	合計特殊出生率
韓　国	1.5	1.15	1.9	1.24
日　本	2.0	1.37	2.3	1.47
ギリシャ	5.9	1.53	8.2	1.30
スイス	17.1	1.41	21.7	1.54
ポーランド	19.9	1.40	24.2	1.32
イタリア	17.7	1.41	28.8	1.37
カナダ	24.5	1.68	33.0	1.60
ドイツ	32.1	1.36	35.0	1.50
オーストラリア	33.4	1.90	34.4	1.83
アメリカ	38.5	2.01	40.2	1.84
オーストリア	38.8	1.39	41.5	1.47
ニュージーランド	46.5	2.14	46.7	1.99
オランダ	41.2	1.79	48.7	1.71
イギリス	45.4	1.94	47.6	1.81
ベルギー	43.2	1.83	52.3	1.74
デンマーク	46.2	1.84	52.5	1.69
ノルウェー	55.0	1.98	55.2	1.75
スウェーデン	54.7	1.94	54.6	1.88
フランス	52.6	1.99	56.7	2.01

（出典）OECD Family Databases (2010), OECD Family Databases (2017) から金子が作成。

婚外子率：Share of births outside of marriage (% of all births)

合計特殊出生率：Total fertility rate

合計特殊出生率と婚外子率

もちろん合計特殊出生率と婚外子率間に、厳密な相関の存在を断言するわけにはいかない。なぜなら、二〇一〇年よりも二〇一七年の婚外子率が高くなっても、合計特殊出生率はむしろ低下した国がいくつかあるからである。この範疇Aにはギリシャ、ポーランド、イタリア、カナダ、オーストラリア、アメリカ、オランダ、イギリス、ベルギー、デンマークが該当した。他方婚外子率が横ばいであっても、合計特殊出生率が下がった範疇Bの国は、ニュージーランド、ノルウェー、スウェーデンであった。

婚外子率が高くなるとともに、合計特殊出生率も上がった範疇Cの国はスイス、ドイツ、オーストリア、フランスであった。そして、比率は全く低いが、韓国と日本もまた範疇Cに含まれる。すなわち、少子化指標データの比較を行うことで、国々の文化の相違が歴然としてくるのである。

3 少子化と小家族化

見通せない未来

少子化と小家族化は入り組んでいて、鶏が先か卵が先かの問題になる。すなわち、未婚者が増えて、家族が小さくなるとともに、既婚者もまた産み控えが進み、子どもが少なくなり、その結果としても家族が小規模化した。日本政府のように、もう一つの主要な原因である未婚率増大の原因に積極的に取り組まないまま、四〇年間も既婚者の子育て支援のみを少子化対策と称してきた国も珍しい(7)。

若い世代の先行き不安を除去すれば、未来が展望でき、その結果として結婚願望が満たされ、出生率も向上する。これは日本の高度成長期の歴史から学べる文字通り「温故知新」の一部になる。(8) より具体的には、非正規雇用よりも正規雇用の優先を本気で行えるかどうかに尽きる。正規と非正規の時給換算の待遇を同じにしようという動向は商工会議所など日本の財界にもあるが、重要なことは時給を上げるだけではなく、雇用の均質化である。同じ仕事に同じ報酬が支払われることは当然だが、雇用形態が違えば、年金掛け金、医療保険支払い、介護保険費、退職金積み立て制度、年休、有給休暇、育児休暇休業制度などが異なることもあり、均質化は時給換算だけでは論じられない。

少子化のデータはすでに紹介したが、小家族化もまた深刻なので、ここで一括してまとめておこう。まずは、平均世帯人員、核家族世帯割合、単独世帯割合、高齢単身世帯割合、高齢夫婦のみ世帯率などが有力な小家族化の指標となる（表7－5）。

表7－5　小家族化関連の基本データ（国勢調査）

	2000	2005	2010	2015
平均世帯人員（人）	2.67	2.55	2.42	2.33
核家族世帯割合（%）	58.42	57.87	56.34	55.79
単独世帯割合（%）	27.60	29.47	32.38	34.53
高齢単身世帯割合（%）	6.48	7.88	9.24	11.11
高齢夫婦のみ世帯率（%）	7.83	9.15	10.13	11.40

（出典）2000年のデータのみ総務省統計局『社会生活統計指標2014』。2005，2010，2015年は総務省統計局『社会生活統計指標 2019』。

日本社会は婚外子率が二％程度であったことはすでに表7－4で説明した。未婚率が高くなれば、必然的に子どもが少なく生まれ、その積み重ねが少子化という社会変動を強めた。その関連でいえば、男女ともに未婚率の推移を点検することが望ましいであろう。そこで、表7－6をまとめた。ここからも一〇年間の推移のうちいくつかの傾向が把握できる。まずは誤差であろうが、男性女性の二五～二九歳と男性三〇～三四歳の未婚率は少し下がってきたことが指摘できる。

表7－6　男女別の未婚者割合の推移

（%）

		2005	2010	2015
25～29歳	男	71.4	69.2	68.3
	女	59.0	58.9	58.8
30～34歳	男	47.1	46.0	44.7
	女	32.0	33.9	33.6
35～39歳	男	30.0	34.8	33.7
	女	18.4	22.7	23.3
40～44歳	男	22.0	28.0	29.0
	女	12.1	17.1	19.0
45～49歳	男	17.1	22.0	25.1
	女	8.2	12.4	15.9

（出典）各年度国勢調査結果。

未婚率の増大　二〇代後半の男女ともに半数以上が未婚ではあるが、二〇〇五年のほうが若干ながら高い状態にあった。また、三〇代前半の男性では若干の低下が認められる。しかしそれ以外の年齢幅の男女については、二〇一五年の未婚率が高くなっている。とりわけ女性の三〇～三四歳、三五～三九歳、四〇～四四歳、四五～四九歳のすべてで一〇年前よりも未婚率が増大した。男性でも一〇年前に比べると、三五～三九歳、四〇～四四歳、四五～四九歳で未婚率が上がったことは女性と同じである。

各年齢世代に応じて、未婚を余儀なくさせる事情はさまざまであろうが、二〇〇五年前後に小泉内閣により解禁されたすべての職種における非正規雇用の容認が、その根底にある。アルバイト、パート、派遣や短期雇用などを総称する非正規雇用は、働く者の将来設計を難しくする。将来像が見えにくければ、結婚という選択も後回しになる。

社会的不公平性の解消　さらに、少子化の二つの原因に等しく正対することに加えて、日本の少子化克服のためには国民全体にわたる社会的不公平性の解消方法を示す義務がある。定番の待機児童ゼロ作戦や仕事と家庭の両立ライフ（ワーク・ライフ・バランス）の推進だけでは、過去四〇年間の轍を踏むだけである。なぜなら、その両者が男女、世代、都市と過疎地域、既婚者と未婚者、両立ライフ実践者と専業主婦などの異なる立場の両者に配慮しない政策だったからである。そのために、それらだけでは、日本社会の「少子化する高齢社会」という人口構造転換の解決指針がいつまでも得られない(9)。

そこで緊急かつ重要な論点を三つに絞る。まず少子化対策とは何かを首相自らが明言することである。一九九〇年の「一・五七ショック」以来、数多くの「少子化対策関連の法律」ができたが、そのなかで政府は、一・三〇程度の合計特殊出生率（一人の女性が生涯平均何人子どもを産むかの推計）の低下速度の緩和か、その低下の阻止か、反転させて五年後に一・五〇を目標とするのかを必ずしも鮮明にはしてこなかった。そして、少子化対策を打ち出した時限立法である「次世代育成支援対策推進法」の期限が切れる二〇一五年を最終目標としての少子化対策でも、それまでと同様に具体的数値目標はなかった。

その後に二〇一五年四月から五か年計画として開始された「子ども・子育て支援新制度」でも、多様な少子化対策の事業展開はあったが、「充実させる」「整備する」「進める」「強化する」「支援する」など言葉の乱発だけに終わった。

数値目標の登場

ただし、法律ではないが、この期間の二〇一六年六月に「ニッポン一億総活躍プラン」が閣議決定されて、「一・五七ショック」から二六年後に初めて「希望出生率一・八」が掲げられたことは特筆に値する。その目標達成のための「樹形図」も用意された。

しかし、そこでも「若者の雇用安定」はいわれるが、「非正規雇用」をどうするのかは明記されていない。さらに年間平均のＧＤＰが五二〇兆円から五五〇兆円までくらいなのに、「希望を生み出す強い経済で六〇〇兆円を実現」するとされ、その上で「成長の果実なくして、子育て支援・介護支援は行うことはできない」とも明記された（内閣府、二〇一九：六一）。

このような論調で、過去四〇年近く少子化対策に膨大な予算が投入され、それらが事業化された結果、政府や自治体を問わず、繰り返されたいくつかの「五か年計画」で実施された数多くの少子化対策関連事業と事業者は栄えた。しかし、全国的には過疎地域だけではなく地方大都市でも合計特殊出生率の低下が進み、年少人口率や年少人口数の減少傾向の歯止めはかからなかった(10)。

第二点としては、政令指定都市や地方都市それに過疎地域などの特性に応じて、自治体が独自に行う必要十分条件の発想による網羅的な少子化対策がほしい。従来、少子化の二大原因として未婚率の高さと既婚者の出生力の低下が指摘されてきた。ところが、過去十年間の保育を最優先した「新旧エンゼルプラン」も仕事と家庭の「ワーク・ライフ・バランス」支援も後者向けの対策であった。

見落された地域ライフの重要性

未婚率の高さへの対応が抜け落ちていただけではなく、「ライフ」には本来家族とともに地域が鮮明な位置を占めることへの配慮がなされてこなかった。この両者に同時に取り組んでこそ、本格的な少子化対策が開始できる(11)。小学生の下校時における犯罪被害などを考慮すると、「地域と家庭のワーク・ライフ・バランス」実践者であり、「地域ぐるみ」の見守りなどの主力となる地域ライフに重要な役割を果たす専業主婦が、コミュニティで重要な機能を担ってきたことは明白であるが、この主婦の存在を貶めるような発言が一方で続いている。

このような現状を踏まえると、これまでの政府主導の少子化対策は、「保育充実」や「ワーク・ライフ・バランス」を中心とした必要条件にすぎなかったと判断できる。だから本気で少子化克服を目指すならば、速やかに地域ライフの重要性を考慮して、未婚者も含め「社会全体」で取り組む「十分条件」を案出したほうがいい。

少子化に関連する法律には「社会全体で子育てに取り組む」とわざわざ明記してあるのに、肝心の「社会全体」が定義されていない。私は、既婚未婚の区別もなく、子育てをしていてもしていなくても、三〇歳以上の「社会全体」構成員は次世代育成に一定の義務があると考えてきた。国民に子育ての辛さを尋ねると、経済的な負担の重さをあげる回答が最も多い。この負担を社会全体で共有する制度をつくることが、「社会全体」からの取り組みの「十分条件」の事例になると判断する。

「子育て基金」制度の提唱

そこで私は、少子化克服のための十分条件として「子育て基金」制度を一九九八年から提唱してきた。現今の児童手当は、三歳から小学校修了前の第一子と第二子には月額一万円支給されている。第三子になると、月額一万五〇〇〇円になるが、受給には所得制限がある（内閣府、二〇一九：九五）。

この程度の金額では子育て家庭の金銭的負担の軽減効果が不十分と判断して、私の「子育て基金」では、たとえば二〇一九年五月現在の一五歳未満の子ども一五三三万人がいる家庭に、毎月四万円を支援するのである。子ども一人当たり年四八万円、全員に支給したら約七兆三五八四億円になる。毎月四万円の援助を保育や教育に回すのか、生活費で使うのかは各家庭が判断する。(12)

この制度のための財源は、三つ想定できる。一つは、高齢者による支援の財源として二〇一七年度現在で五五兆円の年金の五％を次世代に回すことである。具体的には二〇一九年九月現在で六五歳以上三五三三万人から、年金の五％である二・七五兆円を次世代育成に充てる。二つ目が、介護保険と同じ論理の「子育て基金」制度をつくり、三〇～六四歳の国民の総計約五七〇〇万人から平均で五〇〇万円と想定される年収の一％（平均約五万円）を拠出してもらい、二・八五兆円を生み出す。そしてもう一つ

表７－７　子育て基金内訳

1. 年金から５％（65歳以上3500万人による負担）	2.75兆円
2. 子育て基金（30～64歳5700万人による年収の１％負担）	2.85兆円
3. 消費税（国民全員，１％上げると2.4兆円）	2.4兆円
合　　計	８兆円

が、一％の上昇で二・四兆円の財源を生み出す消費税を充当する。三者を合計すると、「子育て基金」八兆円を捻出することができる（表７－７）。

もちろん、子どもを産む、産まないは個人の自由である。しかし、次世代を育てる義務は誰にでもある。子育ての環境を向上させなければ、高額療養費制度を含む医療保険制度や年金制度などの「公共財」が壊れて、「社会全体」が困るからである。

この主張が荒唐無稽であると絶えず批判が繰り返されてきたことは、私も承知している。しかし、いくら「フランスやスウェーデンでは補助金や税制によって潤沢な子育て支援を行っている」と紹介しても、その原資である一般消費税などの国民負担率が全く異なるのであれば、日本でそのような言質は現実的な力をもち得ない。

両国の子育て支援の成功要因は、職場復帰の容易さと手厚い直接的な子育て支援に尽きるが、それとともに一般消費税の高さ（フランスは一九・六％、スウェーデンは二五％）に伴う国民負担率の高さにも触れることが公平な議論であろう。

この考え方を素材にした世代共生論こそ「子育て基金」制度の根幹にあり、その是非をめぐって新しい少子化克服論が誕生することを期待したい。

4　都市の児童虐待に見る共通因子

都市的生活様式での児童相談所

都市的生活様式はアーバニズムの日本語訳でもあるが、内容的には専門機関による専門処理システムと住民の相互扶助から構成された概念である（倉沢、一九九八：三八〜四七）。前者は鈴木榮太郎が命名した地区集団としての「結節機関」に分類される（鈴木榮、一九五七＝一九六九）。これは家庭、地域社会、職場、学校という都市の社会構造を構成する人間の基本集団とは別に位置づけられている。これらの基本集団を都市生活者としての個人は使い分けていて、その集積として「正常人口と正常生活」がくり返されてきた。

たとえば、児童虐待事件に対応するのは専門機関としての児童相談所であり、生活保護ならば市役所の生活保護課が対処する。都市的生活様式論では、この種の専門機関が多くなればなるほど、大都市になると仮定される。しかもその大半が巨大都市東京に本社機能を置き、政令指定都市や県庁所在都市が地方の中核にあり、もっと人口が少ない小都市や市町村に至るまで縦の関係として系列化される。街の携帯電話販売店から東京本社への系列も、地区交番から警察庁までの系列も基本的には同質である。

もう一つの「住民の相互扶助」がコミュニティ論へと昇華してきた（金子、一九八二：二〇〇七：二〇一一）。それは町内会を一つの極として、ボランタリーな運動体を付加する内容をもつ。とりわけ倉沢の都市社会学では、都心としての盛り場すなわち磯村の「第三の空間」を包み込み、ボランタリーな運動体は住民運動と多様なボランタリーアソシエーションに分化して、都市社会学固有の生活構造概念へと飛翔する。後者は鈴木榮太郎に則していえば「生活拡充集団」である（鈴木榮、一九五七＝一九六九）。

現代都市の児童虐待の背景にはこのような都市的生活様式が存在する。[13] 専門機関も住民の相互扶助も児童虐待の予防、介入、発見、解決にそれぞれ有効な機能がある。さらに専門機関である児童相談所を筆頭に、警察や市役所それに医療機関や保育園、幼稚園、小学校やコンビニもまた、児童虐待に関しては機能的な等価性（functional equivalents）をもち合う。

ネグレクトの未然防止

したがって、ネグレクト発生率が他の児童虐待よりも顕著であった札幌市では、これらの機能的に等価な機関のうち、ネグレクト発見に強い専門機関を活用することになる。たとえば、幼児が空腹に耐えかねてコンビニの菓子パンを盗み、店長に捕まって初めて、その子どもが三日間放置され、食事が与えられていなかったというネグレクトが発見される。

開業医が子どもを診察する時に、胸から腹にかけてタバコの火の跡を見つけて、児童相談所や警察に通報する。また、冬季の夜間にマンションのベランダにパジャマ姿で座り込む幼児を通行人が確認して、児童相談所に電話する。児童相談所へかけた電話の「正常接続率」は二〇一七年度で約二〇％だったが、二〇一八年度でも五回に一度しか通話できない事態が続いている。[14] これもまた専門機関の専門処理にはふさわしくないから、すみやかな事態の改善が望まれる。

毎年一〇〇人前後の児童虐待死

都市的生活様式が普遍化した都市において、警察庁による二〇〇三年の統計開始以来、毎年一〇〇人前後の児童虐待死が報告されてきた。なかでも悲惨な虐待死の事案は、市長の判断により各自治体で設置される検証委員会で精査されてきた。これらの結果は報告書のかたちでネットに挙げられ、また社会保障審議会児童部会における検証専門委員会が各年度分を取りまとめて公開してきた。それらは児童虐待防止にとっても大変貴重な情報資源であり、いくつかのことを教えてくれる。

私はこれらから学び、さらに札幌市の過去四回の検証委員会のうち二回の座長と一回のオブザーバーを務めた経験も踏まえて、以下に児童虐待死の事案に共通に見られる特徴を一括して整理する。

児童虐待死の事案に共通に見られる特徴は次の通りである。

⑴家庭の貧困、失業、生活保護

周知のように、人類史の中で「意識が存在を規定するのではなく、存在が意識を規定する」ことを明言したのはマルクスだが、児童虐待死の事案の半数程度はその背景に貧困、失業、生活保護が見え隠れする。経済的に苦しくなると、それまでの生活様式を断念して、収入減や無収入に合わせるしかない。それはその家族員にストレスを与え、個々の精神的安定感を弱める。アノミー指標でいえば、家族生活における無意味感、無力感、絶望感が強くなる。⑮

とりわけ働いていた男女が失業して無収入に陥った場合では、経済生活面の支えが無くなり、パーソンズのパターン変数における「業績性」の価値軸が失われてしまう。それでも「帰属性」の原理が働けばまだ救いもあるが、現代都市で暮らす人々は職場以外の「帰属」先を持ち得ないことが多いから、無力感や絶望感などのアノミー感が強まってしまう。

くわえて、「業績性」が結合しやすいパターン変数の「普遍性」も無収入に陥った男女では失われるので、結局は家庭内の「個別性」に関心が集約されるようになる。そして、なかでも一番弱い存在である幼児や児童という個別の存在に集中し、親のストレス発散のための児童虐待行為が日常化する。これはもちろん「しつけ」などではなく、身体的暴力という犯罪に相当する。

⑵親の精神疾患

次に比較的多いのが、虐待した親に精神疾患があり、通院していたという事実である。多くは事案発生後に「統合失調症」の病名が判明する。この病状は日常的に安定している場合も不安定な時もあり、病状が変わりやすいのを特徴とするため、児相職員との短時間の面談ではそれが発見されないことがある。さらに、個人情報保護の観点や守秘義務から、患者のプライバシーを明らかにしない精神科の医師もいるから、児童虐待加害者がそのような病状にあるかどうかは、面談する児相の職員にも分からない。通常は虐待死が発生した後で病状も明らかになることが多い。

⑶定位家族の子育て文化が生殖家族の子育て文化に強く影響する

人は生まれ落ちる家族が選べない。生まれた子どもの側からこの家族を定位家族と呼ぶ。三歳までは言語、社会規範、家族規範、社会生活上の規則などを親から学ぶ。その意味で、俗にいう「三つ子の魂百まで」は正しい。親のやり方は当然その親（幼児にとっては祖父母）から受け継いでいるので、家族独自の気風は世代を越えて濃厚に残る。

大人の側からこれを見れば、成人男女の合意の下で新しい夫婦が誕生する。これが生殖家族と呼ばれるものであり、形態はさまざまであり、たとえば家父長制家族、三世代家族、核家族、母子家庭、父子

表7-8　20歳未満の女性の出生率と合計特殊出生率

(%)

年　度	20歳未満の出生率	合計特殊出生率
1955	1.5	2.37
1965	1.0	2.14
1975	0.8	1.91
1985	1.2	1.76
1995	1.4	1.42
2005	1.6	1.25
2013	1.3	1.43
2017	1.1	1.43
2018	1.0	1.42

(出典) 厚生労働省「人口動態統計」。

家庭、ステップファミリーなど多様な分類が可能になる。どのような形態でも生殖家族なりの家風があり、強弱の違いはあっても先祖からの慣習や資産の継承も認められる。さらに、職業選択、家業の選択、結婚の年齢、第一子出産の年齢、墓、寺院、親戚づきあいなどに、その家族がもつ家風が残る。

(4) 早母の繰り返し

児童虐待死の加害者のうち、母親に顕著な特徴として、法律用語の「特定妊婦」(一〇代での妊娠)を経由して、二〇歳未満で出産する「早母」の存在が指摘できる。たとえば中学や高校からの早い時期の性体験がそこには認められる。表7-8に見るように、「早母」は過去六〇年間の一般出産年齢ではほぼ一・二%程度で推移してきたが、加害者としての逮捕された「早母」の比率は一五%から二七%までに急増する。

「早母」ほど多くはないが、「早父」も少なくない。これらもまた、家風とは無関係ではない。しかし、公表された事例を見ていると、本人自らの幼児期の虐待体験や貧困や無職なども、「早母」や「早父」に影響を与えている場合もあるように思われる。二〇二〇年七月の大田区三歳児餓死も、虐待体験をもつ母親に八日間放置された結果であった。

これは社会移動論の応用になるが、既述したように、直近の児童虐待死事案のすべてで引っ越し、すなわち家族全員が別の居住地に移動していたという事実を指摘できる。[16]

(5)引っ越し地域移動の分離効果

この地域移動は二重に課題を増やす。一つは、前住地での虐待を警察や児相が知るところになり、それを避けて引っ越しをした先でも虐待が繰り返されて、最終的には児童虐待死が引き起こされたという類似性をどのように捉えておくか。もう一つは、前住地で指導・助言・介入を行っていた児相や警察や市役所関係課から、引っ越し先の新しい居住地を管轄する児相や警察や市役所関係課への連絡、通告、引継ぎが必ずしもうまくいくとは限らなかった事態をどのように解決するか。いずれも情報管理の問題になるが、情報の送り手と受け手の自治体間や児童相談所間の対応に温度差があり、同時にその連携不足も指摘されている。

しかし、たとえば警察と児相間ではその組織目標が異質であるから、両者間に本格的な連携は困難である。警察の主要機能は犯罪捜査で、犯人を検挙することであろうが、児童虐待では最初から加害者ははっきりしており、犯人の捜査はあり得ない。むしろ、児相では犯人としての加害者とその家族の支援や更生までもその業務に含まれており、犯人逮捕と検察への送検で一件落着する警察とは異なる組織目標を持つと理解したい。事件後に、機械的に連携の必要性を説くだけでは何の解決策も出てこない。[17]

くり返してきたように、私は数年前から、連携ではなく、それに代わりうる新組織としての「子ども交番」の設置を主張してきた。現在でも全国にある一万四三〇〇の交番の三割程度に「子ども交番」を併設して、児童虐待関連の身近な相談と対応組織を作ることが連携強化よりも有効なのではないか。「子ども交番」であれば、全国同一で同機能なので、情報の移転や連絡や通告にとっても、現在の状態よりは速やかな動きが得られるはずである。社会学の立場からは、児童相談所のうち児童虐待相談を専業とする児童福祉司グループと機能的に等価な組織として、「子ども交番」を提唱しておきたい(18)。

5　家族支援の方法と課題

家族が一番大事

統計数理研究所が五年に一度行っている「日本人の国民性調査」で、「一番大事なものは何か」という質問に、一九九三年からは回答した半数近くの人が「家族」と答えてきた。日本人は二〇世紀終盤に少子化と小家族化に直面して、初めて家族の大切さに気づいたのではないか。

最新の調査は二〇一八年秋に行われたが、現段階では集計結果が公表されていないので、二〇一三年の結果までのうち、家族関連のデータを図７‐２として掲げておく。これは一番大切なものを一つ答える形式の設問であり、過去数回の調査と同様に「家族」を挙げる人が最も多く、二〇一三年では四四％となった。子どもの分を合わせると、五一％になる。次いで多いのは「愛情・精神」と「生命・健康・自分」で、いずれも一八％であった。

これら三つで全体の八割を占めている。三者合計は順当な数字であるが、大家族で暮らしていた一九

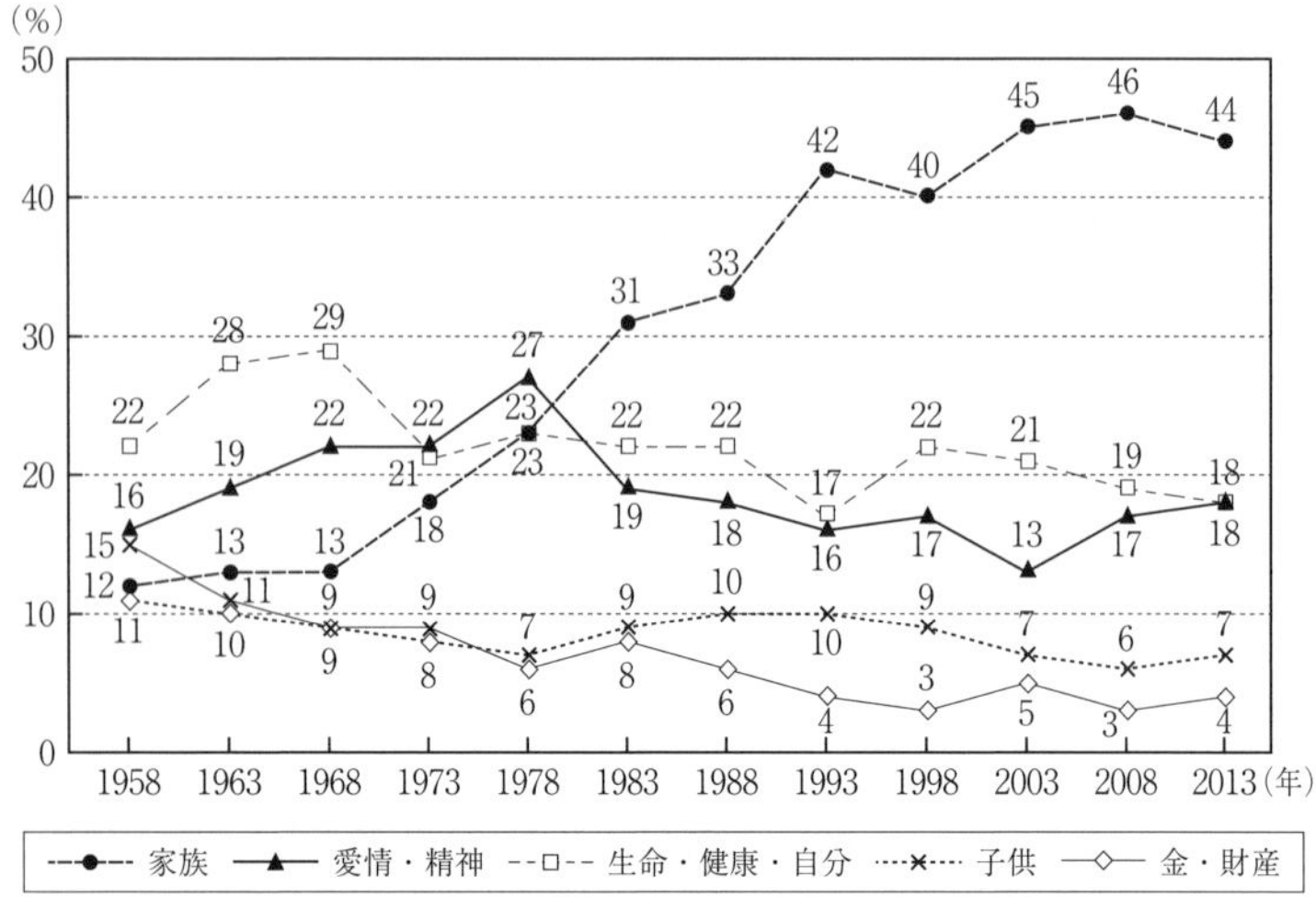

図 7－2　一番大切なもの

（出典）統計数理研究所ホームページ。

六〇年代まで個人にとって家族の存在は当たり前であったから、自分の健康や生命などが大切という答えが常に家族を上回っていた。それが一九九三年を契機に変化して、いつのまにか一世帯当たり平均世帯人員二・二人になったことに気づいて、「家族って大事だ」と多くの日本人が感じるようになったと考えられる。

アニメの「サザエさん」と「ちびまる子ちゃん」は安定した視聴率を取り続ける「長寿番組」であるが、どちらも日常的な家族生活の姿が写し出されている。いわば現代日本人が失っている家族風景が多く、それぞれに個人の原体験で感応することも多い。さらにどこかで見たような風景（déjà-vu）にも近い。

これまで「家族の個人化」を主張する家族研究者は多くいた。ただ幸いなことに学界一部の主張とは逆に、多くの国民は「家族って大事だね」と気がついているようである。ここで紹介した統計数理研究所の「国民性調査」結果を踏まえると、「家族回帰する日本人」というカテゴリーで新しい日本社会の方向を探るテーマの重要性があるように思われる。

三世代家族比率の低下

しかし、実際には三世代家族の比率は札幌市のわずか二・二％に象徴されるように、都市的生活様式の中では激減してきた。本書一八五頁「図6-7」で示したように、札幌は、政令指定都市のうち三世代世帯率が非常に低く、典型的な個人化された都市であり、二〇一〇年までは札幌市の三世代世帯比率が最下位であった。二〇一五年の国勢調査では大阪市と川崎市がもっと低くなったが、それでも札幌市は最下位グループに位置している。その他では神戸市と横浜市も三世代世帯率が低い。政令指定都市は日本社会の先頭を走っていて、その先にはもちろん東京都二三区もあるが、二三区は政令指定都市ではないために、この図には登場しない。

したがって、三世代世帯が激減した大都市で若い世代の子育てを支援するには、地域組織や民間企業・NPO、そして国や自治体が行っている「制度的支援」と、夫や親族、ママ友、近隣の人が母親に対して行っている支援である「関係的支援」に大別される。ともに支援という機能面では等価ではあるが、それらから引き出される支援機能は、(A)母親の育児行為を直接的に肩代わりする「直接的支援」と、(B)母親がそのまま育児行為を行えるように援助する「間接的支援」に分類できる。

子育て支援の分類

さらにそれぞれの支援機能は、パーソンズの「道具性」(instrumental)と「表出性」(expressive)に区別される。この場合の「道具性」とは、手段とした行為が目標達成を志向することを指し、「表出性」とは目標とは無縁な行為を行ったり、行為そのものを阻止されないようにすることである（パーソンズ、一九五一＝一九七四：五五）。

子育て支援に応用して言い換えれば、目的達成のための労働、情報、物資、手段の提供が主機能である「道具的支援面」と、目的達成を意図せずに、情緒や認知、知能への働きかけが主機能である「表出的支援面」から捉えられる。これらを表7-9でまとめた。

表7-9　子育て支援の分類

		直接的支援	間接的支援
制度支援	道具的	A	E
	表出的	B	F
関係支援	道具的	C	G
	表出的	D	H

（注）金子作成。

行政にとっての児童虐待相談も含めた子育て支援の評価は、児童相談所、子ども発達支援総合センター、児童会館、保育所など制度に基づく施設がどのように機能しているかの判断から得られ、表7-9ではAに分類される直接的制度的支援がその代表例になる。

札幌市子育て支援総合センターの利用調査

ここでの調査記録とまとめは二〇〇八年と二〇一二年の二回に分けて、札幌市子育て支援総合センターで北海道大学の大学院生と学部学生と一緒に行った結果を利用している[19]。子どもの一時保育に関しては、発達教育など表出的側面を含みつつ従来の幼稚園や保育所による道具的な支援が一般的に求められている。ある時間帯で、どうしても二時間程度の一時保育がほしいという日常的欲求は珍しくないからである。自治体の保育所や民間保育所などで実施されている一般的な一時保育については、すでに関係的支援の代替として緊急時や母親のリフレッシュ目的でかなり頻繁に利用されている。

それに対し、NPOなどが運営する活動型一時保育については、母親が週に一回自由な時間の確保を目的に活用したり、再就業のきっかけや幼稚園入園前の集団保育を目的として活用されていた。

もちろん一時保育の問題点は多い。たとえば、「結構料金が高いので、自分のリフレッシュのために利用するのは贅沢と思う」は代表的な意見である反面、「買い物などで利用したいので家の近くよりは、街中にあってほしい」など、立地場所やサービスの利便性さらに受け入れる側の一時保育の質への不安などが指摘される傾向は、二〇〇九年の調査以降現在まで変わっていない。

制度面における間接的支援

次に、制度面における間接的支援についてまとめておこう。子ども発達支援総合センター、児童会館、保育所などで日常化されている保育士・看護師・栄養士による子育て講座、情報紙（誌）、子育て支援情報サイト、家事ヘルパーサービス、遊具施設などへの利用者満足度は総じて高い。これらは道具性に富んでいて、利用者に情報提供、育児講座、家事支援、遊び場を提供してくれる制度的支援の核をなす。

他方、表出性に富む専門的相談や母親のリフレッシュ支援などもまた、保育士や保健師による講座が用意されているので、こちらもまた評価が高い。たとえば支援総合センターでは、離乳食や遊びなど育児に関する各種の講座や母親のリフレッシュ講座、専門家による育児相談を実施するなど、道具面でも表出面でも必要な支援活動を提供している。

また、表出的サポートとしては、「保育所の先生には毎日会うので、子どもの行動などについて話す」「下の子ができてから、上の子と下の子の仲が良くなくて困った時に、子育ての電話窓口に相談したことがある」など、専門家による育児相談に対するニーズは大きい。ここには保育の専門性への信頼が認められる。

ただし、「家の近くのサロンは狭く、開放時間が短い」「保健センターの育児相談を予約して数か月待った」なども聞かれたので、制度的支援は地域間のサービス差の是正や利便性の向上が今後とも行政の課題として挙げられる。

どの施設に託児を依頼するかを尋ねたところ、多様な回答が得られた。たとえば「子育て経験者に預かってもらいたい」という人のレベルでの要望が一方にあるとともに、他方には「保育所などの公的施設の保育士にお願いしたい」という制度重視のニーズも拮抗した。「安全なところがよい」のはどちらも当然だが、「お金はかかってもよい」という意見とともに「できるだけ安い方がありがたい」までの幅が認められる。

一時保育の施設

一時保育の施設としては圧倒的に「保育所」が多い。そのうえで「目が行き届く人数で託児しているところに預けたい」や「家族で店を営業しているので、店の都合から夜一〇～一一時まで預かって欲しい」などばらつきも多く、専門性、料金、安全性、緊急性、託児人数、時間帯など、二回の調査を通してさまざまな要望が聞かれた[20]。

保育施設以外に「預ける相手はいる」と回答した場合では、表7－9のCに直接的関係支援として収斂する傾向がある。「下の子の出産の時には主人に預かってもらったが、他はよっぽどのことがないと預かってもらえない」「年に二回くらい夫に預け、美容院に行く」「友人の結婚式などがあれば、母に見てもらう」「半年に一回ずつ、友人と兄嫁に預けて、自分は病院に行く」といったように、年に数回どうしても外せない事態や一人になる必要があるときのみ、この直接的関係的支援を活用しているというのが実情であった。

直接的関係支援による「支援の代替」

直接的関係支援による「支援の代替」の実態については次のことが明らかになった。その支援が直接的な応援となりうる道具的支援面に関しては、夫や親族、ママ友による子どもの世話、送迎、預かりが、母親の支援を直接的に代替する。「夫が子どもの寝かしつけや、おむつの交換をしてくれる」「休みの日などは、着替えなど上の子のことは夫がしている」「平日にできる時は夫がお風呂に入れたり、ご飯を食べさせたりしている」「資格の勉強をする二時間くらいの間、主人に預ける」などは、配偶者が直接的で道具的な場面での支援を行う事例である。これらはまさにネグレクトの予防的な行為でもある。

親族もまた道具的支援に関与する。「子どもが風邪をひいた時など保育所に預けられない場合で、仕事がある時に、親に預ける」「美容室に行く時や結婚式など用事の時に実家の親に預ける」「実家でお風呂に入る時は、母に子どもを渡してタオルで拭いてもらい自分はゆっくり入る」などは親族が道具的な支援としての有効な機能を果たしている例となる。

子育て支援の表出的側面

子育て支援の認知や満足度に関連する表出的支援面に関しては、子どもの遊び相手や、子どもの教育、しつけを母親に代わって行う応援が、母親自らの負担を軽減していることが指摘できる。「家にいる時には夫が子どもと遊んでくれる」「土日には夫が公園に連れていき、遊んでくれる」などは表出性に富む支援になる。

しかし、道具的でも表出的でも支援の代替にはいくつかの限界がある。なぜなら、夫の職場における長時間労働や休暇を取りにくい環境が残っており、夫による家庭内支援を不定期的で時間限定的なものにするからである。これらの問題は二〇一九年四月から始まった「働き方改革」でも、なかなか改善されない。子どもや妻が病気の際の休暇は「忙しい時期でなければ有給をとれる」という意見がある一方で、「病児休暇も絶対無理」「夫の休みは不規則なので、いつ預けられるかは定かでない」という現状も広く認められるから、全体として母親が必要な時に夫から道具的・表出的支援を受けられる可能性は高くないと考えられる。

また、親族による支援も近居の有無の他に、親の年齢や健康、就業状況などに制約される。ソーシャルキャピタルとして位置づけられるママ友による支援も、預け先の近さや子ども同士の年齢などの条件の他に、ママ友同士の育児観が一致しなければ、簡単に頼めるものではない。

関係的間接的支援

また、関係的間接的支援として、夫が日常的な家事で支え、親族が炊事を手伝い、助言をし、ママ友が子育ての情報を提供する形で道具的サポートが行われている。「夫婦ともに働いているが、夫はお風呂の掃除をしたり、料理以外のことは育児も家事も全て分担している」「妻方の両親には週に数回一緒に夕食を食べたり、助けてもらっている」「二人目だからあまり困ったことはないが、一人目の時は姉に聞いたりした」などは、日常的に関係的間接的道具的支援が機能している事例である。

表出的側面については、「夫や周りの人、ママ友にしゃべって、すっきりする」のように、夫や親族が育児中の母親の相談相手となり、育児の大変さを理解し、苦労を評価することで支え、ママ友同士で育児の悩みや大変さを共感することで、母親の負担感が軽減されている。これには「子どもに怒りすぎた時など夫に相談している」「子どもの性格など内面的な成長について相談している」「育児でつらい時は夫が車で連れ出してくれる」などが該当する。親族にも「両親に悩みを聞いてもらったりする」ので、関係的間接的道具的支援は認められる。

ママ友関連では「児童会館は毎週会う人がいるし、子どもも同じくらいの年齢なので、子どもの成長や育児で困っていることを話して、『おたくもそうなのねー』と共感する」が普遍的な表出的支援になっている。これらは子どもの心理的虐待を減らす効果を持っている。しかし表出的支援は限定され、「近所の人とはあまり深入りしたくない」などに見られるように、母親が近所で親密なママ友関係を求めているとは限らない。そこにはコミュニティ間における社会的距離を感じさせる事例も多い[21]。

いずれにしても、少子化の分析や児童虐待など現代都市の社会問題を扱う際には、社会学の伝統が蓄積してきた主要概念、中範囲理論、一般命題化などを正確に用いたうえで、現状分析や提言を行うことがこの学問に従事する者として心掛けておきたいことである。

注

（1）少子化の現状と推移には「合計特殊出生率（TFR）」が使われて久しいが、同時に「年少人口数」と「年少人口率」そして「一世帯当たり平均人員」なども併用したい。
（2）これも拡大解釈すれば、「自己組織性」といえるのであろう。
（3）福祉社会学系の研究には公共政策に取り組み、「年金社会学の構想」などに触れている作品もある（武川、二〇一二：一四五～一七六）。
（4）都市の少子化については金子（二〇〇三）で詳論した。
（5）このように、少子化だけではなく高齢化についても、歴史の制約を痛感する。
（6）少子化の代表指標である「合計特殊出生率」のデータの解釈ほど、比較研究の意義を教えるものはない。
（7）歴年の『少子化社会対策白書』を見ても、少子化対策事業は非常に多いが、単年度予算消化の域を出ていない事業が目立つ。
（8）日本の高度経済成長期は社会変動の素材としても意味があり、社会学の側からの研究がもっとなされてよい。私もまた簡単な論文しか書いたことがない（金子、二〇〇九：九九～一四〇）。

（9）なぜなら、それらは確固とした格差を作り出してしまっているからである。それを崩さずして、多様性や共生をいくら高唱しても現実は何も変わらない。社会学でもそのような研究方法を止めて、もっと格差是正に取り組み、それがもたらす社会問題の実態に正対して、着実な成果を生み出す時期ではないか。

（10）皮肉にもこのために、二〇一四年からは大々的に「地方創生」が高唱されるようになった。

（11）すなわち、従来の少子化対策とされた「待機児童ゼロ」と「ワーク・ライフ・バランス」のうち、非正規雇用の未婚者への配慮が決定的に不足していたこと、「ライフ」の中に家庭しか含めていなかったこと、地域の観点が抜け落ちていたことが、四〇年を超えて年少人口率が連続して減少した理由と考えられる。それ以外にも都市での住宅空間の狭さ（マンションの面積が六〇平方メートル）が産み控えを促進することや大学四年間の学費や生活費の高さ（四年間で一〇〇〇万円）なども少子化の背景として位置づけられる。

（12）かつては小学六年生まで、中学三年生まで、高校三年生までの三点の試算を公表したことがある（金子、二〇〇六ａ：三四～三八）。

（13）この意味で、都市社会学もまた都市の児童虐待研究の一翼を担ってほしい。児童虐待は専門機関としての児童相談所や警察と住民の相互扶助の両者が、密接に絡んだ都市問題であり、共生や多様性というだけで解決する問題ではない。

（14）これは厚生労働省が全国からの「正常接続率」を集計した結果である。ちなみに、二〇一七年四月から一八年三月までの総入電数は二五万七七七〇件であり、正常接続数が五万二五四〇件だったから、接続率は二〇・四％になる。また、二〇一八年四月から九月までの総入電数は一二万四八〇八件で、正常接続数が二万八九五一件となったから、接続率は二三・二％になった（厚生労働省子ども家庭局、二〇一八）。いずれにしても電話の相手である児相につながる確率が二〇％程度では、繰り返し電話しようという動機づけに欠ける人が出てくるのはやむをえない。この点でも政府は「緊急総合対策」が必要だったのではないか。

（15）この段階では必ずしも急性アノミーというわけではない。

(16) 階層移動を調査票だけで見ていくと、このような事実が抜け落ちる。
(17) 警察と児童相談所間には、いわゆる機能的等価性が強いとはいえない。
(18) 平成になってから、日本社会の地域優良資産ともいうべき交番、郵便局、ガソリンスタンドが軒並み急減し始めている。この動向は地方創生の立場からも由々しき変化である。ちなみに、交番は一九九二年には全国に一万六六〇〇所あったが、二〇一一年には一万四二〇〇所になった（警察庁ホームページ）。郵便局数のピークは二〇〇〇年の二万四七七四局であったが、郵政民営化の後には減少が始まり、二〇一六年では二万四〇六九局になった（日本郵便ホームページ）。さらにガソリンスタンドは一九八九年には五万八二八四軒あったのに、廃業が続き、二〇一八年では三万七〇軒になった（経済産業省ホームページ）。
(19) 元データは報告書の形で公表している（金子、二〇〇九：二〇一三）。
(20) これらは通常の子育て支援だけではなく、児童虐待防止にも有効な判断基準である。
(21) 学術的にいえば、「社会的距離」（ソーシャルディスタンス）はコロナウイルス感染予防で使われた人と人との間に二mの空間を保つことを意味しない。それは物理的距離（フィジカルディスタンス）と表現する。社会的距離とは「親しさの程度」を指す社会学の専門用語である。今回のコロナウイルス感染予防での世界的誤用により、社会学的成果の非力さを痛感するのは私だけではないであろう。

おわりに

『検証報告書』から

本書では、「社会保障審議会児童部会児童虐待等要保護事例の検証に関する専門委員会」による毎年の『報告書』、札幌市における『児童虐待による死亡事例に係る検証報告書』、さらに全国の都道府県や政令指定都市などの自治体が行い、ネットで公表した『検証報告書』を丹念に読み解いてきた。とりわけ札幌市の検証報告書については、その第一回（二〇〇九年）と第二回（二〇一三年）に「検証ワーキンググループの座長」として取りまとめ、さらに第四回（二〇一九年）でもオブザーバーとして関わってきた経験があるので、それらもまた本書の行間で随所に活かせた。

自治体の『検証報告書』は、悲惨な児童虐待死事件を受けて知事や市長が議会で「検証する」と宣言してから、自治体が設置している子ども・子育て会議のなかにある児童福祉部会に、ワーキンググループが専門家委嘱という形で速やかに作られる。委員会の目的は、二度とこのような事件が起きないような方策をまとめ上げることにある。

ただし、児童虐待死事件の背景も加害者も多様なので、乳幼児が虐待死させられた場合では小児科学や母子保健学や発達心理学を軸とした議論もあれば、もう少し成長した保育園や幼稚園児に対した母親の精神的疾患によるネグレクトでは、ＤＶや保育の仕方などに原因が求められることも多い。

札幌市第四回（二〇一九年）の経験でも、五名の専門家が半年以上にわたる詳細な関係者ヒアリングを実施して得られた膨大なデータを精査して、「再発防止」の重要性がきちんと指摘された。具体的対策としては市役所内の児童虐待関連組織の専門性の向上、専門家の増員、研修体制などが繰り返し提言された。

四冊の報告書では毎回、同じ組織間の連携として、市役所児童相談所と警察との連携や情報交換、人事交流が強調された。ただし、第四回の事件『報告書』にあるような、「自らの担当職務の枠内に関心が限定され」たことを追及することは容易だが、その実行は簡単ではない。これは留意しておきたい事実である。なぜなら、「関心の限定」こそがむしろ市役所や企業をはじめウェーバーのいう現代官僚制組織の原点にあるからである。

市役所でこの職務限定を超えさせるには、「日常実務に徹底する取組」を変えるための市長自らが行うプログラムの実施が必要になる。そこからしか、市役所全体で「職務限定」を超出するという官僚制文化は誕生しない。これは果たして可能か。なぜなら、心地よい響きのある「子どもファーストの精神」は子ども未来局では当然だろうが、高齢者福祉や医療関連では支持されないこともあるからである。まして建築課や土木課、それにまちづくり課や商店街振興担当者も納得しないであろう。官僚制の鉄則はここでも貫徹する。

さらに本文でも随所で指摘してきたように、札幌市の検証報告書でも全体的に「要保護児童対策地域協議会」（要対協）への過大な期待が認められるが、これまでの検証委員会での経験でいえば、それが開催されてこなかった理由の掘り下げが不十分である。その条件を緩和せずに、新しい第四回検証報告書では過剰な期待感だけが独り歩きしているような印象が強い。

現今の「要対協」の機能は、担当者の問題意識、専門家の増員、専門性の向上だけでは改善しない。なぜなら、児童虐待への対応にも温度差がある構成機関数が三〇団体にも達しているからである。これでは開催日時調整すら困難であり、その活用の有効性は誰にでも分かってはいるが、現実的には機能しえない。もっと実際に動けるような少数精鋭主義の構成機関数が望ましい。

だからこそ臨機応変の判断ができる中間マネジメント、そして全体を包括するトップのマネジメントが重要になる。

家族にみる共通要因

札幌市を含めた全国の検証報告書やこれまでの複数の研究結果を総合すると、児童虐待死にはいくつかの共通要因の存在が判明した。

児童虐待死増加の背景には、二〇世紀半ばから始まった六〇年を超える都市化・産業化に伴う日本現代家族の変質と崩壊があげられる。本書では、この状態に対してグードが五〇年前に使った'empty shell family'（抜け殻家族）を再提起して、この概念を活用しつつ家族支援を主張した。抜け殻家族にはほぼ例外なく夫婦間の暴力と不和、親子間の争いなどが認められるので、それらに対しての事前介入、同時介入、事後介入という三段階と方法について処方箋を描いてみた。

家庭内不和の筆頭原因は貧困にあり、とりわけ夫（父）の失業、無職、無収入によることが多い。その理由は、収入がないという過大なストレスが、産業化による業績主義社会に個人の不適応を引き起こすからである。

もう一方の児童虐待を引き起こすのは、夫（父）というよりもどちらかといえば妻（母）の精神的疾患としての統合失調症である。症状が重くなると、自傷行為を行ったり、わが子への虐待行為が続く。第三には、女の連れ子に再婚した夫が暴力をふるったり、あるいは交際相手の男が虐待して、わが子ながらも女がその虐待に加担したり、黙認する事例がある。

本書でも強調したように、虐待死事例を精査すると、第一から第三の原因までは、小さな命を産み落とした女性の年齢が二〇歳以前である場合がきわめて目立った。児童福祉法では二〇歳前の妊婦を「特定妊婦」と位置付けて、リスクを有しているとみなした対応をしているが、出産後の生殖家族で特にこの「早母」への支援を優先することはない。くわえて、「早母」の定位家族からの支援もない事例も数多い。そこで、「早母」の危険性を初等教育や高校教育でも、データに基づいて授業でも説明するという「事前介入」も主張した。

政令指定都市に象徴的であるが、三世代同居は札幌市のようにすでに全世帯のわずか二％程度しかないので、親世代からの直接的支援が受けられない子ども世代が多くなった。子ども夫婦を取り巻く近隣関係も空虚な「無縁社会」であるから、危機への対応を近隣やコミュニティケアだけに求めるわけにはいかない。この現状を踏まえて、大都市レベルではアソエーションレベルとしての市役所、区役所、児童相談所、母子保健センター、保健所、警察、保育所・幼稚園、学校、医療機関などの「事前介入」「同時介入」としての支援にも言及した。

アソシエーション間の問題

しかし、札幌での検証報告や全国での検証報告でも等しく指摘されているように、アソシエーション間の連携は「言うは易く行うは難し」の典型である。一つは組織特有の専門性が異なるために、どのような人的資源と社会資源を児童虐待問題に活用すればいいのか分かりにくいことがあげられる。さらに、それぞれの組織目標が異なるために、「連携」した結果の何が「目標達成」になるのかの合意に乏しい。

さらに、加害者の一定比率に統合失調症その他の精神的疾患を見て取れるが、その主治医による行政や児童相談所や警察への事前情報開示もまた「個人情報保護法」により簡単ではない。

確かに「要対協」が関係機関に情報提供、意見の開陳、その他必要な協力を求めることができると「児童福祉法二五条の三」では明示してはあるが、最終的には主治医の判断次第になるので、病気関連の事前情報の共有はなかなか困難である。

そして市役所、区役所、児童相談所間の連携がうまくいったとしても、児童虐待の認定、介入、一時保護、保護解除などの最終的な判断と決定をどこが行うのかという課題が残る。これは連携を仕切るマネジメントの主体の問題である。連携不足の要因にはコストとしての人員不足、時間不足、費用不足、能力不足などがあるから、課題解決には、国家予算でこれらを満たし得る人的資源の費用面をどこまで支援できるかに尽きる。

ただし、神戸市の「こども家庭センター」(児童相談所)で、深夜三時に助けを求めにきた小学六年の女児を、当直勤務にあたっていたNPO法人の男性職員が追い返していたという二〇二〇年二月の事案を考えると、担当者の質的向上が優先されることは言うまでもない。この事件は児相の正規職員だけではなく、業務委託を受けるNPOに所属する職員の質的向上がなければ、単なる量的増加では児童虐待対応が不十分になることを教えている。

人的資源の質と量の問題を放置して、組織間連携や「要対協」の積極的活用をいくら主張しても、それは絵に描いた餅になるだけである。その意味で、「抜け殻家族」が増加してきた「少子化する高齢社会」に本格的に取り組み、次世代の生命と権利を守る政策を日本国がどこまで具体化できるかに児童虐待対応の成否がかかっている。

また、組織論的には「児相と警察間の法制度の理解促進」は当然だが、それらが全国でも久しく成功しない事情を鑑みると、近未来の制度としてその両者が融合したまったく新しい「子ども交番」も想定しておきたい（金子、二〇一八c）。児相の児童虐待機能をそのまま警察庁に移管して、その地域生活安全担当者として、「子ども交番」に配置する。

交番は全国的には一万四〇〇〇程度あるが、とりあえずは二割の「子ども交番」新設から開始し、三割を目指したい。これは行政改革が絡んでくるので、首相のリーダーシップに期待するしかない。「子ども交番」の提起は、子どもが一貫して減少する少子化のなかで、せっかく誕生した子どもへの虐待が増加する現状に対する小さな解決法である。ただし、アソシエーション間の組み換えの再編、コミュニティにおける支え合いの復活という大きな変革期待もそこにはある。

当然この見直しは、今後確実に二一世紀中盤までは続く「少子化する高齢社会」への知の組み直しにも直結する。それは政府レベルでいえば、旧来の厚生労働省と文部科学省と警察庁の一部を解体して再編成することを前提とした「子ども家庭省」新設へ、地方からの大きな胎動にもつながる。社会解体を防止し、次世代の健全な育成に向けて、中央も地方も人的資源を柱とする社会資源の可能な限りの組み換えと投入をする時期なのではないか。

そして「世のため人のため」の学術研究を志向する立場からは、「学問はいずれの科学を見てもわかる通り、事実を基礎とする」（柳田、一九二八＝一九七六：一四六〜一四七）に最大限の配慮をしていきたい。

《著者紹介》
金子　勇（かねこ・いさむ）

1949年　福岡県生まれ。
1977年　九州大学大学院文学研究科博士課程単位取得退学。
現　在　北海道大学名誉教授。文学博士（九州大学，1993年）。
　　　　第１回日本計画行政学会賞（1989年），第14回日本都市学会賞（1994年）。
著　書　『コミュニティの社会理論』アカデミア出版会，1982年。
　　　　『都市高齢社会と地域福祉』ミネルヴァ書房，1993年。
　　　　『都市の少子社会』東京大学出版会，2003年。
　　　　『コミュニティの創造的探求』新曜社，2011年。
　　　　『日本のアクティブエイジング』北海道大学出版会，2014年。
　　　　『「地方創生と消滅」の社会学』ミネルヴァ書房，2016年。
　　　　『日本の子育て共同参画社会』ミネルヴァ書房，2016年。
　　　　『社会学の問題解決力』ミネルヴァ書房，2018年。
　　　　『ことわざ比較の文化社会学』北海道大学出版会，2020年，ほか。
共　著　『マクロ社会学』新曜社，1993年，ほか。
編　著　『高齢化と少子社会』ミネルヴァ書房，2001年。
　　　　『高田保馬リカバリー』ミネルヴァ書房，2003年。
　　　　『計画化と公共性』ミネルヴァ書房，2017年。
　　　　『変動のマクロ社会学』ミネルヴァ書房，2019年，ほか。

叢書・現代社会のフロンティア㉘
「抜け殻家族」が生む児童虐待
――少子社会の病理と対策――

2020年11月30日　初版第１刷発行　〈検印省略〉

定価はカバーに
表示しています

著　者　金　子　　勇
発行者　杉　田　啓　三
印刷者　坂　本　喜　杏

発行所　株式会社　ミネルヴァ書房
〒607-8494　京都市山科区日ノ岡堤谷町１
電話代表　(075)581-5191
振替口座　01020-0-8076

冨山房インターナショナル・新生製本

ISBN 978-4-623-08988-8
Printed in Japan

人名索引

あ 行

か 行

さ 行

た 行

は 行

ま 行

事項索引

あ　行

か　行

さ　行

た　行

な　行

は　行

ま　行

や　行

ら　行

わ　行

欧　文

参照文献

Almond, G. A. & Verva, S., 1963, *The Civic Culture*, Princeton University Press.（＝1974　石川一雄ほか訳『現代市民の政治文化』勁草書房）

Aron, R., 1968, *The Social Order —Britannica Perspectives*, Encyclopedia Britannica, Inc.（＝1968　武者小路公秀監修　松原洋三訳『現代の社会』エンサイクロペディア　ブリタニカ日本支社）

飛鳥井望・杉山登志郎，2012，「被虐待児の治療」町野朔・岩瀬徹編『児童虐待の防止』有斐閣：343-357.

Bakwin, H. & Bakwin, R. M., 1960, *Clinical Management of Behavior Disorders in Children*, W. B. Saunders Company.

Bauman, Z. & May, T., 2001, *Thinking Sociologically* (2nd.), John Wiley and Sons Ltd.（＝2016　奥井智之訳『社会学の考え方』筑摩書房）

Beck, U., 1986, *Risikogesellschaft*, Suhrkamp Verlag.（＝1998　東廉・伊藤美登里訳『危険社会』法政大学出版局）

Bermard, C., 1865, *Introduction à l'étude de la médecine exprérimentale.*（＝1970　三浦岱栄訳『実験医学序説』岩波書店）

Coontz, S., 1997, *The Way We Really Are : Coming to Terms with America's Changing Families*, Basic Books.（＝2003　岡村ひとみ訳『家族に何が起きているのか』筑摩書房）

Dahrendorf, R., 1979, *Lebenschancen*, Suhrkamp Verlag.（＝1982　吉田博司ほか訳『ライフ・チャンス』創世記）

Durkheim, É., 1895, *Les Règles de la méthode sociologique*, Press Universitaires de France.（＝1978　宮島喬訳『社会学的方法の規準』岩波書店）

Durkheim, É., 1897, *Le Suicide : étude de sociologie*, nouvell édition, Presses Universitaires de France.（＝1985　宮島喬訳『自殺論』中央公論社）

Dwyer, T. L., 2011,「効果的な児童福祉システムに欠かすことができない要件」

Jenny, C. (ed.), 2011, *Child Abuse and Neglect: Diagnosis, Treatment, and Evidence*, Elsevier, Inc.（＝2017　日本子ども虐待医学会監訳『子どもの虐待とネグレクト——診断・治療とそのエビデンス』金剛出版）：1033-1042.

Forward, S., 1989, *Toxic Parents*, Bantam Books.（＝2001　玉置悟訳『毒になる親』毎日新聞社）

Goode, W. J., 1964, *The Family*, Prentice-Hall, Inc.（＝1967　松原治郎・山村健訳『家族 現代社会学入門　3』至誠堂）

Helfer, M. E., Kempe, R. S., and Krugman, R. D., 1997, *The Battered Child* (*5th*), The University of Chicago Press.（＝2003　坂井聖二監訳『虐待されたこども』明石書店）

Herman, J. L., 1997, *Trauma and Recovery*, HarperCollins Publishers, Inc.（＝1999　中井久夫『心的外傷と回復』〈増補版〉みすず書房）

Horn, P. V., and Lieberman, A. F., 2011,「DV 目撃の子どもへの心理的影響ならびにその治療」Jenny, C. (ed.), *Child Abuse and Neglect: Diagnosis, Treatment, and Evidence*, Elsevier, Inc.（＝2017　日本子ども虐待医学会監訳『子どもの虐待とネグレクト——診断・治療とそのエビデンス』金剛出版）：800-826.

平和政策研究所編，2019，『EN-ICHI FORUM』no. 347，圓一出版.

池田由子，1987，『児童虐待』中央公論社.

今田高俊，1986，『自己組織性』創文社.

磯村英一，1959，『都市社会学研究』有斐閣.

磯村英一，1968，『人間にとって都市とは何か』日本放送出版協会.

Jenny, C. (ed.), 2011, *Child Abuse and Neglect: Diagnosis, Treatment, and Evidence*, Elsevier, Inc.（＝2017　日本子ども虐待医学会監訳『子どもの虐待とネグレクト——診断・治療とそのエビデンス』金剛出版）

Jones, D. P. H., 1997,「子どもと家族への治療」Helfer, M. E. Kempe, R. S. and Krugman, R. D., 1997, *The Battered Child* (*5th*), The University of Chicago Press.（＝2003　坂井聖二監訳『虐待された子ども』明石書店）：973-

1011.

José Ortega y Gasset, 1930, *La Rebelión de las Masas.*（＝1967　神吉敬三訳『大衆の反逆』角川書店）

金子勇，1982,『コミュニティの社会理論』アカデミア出版会.

金子勇，1993,『都市高齢社会と地域福祉』ミネルヴァ書房.

金子勇，1995,『高齢社会・何がどう変わるか』講談社.

金子勇，1998,『高齢社会とあなた』日本放送出版協会.

金子勇，2003,『都市の少子社会』東京大学出版会.

金子勇，2006a,『少子化する高齢社会』日本放送出版協会.

金子勇，2006b,『社会調査から見た少子高齢社会』ミネルヴァ書房.

金子勇，2007,『格差不安時代のコミュニティ社会学』ミネルヴァ書房.

金子勇，2009,『社会分析』ミネルヴァ書房.

金子勇，2010,『吉田正』ミネルヴァ書房.

金子勇，2011,『コミュニティの創造的探究』新曜社.

金子勇，2012,『環境問題の知識社会学』ミネルヴァ書房.

金子勇，2013,『「時代診断」の社会学』ミネルヴァ書房.

金子勇，2014,『日本のアクティブエイジング』北海道大学出版会.

金子勇，2016a,『「地方創生と消滅」の社会学』ミネルヴァ書房.

金子勇，2016b,『日本の子育て共同参画社会』ミネルヴァ書房.

金子勇，2018a,『社会学の問題解決力』ミネルヴァ書房.

金子勇，2018b,「児童虐待死防止のため何をすべきか」『En-ichi』no. 333，圓I出版：4-10.

金子勇，2018c,「児童虐待死の防止をめざした『子育て共同参画社会』づくり」『政策オピニオン』no. 96，平和政策研究所：1-15.

金子勇，2019a,「社会変動の理論へ向けて」金子勇編『変動のマクロ社会学』ミネルヴァ書房：1-73.

金子勇，2019b,「児童虐待解決の補助線」『政策オピニオン』no. 123，平和政策研究所：1-16.

金子勇，2020,「児童虐待の現実をゆがめる統計手法の強制的改変」『UP』No.

568. 東京大学出版会：20-28.
金子勇編，2009,『札幌市における子育て支援の現状と課題』北海道大学大学院文学研究科社会システム科学講座.
金子勇編，2013,『札幌市における子育て支援環境の調査研究』北海道大学大学院文学研究科社会システム科学講座.
金子勇，2020,『ことわざ比較の文化社会学』北海道大学出版会.
Kaufmann, F. Z., 2005, *Schrumpfende Gesellschaft*, Schrkamp Verlag.（＝2011 原俊彦・魚住昭代訳『縮減する社会』原書房）
川崎二三彦，2011,「虐待対応の現場から見えてくるもの」『世界』no. 813，岩波書店：158-166.
川崎二三彦，2018,『虐待「親子心中」——事例から考える子ども虐待死』福村出版.
川崎二三彦，2019,『虐待死』岩波書店.
環境省，2018,『平成30年版　環境白書』日経印刷.
喜多野清一，1983,「柳田国男の家族論における二，三の基本的見解」喜多野清一編『家族・親族・村落』早稲田大学出版部：329-335.
倉沢進，1977,「都市的生活様式論序説」磯村英一編『現代都市の社会学』鹿島出版会：19-29.
倉沢進，1998,『コミュニティ論』放送大学教育振興会.
小室直樹，1976＝1991,『危機の構造』中央公論社.
Korbin, J. E., 1997,「文化と子どもの虐待」Helfer, M. E., Kempe, R. S., and Krugman, R. D., 1997, *The Battered Child* (*5th*), The University of Chicago Press.（＝2003　坂井聖二監訳『虐待された子ども』明石書店）：73-111.
厚生労働省，2014,『平成26年版　厚生労働白書』日経印刷.
厚生労働省，2018,『平成30年版　厚生労働白書』日経印刷.
厚生労働省子ども家庭局，2018,『市町村・都道府県における子ども家庭相談支援体制の整備に関する取組状況について』同子ども家庭局.
Levinson, D. J., 1978, *The Seasons of a Man's Life*, Ballantine Books.（＝1992 南博訳『ライフサイクルの心理学』（上・下）講談社.

町野朔ほか，2012，『児童虐待と児童保護』上智大学出版.

Mannheim, K, (edited by Gerth, K and Bramstedt, E. K,) 1950, *Freedom, Power, and Democratic Planning*, Oxford U. P.（＝1976　田野崎昭夫訳『自由・権力・民主的計画』潮出版社）

Marneffe, C., 1997,「これまでとは違った新たな介入方法について」Helfer, M. E., Kempe, R. S., and Krugman, R. D., 1997, *The Battered Child* (*5th*), The University of Chicago. Press.（＝2003　坂井聖二監訳『虐待された子ども』明石書店）：936–972.

Marx, K., 1859＝1934, *Zur Kritik der politischen Ükonomie*,（＝1956　武田隆夫ほか訳『経済学批判』岩波書店）

Merton, R. K., 1957, *Social Theory and Social Structure*, The Free Press.（＝1961　森東吾ほか訳『社会理論と社会構造』みすず書房）

Merton, R. K., 1966, "Social Problem and Sociological Theory," in R. K. Merton and P. A. Nisbet (eds.)., *Contemporary Social Problem*, The Free Press.（＝1969　森東吾ほか訳『社会理論と機能分析』青木書店）：409–471.

Miller–Perrin, C. & Perri, R., 1999, *Child Maltreatment*, Sage Publication.（＝2003　伊藤友里訳『子ども虐待問題の理論と研究』明石書店）

三浦典子，1991，『流動型社会の研究』恒星社厚生閣.

宮川公男，2017，『統計学の日本史』東京大学出版会.

宮川公男，2019，「『統計不信』論議は十九世紀明治からの日本の統計学の歴史に学べ」『UP』No. 561，東京大学出版会：1–9.

溝口史剛ほか，2016，「パイロット４地域における，2011年の小児死亡登録検証報告」『日本小児科学会雑誌』120巻３号）：662–672.

水島広子，2018，『「毒親」の正体　精神科医の診察室から』新潮社.

Montoussé, M. & Renouard, G., 2006, *100 fiche pour comprendre la sociologie*, Bréal.

Morano, M. 2018, *The Politically Incorrect Guide to Climate Change*, Regnery Publishing.（＝2019　渡辺正訳『「地球温暖化」の不都合な真実』日本評論社）

森岡清美，1972，「家族の変動」森岡清美編『家族社会学』東京大学出版会．：205-228.
森岡清美・望月嵩，1997，『新しい家族社会学（四訂版）』培風館.
森嶋通夫，1999，『なぜ日本は没落するか』岩波書店.
NHK「無縁社会プロジェクト」取材班，2010，『無縁社会』文藝春秋.
内閣府，2014，『平成26年版　少子化社会対策白書』日経印刷.
内閣府，2018，『平成30年版　少子化社会対策白書』日経印刷.
内閣府，2019，『令和元年版　少子化社会対策白書』日経印刷.
夏目漱石，1929＝1992，『草枕』岩波書店.
日経ビジネス編集部，2019，『日経ビジネス』No. 2003，日経 BP：24-41.
日本社会事業大学社会事業研究所編，2016，『平成26年度厚生労働省児童福祉問題調査研究事業：社会的養護の国際比較に関する研究』同研究所.
奥井復太郎，1940年，『現代大都市論』有斐閣.
Parsons, T., 1951, *The Social System*, The Free Press.（＝1974　佐藤勉訳『社会体系論』青木書店）
Parsons, T. & Shils, E. D. (eds), 1954, *Toward a General Theory of Action*, Harvard University Press.（＝1960　永井道雄，作田啓一，橋本真訳『行為の総合理論をめざして』日本評論社）
Parsons, T. & Bales, R. F., 1956, *Family : Socialization and Interaction Process*, Routledge and Kegan Paul.（＝1981　橋爪貞雄ほか訳『家族』黎明書房）
Parsons, T., 1964, *Social Structure and Personality*, The Free Press.（＝1985　武田良三監訳『社会構造とパーソナリティ』新泉社）
Parsons, T., 1977, *Social Systems and The Evolution of Action Theory*, The Free Press.（＝1992　田野崎昭夫監訳『社会体系と行為理論の展開』誠信書房）
Randy S., 2013, *Research Methods for Community Change*, Sage Publications, Inc.
Ridley, M., 2015, *The Evolution of Everything : How New Ideas Emerge*, Harper

Perrennial.（＝2018　太田直子ほか訳『進化は万能である』早川書房）

Riesman, D., 1961, *The Lonely Crowd*, Yale University Press.（＝1964　加藤秀俊訳『孤独な群衆』みすず書房）

佐藤万作子，2011，『虐待の家――「鬼母」と呼ばれた女たち』中央公論社.

札幌市，2015，『新・さっぽろ子ども未来プラン』札幌市子ども未来局.

札幌市子ども未来局，2017，『「札幌市子どもの貧困対策計画」策定に係る実態調査』同局.

札幌市児童相談所，2018，『児童虐待防止ハンドブック』同児童相談所.

Seeman, M., 1959, "On the Meaning of Alienation," *American Sociological Review*, 24 : 783-791.

Seeman, M., 1975, "Alienation Studies," *Annual Review of Sociology*, vol. 1.（＝1983　池田勝徳ほか訳『疎外の研究』いなほ書房）

社会保障審議会児童部会児童虐待等要保護事例の検証に関する専門委員会，2014，『子ども虐待による死亡事例等の検証結果等について第10次報告』同委員会.

社会保障審議会児童部会児童虐待等要保護事例の検証に関する専門委員会，2017，『子ども虐待による死亡事例等の検証結果等について第13次報告』同委員会.

社会保障審議会児童部会児童虐待等要保護事例の検証に関する専門委員会，2018，『子ども虐待による死亡事例等の検証結果等について第14次報告』同委員会.

清水幾太郎，1972，『倫理学ノート』岩波書店.

清水盛光，1953＝2007，『家族』岩波書店.

Steele, B. F., 1997,「子どもの虐待における精神力動的及び生物学的要因」Helfer, M. E., Kempe, R. S., and Krugman, R. D., 1997, *The Battered Child* (*5th*), The University of Chicago Press.（＝2003　坂井聖二監訳『虐待された子ども』明石書店）: 167-245.

Stoecker, R., 2013, *Research Methods for Community Change : A Project-Based Approach*, SAGE Publishing.

鈴木榮太郎，1944＝1971，『鈴木榮太郎著作集Ⅲ　家族と民俗』未來社．

鈴木榮太郎，1957＝1969，『鈴木榮太郎著作集Ⅴ　都市社会学原理』（増補版）未來社．

鈴木広，1970，『都市的世界』誠信書房．

鈴木広，1986，『都市化の研究』恒星社厚生閣．

瀬尾佳美，2005，『リスク理論入門』中央経済社．

総務省統計局『社会生活統計指標　2019』同統計局．

高田保馬，1949＝1971＝2003，『社会学概論』ミネルヴァ書房．

武川正吾，2012，『政策志向の社会学』有斐閣．

Tönnies, F., 1887, *Gemeinschaft und Gesellschaft*,（＝1957　杉之原寿一訳『ゲマインシャフトとゲゼルシャフト』（上下）岩波書店．

富永健一，1986，『社会学原理』岩波書店．

東洋経済新報社，2019，『2019年版 地域経済総覧』東洋経済新報社．

東洋経済新報社，2019，『2019年版 都市データパック』東洋経済新報社．

上野加代子，2013，「53　なぜ児童虐待が起こるのか？」福祉社会学会編『福祉社会学ハンドブック』中央法規：130–133．

Urry, J., 2000, *Sociology beyond Societies*, Routledge.（＝2006　吉原直樹監訳『社会を越える社会学』法政大学出版局）

Weber, M., 1904–05, *Die protestantische Ethik und der >>Geist<<des Kapitalismus.*（＝1938　梶山力訳『プロテスタンティズムの倫理と資本主義の精神』有斐閣）．（＝1962　阿部行蔵訳「プロテスタンティズムの倫理と資本主義の精神」出口勇蔵ほか訳『世界思想教養全18　ウェーバーの思想』河出書房新社）：229–376．（＝1989　大塚久雄訳『プロテスタンティズムの倫理と資本主義の精神』岩波書店）

Weber, M., 1921, *Politik als Beruf*,（＝1962　清水幾太郎・清水礼子訳「職業としての政治」『世界思想教養全集18　ウェーバーの思想』河出書房新社）：171–227．

山脇由貴子，2016，『告発　児童相談所が子供を殺す』文藝春秋．

柳田國男，1928＝1976，『青年と学問』岩波書店．

柳田國男，1927＝1990，「農村家族制度と慣習」『柳田國男全集　12』筑摩書房：463-498.
柳田國男，1946＝1990，「家閑談」『柳田國男全集　12』筑摩書房：273-461.